U0022454

The First Chinese

Political Life in the Republic of China on Taiwan

Democracy

Linda Chao
Ramon H.Myers

中國第一個民主體系

◉ 蔡玲‧馬若孟／著
羅珞珈／譯

三民書局

國立中央圖書館出版品預行編目資料

中國第一個民主體系：中華民國的政

治歷程／蔡玲，馬若孟著；羅珞珈

譯.--初版 --臺北市：三民，民87

　　面；　　公分

參考書目：面

ISBN 957-14-2908-2 (平裝)

1.政治-臺灣

573.07　　　　　　　　87012212

網際網路位址　http://www.sanmin.com.tw

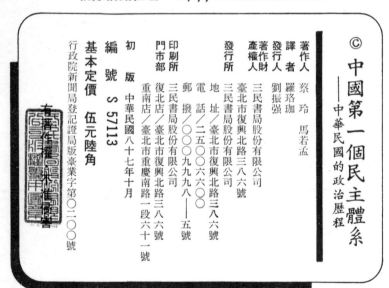

© 中國第一個民主體系 ──中華民國的政治歷程

著作人　蔡玲　馬若孟
譯　者　羅珞珈
發行人　劉振強
產著權作財　三民書局股份有限公司
發行所　三民書局股份有限公司
　　　　地址／臺北市復興北路三八六號
　　　　電話／二五○○六六○○
　　　　郵撥／○○○九九九八──五號
印刷所　三民書局股份有限公司
門市部　復北店／臺北市復興北路三八六號
　　　　重南店／臺北市重慶南路一段六十一號
初　版　中華民國八十七年十月
編　號　S 57113
基本定價　伍元陸角
行政院新聞局登記證局版臺業字第○二○○號

有著作權　不准侵害

ISBN 957-14-2908-2 (平裝)

©1998 The Johns Hopkins University Press

All rights reserved. Published by arrangement with The Johns Hopkins University Press, Baltimore, Maryland. No part of this book may be reproduced or transmitted in any form or by any means, electronic or mechanical, including photocopying, or by any information storage and retrieval system, without permission in writing from the Proprietor.

●國慶日總統蔣經國先生在閱兵臺上向群眾揮手致
　意。（1983年10月10日）

●**左圖**：桃園機場事件，許信良闖關回臺。（1986年
11月30日）

●**右圖**：519黨外人士龍山寺抗議：反戒嚴、抗蔣家。
（1985年5月1日）

● **左圖**：行憲紀念日，民進黨前往中山堂抗議要求國會全面改選 。（1988年12月25日）
● **右圖**：老兵至行政院要求戰士授田證兌現。（1989年）

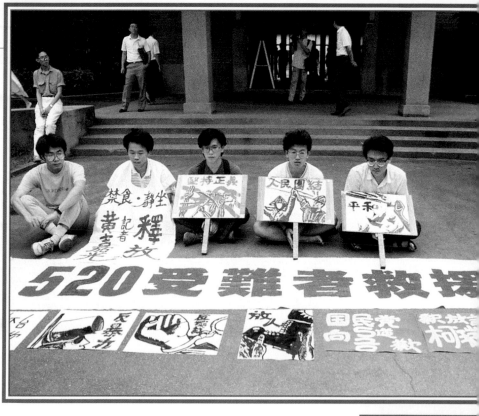

●**左圖**：聲援 520 受難者並要求放人。（1988年）

●**右圖**：臺獨人士至中正紀念堂噴漆要求臺獨。
（1989年）

●**下圖**：國是會議開幕典禮。（1989年6月18日）

◉上圖：李登輝先生宣誓就任中華民國第
　　八任總統。（1990年5月20日）

◉左圖：彭明敏回國。（1993年2月）

◉右圖：立法委員選舉作票風波。（花蓮
　　市長魏木村作票，民進黨宣佈黃信介當
　　選。1992年11月30日）

此書獻給——

臺灣所有的政治領袖，以及活躍在臺灣政壇上的各色人物和臺灣每一位選民；由於他們對民主的奉獻、犧牲與信心，臺灣的人民才能夠建立起中國文明史上第一個完整的民主政治體系。

前言並致謝

直到近幾年來，中外學者才開始有興趣研究臺灣從日本割據時代(1895~1945)到今天中華民國爲止的歷史，以及其間種種不同凡響的經歷和發展過程。80 年代中，大陸的中國政府甚至成立了十數個單位，專門研究中華民國在臺灣的經歷。1992 年，北京大學歷史系成立專門小組，密切注視臺灣目前的政治動態。

在專制的政治體系下，中國一向沒有歐洲及北美洲逐漸演變而成的民主概念，更沒有實施民主制度的舞臺。十九世紀以後，清政府和西方各國以及日本發生了無數次的衝突，使中國的一些菁英份子和知識份子，對民主一事稍有醒覺。此種醒覺，如何在廿世紀後期，將臺灣這小塊中國的土地，以和平但快速的步調，在不損及國家安全及不妨礙現代化的前提下，轉換成一個中國的民主社會呢？

爲了要回答這個問題，我們於 1989 年 12 月 2 日，在臺灣地方及中央民意代表選舉期間，開始研究中華民國政府在臺灣的政治歷程。1991 年，胡佛研究所決定資助我們的研究，行政院新聞局以及魯斯基金會亦共襄盛舉，使我們得以有條件訪談了五十多位數十年來活躍在臺灣政壇的領導人物，深入了解他們的政治經驗。這些訪問紀錄和其他歷史事件的資料，構成此書的基本素材。

此書除了分別敍述發生在臺灣政壇的主要事件經過之外，並對

那些打著中國民主旗幟，進行爭奪政治實權的人物，以及他們各有不同，花樣翻新的手腕，加以剖析。這些精采的故事告訴我們，在中國的這一小塊土地上，人民以何種方式將中國的傳統社會，轉換成民主社會。

我們最應該感謝的人首推墨子刻教授，他的言論著作及孜孜不倦的訓勉，完全是此書得以面世的誘因。墨先生協助我們完成此書的理論架構。對於他慷慨允諾我們引用他一篇沒有對外發表，分析1979 年 12 月 10 日高雄事件的文章，我們更是心存感激。

我們要特別感謝James A. Robinson先生審閱此書初稿，以及新聞局的Virginia Sheng女士核閱此書的定稿。

感謝胡佛研究所東亞圖書館同事協助搜尋相關資料，其他供給我們研究資料的圖書館包括：臺灣國立中央圖書館、臺灣省立圖書館、黨史會、國史館等。

此書進行期間，承蒙以下各位先生女士費時閱讀初稿，並提出寶貴建議供我們增刪修正。他們是：鄭敦仁，John F. Copper，郭岱君女士，Steven Goldstein等

最後，我們衷心感謝我們的另一半，他們以最大的耐心與鼓勵來支持此書的研究工作。我們還要感謝《中央日報》資料室，行政院新聞局的協助，更要感謝《時報周刊》楊庸之先生提供照片。

中國第一個民主體系
中華民國的政治歷程

目 次

表‧圖目次

第一部
緒論——提出問題

第一章
一個中國社會的民主化

1840 年法國學者Alexis de Tocqueville曾經說過:「在我們這個時代,國家已經無法阻擋人民取得平等地位的大勢了。」他的這番話,可說是為後來的Samuel P. Huntington提出的政治理論,做了先知先覺的預測; Huntington認為,世界上所有國家的民主化可以分為三波。第一波發生在 1826 到 1926 年之間,其後二十年是倒退逆行期; 1943 到 1962 年是第二波,時間很短,其後的倒退逆行期也很短,發生於 1958 到 1975 年; 1974 年後是第三波,約有三十多個國家實行了民主制度,給予人民如Tocqueville所謂的「多數人無限度的權力(unlimited power of the majority)」。[1]

在這三十餘國之中,臺灣的中華民國是其中之一。臺灣島位於中國大陸本土以東一百餘海浬處,面積等於美國馬里蘭州。[2]從 1683 到 1885 年受清政府的管轄。中日甲午戰爭(1894～1895)之後,按照 1895 年 4 月 17 日簽訂的馬關條約,清政府將臺灣割讓給日本。直到 1945 年 10 月 25 日,日本戰敗才將臺灣歸還給中華民國。1949年,國共戰爭告一段落,共產黨得勝,執政的國民黨政府部份官員連同許多老百姓退守臺灣。

由中國大陸撤退來臺的官民如何在共產黨龐大的威脅下求生,並且創造出第一個中國的民主政治體系,是本書討論的主題。

回溯到 1949 年 5 月 19 日，甫就任爲臺灣省主席的陳誠將軍會
同警備總司令部宣告：「由於臺灣對海的福州，幾已成了前線，不要
以爲這一海之隔，定能阻擋共軍的進攻，因此從今天零時起，臺灣
全省戒嚴。」[3] 如此，臺灣省政府以及警備總司令部，就將臺灣封鎖
於大陸之外。進出臺灣的船隻和旅客，一律要接受嚴格的檢查搜索。
在戒嚴法中，詳細列舉出各項維護臺灣安全的措施：包括嚴禁民眾
集會、罷工、罷課及請願等行動；嚴禁以文字標語散佈謠言；在戒
嚴期間，凡擾亂治安者，均應受軍法審判，其結果無非是長期監禁
或者被判死刑等條款。一直到 1987 年 7 月 15 日戒嚴法解除以前，
臺灣的政治氣候可說是完全由國民黨控制，形成一黨專政的局面。
戒嚴法的解除是臺灣政治的分水嶺，使中華民國成爲 Huntington 筆
下的第三波國家，從傳統的非民主社會轉型成爲民主社會。我們現
用四個實例，比較臺灣解嚴前後的差異。

政治歧異份子

1977 年年尾，身爲國民黨黨員的許信良違紀競選桃園縣長，受
到開除黨籍的處分。[4] 1979 年高雄事件前夕，許信良舉家遷移美國，
不久後與史明、張燦鍙等共組「臺灣建國聯合陣線」，企圖以暴力推
翻中華民國政府，他甚至在美國出版的臺獨著名刊物《美麗島》1982
年 9/10 月號上，撰文號召在臺灣組織「都市游擊隊」，並且將古巴
都市游擊隊恐怖分子手冊翻譯成中文。他寫道：

> 「都市游擊戰」，在臺灣建國革命運動中，將是一個最重要的
> 戰略與戰術。因爲，臺灣已是一個「都市化」的區域，「都市

　　　游擊隊」將成爲革命的先鋒部隊。我們樂於譯介這本《都市
　　　游擊隊手冊》，以供獻身革命的海內外臺灣志士參考。[5]

1986 年，許信良在舊金山成立「臺灣民主黨」。1986 年 9 月 28 日，
「民主進步黨」在臺灣非法成立後，許信良宣佈將「臺灣民主黨」
改爲「民主進步黨海外組織」，並計劃返國。

　　1986 年 11 月 26 日，許信良由紐約飛往東京，故意選擇一班在
臺北停機加油的班機，準備到時非法強行入境。[6] 12 月 1 日，大約
有兩千人聚集在桃園國際機場歡迎他的歸來，並且在軍警及安全人
員企圖驅散人群時發生了暴動——石頭在空中飛舞，以致於三位警
員受到傷害。警方見情勢不妙，只好用消防水龍頭和催淚瓦斯，企
圖將群衆驅走。12 月 3 日，許信良由東京飛往馬尼拉，企圖混回臺
灣。但是菲律賓政府以他無正式護照簽證，把他遣送飛返日本。

　　戒嚴法解除後，許信良回到臺灣，政府撤銷了他所有煽動叛亂
的罪名。許信良加入已登記成爲合法黨派的民進黨，成爲該黨的中
央委員。1990 年 6 月 27 日在「國是會議」上，電視捕捉到許信良與
國民黨主席李登輝談笑風生的鏡頭。其後，許信良和郝柏村還笑著
舉杯，互祝康健。[7] 1991 年 11 月，民進黨推選許信良繼元老派的
黃信介爲黨主席。此後兩年，許信良一再吹噓他將帶領民進黨成爲
臺灣的執政黨。在 1991 年 12 月 21 日的選戰中，民進黨雖然出師不
利，但是在 1992 年 12 月的大選中卻頗有斬獲。1994 年 12 月，該黨
候選人陳水扁當選爲臺北市市長。由於無法達成由民進黨主控地方
政府的諾言，許信良自動辭去黨主席的職位。

　　許信良的例子完全可以代表臺灣政治動向的模式；戒嚴期間，
被控叛亂暴動的歧異份子逃往國外，並在海外從事顛覆政府的活動；

解嚴後，他們回到臺灣，變成了一等良民，有些人在第一反對黨
——民進黨——中擔任要職，並且在選舉中與國民黨一爭長短。

憲法

　　1947 年 8 月至 12 月間，中華民國政府在全國各地舉行國民大
會代表及立、監委員選舉。國民大會包括來自各地將近四千餘名代
表，他們的職責爲投票選出任期六年的總統及副總統；立法院的職
責在審核國家預算，並通過法律條例之立法程序；監察院可審察、
彈劾、並監管政府機關。1948 年，國民大會通過臨時條款，剝奪了
憲法應有的約束力，大大加強了總統的權力。1949 年國共分裂之後，
中華民國退守臺灣，此三院會已無法重新選出新的委員和代表。爲
了要合法代表全中國的民意，中華民國行政院在 1953 年，要求司法
院由 1947 年在大陸選出的民意代表，繼續行使其職權。1954 年 1 月
29 日，司法院大法官會議，由王寵惠院長主持，決議通過：

> ……國家發生重大變故，事實上不能依法辦理次屆選舉時，
> 若聽任立法、監察兩院職權之行使陷於停頓，則顯與憲法樹
> 立五院制度之本旨相違。故在第二屆委員未能依法選出集會
> 與召集以前，自應仍由第一屆立法委員，監察委員繼續行使
> 其職權。[8]

　　因此，1947 年在大陸選出的民意代表保留著他們的職位，一直
到 1991 年年尾及 1992 年年初，新的委員及代表選出後才被替代。
　　四十餘年來，國民黨外省籍的領導人控制了整個臺灣法制的操

作運行，包括總統和副總統的選舉，以及對政府官員的監管等。1969
年後，為了維持合法的人數，臺灣亦舉辦了中央民意代表的增選，
以代替辭職或死亡的民代。但是小額的增選從來不曾對國民黨的統
治權造成任何傷害。增額民意代表的選舉和地方三年一次的選舉配
合舉行，非國民黨人士亦可贏得少數席次。一直到 1986 年，新選出
的增額民代強力主張第一屆國民大會代表全面退職，國民黨才開始
感受到來自民間的威脅。

　　1990 年 6 月 21 日，大法官會議通過，每一位 1947 年選出的第
一屆國大代表、立法委員、監察委員，均應在 1991 年 12 月 31 日前
退職。1991 年 4 月，第一屆國民大會廢除了臨時條款，修改憲法，
增加條律以期於年底之前選出第二屆國民大會代表。1992 年，新任
的第二屆國民大會代表更進一步修憲，全面改選中央級的民意代表。
在 1992 年 12 月第二屆立法委員的選舉中，反對黨由於競選方法運
用得非常技巧，使他們贏得了相當多的席次，足以與國民黨籍的委
員抗衡。1994 年 8 月，第二屆國民大會再次修改憲法，規定總統與
副總統得由人民直選。就在那一天，臺灣的中國人終於真正地完成
了民主的歷程。

　　在戒嚴法統治之下，憲法無法發揮其效用，使得執政當局可以
任意調整民主的進程，並為他們鎮壓真正民主的活動而壯膽。但是，
解嚴之後，憲法效力的復甦，改革不再遭到約制，全民普選達到了
真正民主的境界。

言論自由

　　在戒嚴法統治下，警備總司令部及其他國家安全機構，控制住

臺灣的媒體，完全掌握了所有流傳在民間的資訊。1968 年 3 月 4 日，作家郭衣洞（柏楊）[9] 因一幅大力水手漫畫「影射」蔣介石而被捕。起訴書上有一條是柏楊利用女友的關係，向一名軍官打聽其單位有多少輛腳踏車。另一條罪狀是勸說一位友人留在中共統治下的大陸而不用逃來臺灣。[10] 柏楊聲稱軍事法庭在判他十八年監禁後，從未明白告訴他，他究竟犯下了什麼滔天大罪。[11] 柏楊在坐牢九年後被釋放。

1986 年，柏楊出版《醜陋的中國人》一書，對海峽兩岸的中國人性格盡其冷嘲熱諷之能事。大陸政府立即將該書查禁，但臺灣官方卻任其自由發行。1988 年 1 月 1 日，臺灣解除報禁，結束了臺灣出版審查的惡法。1992 年夏天，柏楊宣稱臺灣是有史以來最自由的中國社會。[12]

政黨競爭

1960 年代後期，黨外人士開始在為期三年一次的地方及中央選舉上與國民黨候選人公開競爭。他們出版發行刊物，對政府的官員及其政策嚴加批評。1978 年 11 月 24 日，黨外人士在黃信介的領導下團結起來，組成「全省黨外助選團」[13] 支持非國民黨候選人競選。1979 年 9 月 8 日，這批同樣的黨外人士發行《美麗島》雜誌，成為黨外候選人的喉舌。

1979 年 12 月 10 日，一些黨外政治家為爭取人權，在高雄街頭示威遊行。示威者與警方發生衝突，許多知名的黨外人士被逮捕，經由軍法審判後被判重刑。雖然如此，黨外活動並沒有因此而停止。1984 年 3 月 11 日，反國民黨人士成立「公證會」，其宗旨在討論國

家政策與宣揚民主理念。當時，國民黨一再警告所有的黨外人士，在戒嚴法的約束下，組織政黨是非法的行為，可以被判重刑。

1986 年國民黨主席蔣經國宣佈施行政治改革，但他並沒有解除戒嚴法。黨外人士於 1986 年 9 月 19 日聚集在一起，秘密組成政黨，並由十六人聯名簽署。他們當時不敢正式宣佈組黨之事，直到九天之後的 9 月 28 日，才於臺北的圓山大飯店，宣佈民主進步黨(民進黨) 已非法成立了。此舉雖然違反了戒嚴法的規定，但是蔣經國卻沒有下令逮捕他們。1989 年，民進黨已能和國民黨平起平坐，成為另一個合法的政黨。國民黨領導人的容忍和黨外人士不屈不撓的勇氣，導致戒嚴法的解體，並將臺灣的政治體制提昇到一個新的境界。

這四個例子說明了臺灣政治在戒嚴期間與解嚴後的差異。在戒嚴法實施了三十八年之後，由執政黨一手把持的權力，很快就轉移到人民手上。1996 年 3 月，解嚴後僅僅九年，臺灣的老百姓即可直接選擇他們的國家元首和中央民意代表。和蘇俄，法國，英國及其他國家為爭取民主而流血的痛苦歷程比起來，臺灣民主化的過程是相當快速而和平的。[14]

提出問題

為什麼除了臺灣之外，中國其餘地區都未能真正民主化呢？二次世界大戰之後，由於殖民統治者在經濟上的寬鬆政策，香港和澳門有大批富裕的中產階級興起。但是，由於殖民統治者的禁令，也因為人民本身沒有顯示出任何需要，香港和澳門兩地從來沒有開始民主化的歷程。1984 年 12 月，中英簽署同意香港將於 1997 年 7 月 1 日後回歸中國，香港政壇立即出現了多數政黨興起的局面，這就是

所謂的「無民主的去殖民化(decolonization without democracy)」現象。[15] 1987 年，香港將有限的立法局委員席次開放給民選。1992 年，由於內部親北京的委員，加上中共對香港政府施加壓力，香港的立法局終於否決了一項將於 1995 年直選半數委員(三十位) 的提案。回歸中國後，在「特別行政區委會」的統治之下，香港剛剛起步的民主政治，其前途佈滿重重障礙是可以預見的。澳門的情形亦頗類似。至於新加坡，獨黨專政始終鎮壓着一切反對的聲音，到目前為止，尚看不到任何稍具民主雛型而又被新加坡政府認可的反對黨派出現。

談到中國大陸，我們知道無論是處於分裂、統一，或被外國人侵佔的情勢之下，這個泱泱大國的統治者，永遠是一個專制獨裁的強人。這個強勢的統治者有時會被另一股勢力推翻 (因為他倒行逆施，有違天意)，有時會被叛軍奪去其權勢，或者由於外國人的侵略而失權。總之，代他而起的人仍然又是另一個專制的獨裁者。中國一直都是人治而非法治的國家，法律並不能代表民意，而且，所有的統治者都會一再創造出新的法規來約束人民，但是又無法產生法治的理念，也沒有發展出一套政治理論，以真正的民選代表來制衡執政的統治者。制定法律的是一批學者專家，他們雖然精心規劃出統治者與老百姓雙方都能奉為圭臬的法規，但是中國的政治文化、社會習俗和經濟條件，卻使得這些法規形同虛設。何況，中國的儒家學者所不斷追求的，也僅僅是一個以「聖王」為主的政治領導核心，聖王可以將天意、人和與政治結合起來，達到一種道德完美的神聖境界。

廿世紀初期，一些中國知識份子開始宣揚尊崇法治精神並還政於民的主張，但是成績並不理想。1949 年後統治着中國的共產黨，

在言語上把這些主張說得天花亂墜，但事實上卻重蹈歷史的覆轍；統治者不但在拼著性命奪權，也拼著性命維護自己既得的權勢。我們的研究顯示臺灣的民主化歷程，在任何廿世紀中國人構成的社會中，都是獨一無二的。

　　為了明確闡述其間的差異，我們將 1949 年後海峽兩岸統治階層如何運用權力的手腕做一比較。我們的方法是以 Edward A. Shils 的「政治核心(political center)」為基礎，分類比較海峽兩岸的政體。「政治核心」的定義是「社會中最具勢力的合法集團與其從屬的核心菁英份子構成的實體(legally most powerful roles and collectivities in a society, along with their subordinates and centripetal elites)」。[16] 我們以符合此定義的核心菁英份子，與社會中其餘的份子相互比較，以探索其間的結構性關係。

　　此種關係的本質可以用自由選舉與新聞自由的方法，來測定「政治核心」在順應民情的程度上有多大和多深。在理論上，權力完全轉移到人民手中的民主社會或「公民社會」是存在的。David Held 曾經將民主分為三種現代的類型。第一種是 John S. Mills 所謂的「發展式民主(developmental democracy)」，第二種是 Joseph A. Schumpeter 所謂的「競爭性菁英式民主(competitive elitist democracy)」，第三種是 R. A. Dahl, C. E. Lindblom 等所謂的「多數人的民主(pluralistic democracy)」。[17] 這三種民主的類型，在討論政治核心與社會其他份子之間的關係時，可以歸屬於同一個政治核心之中，我們稱這種政治核心為「公僕式政治核心(subordinated political center)」(譯註：順應民意可謂人民的公僕)。臺灣的政治核心在戒嚴法解除之後，很快就進入了此一類型。

　　另外一種政治核心和老百姓之間的關係，和前一種形態十分不

同。這類政治核心掌握著極大的權力，無論是執政黨的領導人，還
是政府機關的組織，或者執政黨附屬機構的運作及其主導的政治理
念，都以專制獨裁爲核心。[18]此類型的政治核心利用Amitai Etzioni
所稱的規範式的(normative)、威逼式的(coercive)，以及利誘式的
(remunerative)制裁(sanctions)方法來控制全局。此類核心有足
夠的權力任意驅使人民，並且善於運用收買人心或賜以高位等權術
來維持其領導者穩固的地位；他們還會在國際舞臺上以避免衝突的
態度來提高他們在全球政治舞臺上的地位。我們稱此類政治核心爲
「無制約式政治核心(uninhibited political center)」，因爲在這類
權力無制約的政治核心統治下，被它統治的社會只好跟隨該中心定
下的政治理念、行政策略及行爲規範做被動式的運轉。

　　最後一種政治核心我們稱之爲「制約式政治核心(inhibited
political center)」，該核心「並不能完全任意控制社會中老百姓的
動向，他們對自己的權限是制約性的，在決策的關鍵時刻會考慮到
老百姓的需要，因此爲他們留下充裕的迴旋餘地；人民可以不遵守
國家的規定，而以自主的方式來決定自己住在什麼地方，如何接受
教育，怎樣以明智而合乎道德的標準，來當做自己取捨的準繩，也
可以依據自己的好惡來選擇及支持各種政治活動」。[19]廿世紀諸多國
家中，許多具有權威性的統治者均採用此種方式。

　　1950年代，臺灣執政的領導人已經採取了這種「制約式政治核
心」的形態。四十年後，再轉變爲「公僕式政治核心」，開始實施眞
正的民主制度。中國大陸一直受到「無制約式政治核心」的領導，
一直到1980年後才發展出「制約式政治核心」的模式。

　　要了解臺灣政治的轉型，就要分析臺灣執政的領導人物，爲何
將臺灣政治核心與老百姓之間的關係，建立在一種「有限度的民主」

上。[20]換句話說，就是該政治核心雖然對人民承諾要施行完全的民主制度，但是卻沒有訂下任何確切的時間表。這個政治核心對於政治反對份子的禁制，亦有某種自我約束的能力。臺灣這個「制約式政治核心」有什麼特性？它如何能容許「有限度的民主」存在？在它統治之下，反對勢力又如何興起？臺灣政治轉型爲「公僕式政治核心」的歷程又是如何？爲了解答以上這些問題，我們提出下列幾個論點：

一個中國社會的民主化

　　日本佔據臺灣五十年後，隨着第二次世界大戰的結束，日本於1945年10月25日將臺灣交回給中國。國民黨官員於是在臺灣設立省級政府，將臺灣歸化成爲中國的一個行省。1949年內戰結束，共產黨以軍事行動佔據大陸，約兩百萬國民黨軍民隨中華民國政府退守臺灣。此兩百萬軍民中，除少數是臺灣省籍民衆回鄉與在臺的三百萬同鄉重聚之外，其餘大部份是外省籍政軍界的難民及其眷屬。他們在政軍界殘留的舊有勢力加上臺灣省政府的統治力量，使得原來在大陸的中華民國中央政府，得以在臺灣起死回生。1950年美國參加韓戰，派遣第七艦隊巡邏臺灣海峽，制止了共產黨對臺灣的進攻。而後，美國對臺灣的經濟與軍事援助源源而來，使臺灣得到了極佳的生機。

　　當時中華民國所面臨的不僅是海峽對岸的強敵，還有島內本省籍人士的敵意。臺灣人使用的方言和外省人說的普通話差異極大，而且在生活習性上，臺灣人又十分日本化，和大陸人的生活習性格格不入。尤其是二二八事件之後，許多本省籍人士逃離臺灣，在海

外組織臺灣共和國，企圖脫離中國成爲獨立國。在內憂外患之下，中華民國政府毅然實施戒嚴法，其目的除了嚴防中共的顛覆之外，最重要的是可以合法鎮壓一切反政府的本土化政治活動。當時逃離中國大陸，避難來臺灣的外省籍人士，最迫不及待的任務就是要重整支離破碎的國民黨，然後才談得到在黨的領導下反攻大陸。

1949到1952年之間，中華民國以蔣介石父子爲首的強權領導集團，的確將四分五裂的國民黨整建一新。蔣氏父子希望在其領導之下，臺灣能成爲一個以三民主義爲藍圖的模範社會。我們在本書第二章中會談到這個政黨如何整建一新，以及黨的勢力如何牢牢深入中央、省級以及地方政府的基層。

從開始起，國民黨領導階層就決定以1947年定下的憲法當做政治統治的法規。該憲法的基本綱領是主張民主共和的，人民有各種公民的權利並可自由選舉地方政府的領導人。但是，中央政府的官員卻要由全國推選出來的代表間接選出。國共內戰使得該憲法無法具體執行。1949年5月10日，在大陸選出的第一屆國民大會代表，以「臨時條款」這一殺手鐧將憲法凍結起來。這些臨時條款將賦與憲法的權限轉移到總統身上。由於總統即是國民黨的黨主席，因此政和黨合而爲一不再分家。在當時的情勢之下，臺灣形成了一黨獨大，集權統治的局面。然而，國民黨卻再三保證，在未來的時刻，政府是有志於全盤徹底民主化的。

在內憂外患的情況之下，國民黨創造出一個我們稱之爲「制約式政治核心」的政體（圖一），爲了鞏固此一政體，當政者不得不使1947年制定的憲法章程及政府結構全部凍結。再者，由於受到戒嚴法的保護，執政者可以利用法律或治安單位的力量，來鎮壓一切威脅以及危及公共安全的反政府活動。雖然當時的執政者絕不容許任

圖一　制約式政治核心

1. 基本政治方針：以孫中山先生所擬定之三民主義為根本來建立中國社會，
   執政的國民黨在解嚴後方能全心致力於推行民主制度。
2. 主要目標：政治核心制定政策及行使法律，並擬定預算；其目的在推展民
   主化，維持國內安寧，維護國家安全，最終目標是使得臺灣能在民主憲政的
   前提下與大陸統一。
3. 重要單位：國民黨、第一屆全國國民代表大會、總統府、行政院、中央政府
   及其他院會。
4. 政治權力結構：「制約式」政治核心。

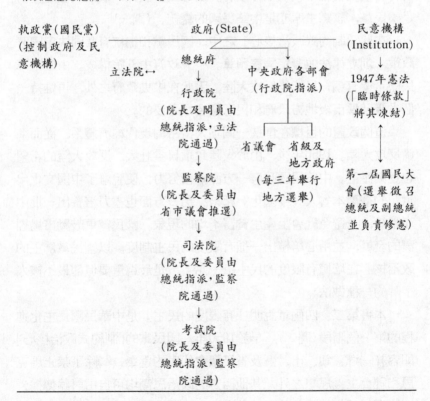

何反對派的政黨正式設立，但是國民黨卻再三強調，有限度的民主
是有必要的，將來在恰當的時機來臨後，國民黨是有心推行全部民
主化的。

　　為了使政權合法化，此一「制約式政治核心」引用1947年在大
陸通過的憲法，由第一屆國民大會代表選舉任期六年的總統及副總
統，國民大會並可修憲。政府組織除了中央級的總統府及五院之外，
尚有省級及各縣市級的地方政府。主導並協調此一政治機體運作的
是國民黨，該黨主席亦是中華民國的總統。(圖一)

　　在此「制約式政治核心」之中，國民黨和總統府共同決定國家
政策，創立律法並擬定國家預算。中央政府由五院構成。由於中華
民國希望有朝一日能夠反攻大陸，因此在中央政府之外，再維持一
個省級及縣市級地方政府和民意議會是必要的。

　　這個政體的目標在創造一個強大富裕的現代經濟體系，從而準
備反攻大陸。1950年後，由於大陸政權日益壯大，反攻大陸的希望
也逐漸渺茫。中華民國政府一方面繼續努力，使脫離了中國文化半
世紀的臺灣本省人「中國化」起來。另一方面也盡力培養出一批中
產階級，並避免社會上產生貧富不均的現象。國民黨更鼓勵市場經
濟的發展，並用心培植出一種有限度的民主制度。以國民黨為主的
政治核心在培植有限度的民主這一點上，是最為重要但卻最不被人
了解的一種做法。

　　本書第三、四兩章說明「有限度的民主」是中華民國民主化進
程的第一個階段(圖二)。早於1950年，國民黨的「制約式政治核心」
即容許㈠鄉、鎮、市、區及省級議會代表的選舉；㈡除了禁止馬克
思和社會主義思想之外，其他西方的政治思潮均可自由討論傳播；
㈢強調1947年憲法的效用，並在恰當的時期施行全盤徹底的民主制

度；㈣只要當局認爲不致於威脅到國民黨政黨合一統治的權威性，公共集會或善意批評當局的行爲是被容許的。再者，當政者在1969年通過一項法律，准許每三年增選一次中央級民意代表，使得「有限度的民主」更爲肯定。就在這種半開放的氣氛之下，向國民黨挑戰的反對勢力才有機會萌芽，並且在困境中掙扎成長，終於加速了臺灣全盤民主化的步調。

在臺灣，「有限度的民主」和「極端的鎮壓」是共存的。制約式政治核心具有無上的權威，只要他們感到反對的聲浪已經超過了可以容忍的尺度，他們是不惜一而再，再而三利用其權勢，加以鎮壓消滅的。由於執政者對大陸犯臺的恐懼和對臺灣民族運動興起的耽憂，加上海內外顛覆政府活動的加劇，使國民黨經常以國家安全爲由，不分輕重，取締一切歧異份子的政治活動。

因此，國民黨可說是在做一件高難度的維持平衡的工作：一方面要維護自己的權力和威權性，另一方面又要去培植民主的理念。國民黨一定要維持民主理念，除了那是三民主義的精神之外，更由於它不斷受到國內外，尤其是來自美國的支持和督促。本書第三、四兩章指出國民黨這種維持平衡的做法是成功的。臺灣的人民逐漸學習到依法從事民主活動。反對政黨逐漸成熟，他們很技巧地擴展其影響力，而執政黨亦逐漸學到如何容忍並接受反對黨的存在。「有限度民主」的發展對臺灣民主化的突破和鞏固，產生了關鍵性的作用，因爲它給臺灣的菁英份子和普通老百姓足夠的時間，「以實踐來學習民主」，從而在實踐民主的過程中獲得政治文化的價值。

國民黨在戒嚴法的保護下施行有限度民主的做法，很少受人稱道，不像臺灣經濟的發展和社會的改革那麼受人肯定。然而，事實上，我們看到以黨治國這個做法對資源的利用和保持經濟高度成長

是有利的。雖然從 1980 年代開始，臺灣經濟成長較為緩慢，但是商業界和每一個家庭仍然能滿足其新的需求，而臺灣的整體經濟也能在巨大的結構變化之中繼續繁榮。只要不威脅到制約式政治核心的合法性，老百姓也能隨意自由發表他們個人的看法。因此，臺灣活力充沛的經濟市場，加上融合著孫文學說、儒家人道主義、西方自由主義以及臺灣本土民族主義來勢洶湧的激盪，使得臺灣社會出現了一些組織上煥然一新的民間社團，他們張大眼睛，嚴密監督著政府的政績以期其日新又新。如此一來，國民黨這個制約式的政治核心，由於複雜的市場競爭和各種民間社團的興起，逼使它對自己權限的約束更加謹慎而小心。這對於萌芽期的臺灣民主進程是十分有利的。

中華民國這個「制約式政治核心」和中國大陸那個「無制約式政治核心」比較起來，其間的差別的確相當明顯。在中國大陸，毛澤東─馬克思主義是唯一見得到的政治思想，也是用來解釋各種社會現象的標準答案。共產黨及其所屬的各種機構，監督、控制、管理著社會中每一個層面。私人社團幾乎全部被撤消。共產黨及其附屬組織經由國有企業，集體生產及公社等組織，全面控制著國家經濟，不容許任何市場經濟生存。城市和農村工職完全分割開來並加以嚴格管制，使得任何民間社團難以發展。1957年，共產黨開始鬥臭鬥垮知識份子，1958年設立人民公社。1966年到毛澤東1976年9月9日逝世為止，無產階級文化大革命將共產黨所有的敵人全部連根除盡。所有推選出來的人民大會代表全受到黨的控制，他們只不過在形式上通過黨的決策而已。如臺灣施行的那種有限度的民主，在大陸從未產生，甚至共產黨號稱的社會主義式的民主也不見踪影，他們不斷修改憲法但從來不照章實行。一直到1980年後，大陸才開

始出現私人企業、自由市場以及和毛澤東—馬克思主義抗衡的思潮。從結構上講，中國的兩個不同社會在1949年分裂後，各自分道揚鑣，各自形成了自己的政治核心。不過，現下的某些發展暗示這兩個不同的社會可能會漸漸合併。

在臺灣，有限度的民主在經過第一階段之後，政治核心和社會民間的關係開始急速徹底地轉型(圖二)。第五、六兩章說明臺灣民主化進程的第二階段，民主化的突破——國民黨解除了戒嚴法的統治並決定施行政治革新以及反對黨的合法成立——這兩項成就可說是歸功於臺灣政治領導人的遠見和他順應時代的英明，我們因此把討論的重點放在蔣經國先生這個關鍵性的角色上；他如何解決1980年中期開始國民黨面臨的新危機，並且如何開創出一個具有突破性的民主局面。同時，反對黨也表現出他們的勇氣和政治技巧，在避免流血的情形下成立了新政黨。

在第三階段中(圖二)，正如第七至第九章所描述者，某些重要事件的發生，使得臺灣民主的進程逆行倒退，並出現了無政府的現象。1988年1月，蔣經國去世，臺灣的政局變得混淆不清。1989年，臺灣民族主義對政治核心的執政黨提出質疑。同年，國民黨首次在大選中敗北，民眾反對政府的示威活動更形加劇。1990年，蔣經國的繼承人本省籍的李登輝和國民黨外省籍元老黨員發生歧見，造成國民黨內部的分裂。在人民眼中，第一屆國民大會已經失去了其合法性，民進黨一再表示要走向街頭，動員所有的老百姓支持加速民主化的進程。李登輝總統和反對黨溫和派領袖共同協議，提出尊重國家體制並按民主的規範朝民主邁進的主張。這項協議成為1991年12月21日第二屆國民大會順利產生的關鍵，從而使一批新的菁英份子有權修改憲法並擴展民主的進程。

圖二　中華民國民主進程五階段

發展階段	時間	重要事件
1.有限度的民主	1949年5月19日～1986年3月	戒嚴法，開放與鎮壓並施
2.國民黨主席蔣經國決心加速民主化並解除戒嚴法	1986年3月	蔣經國下令研究政治革新
	1986年9月	民進黨非法成立，蔣經國沒有採取任何取締行動
	1987年6月	立法院通過新的安全法以代替戒嚴法
	1987年7月15日	解除戒嚴法
3.國民黨黨主席李登輝主動提出與在野黨合作並著手修憲	1987～1989	解除報禁並容許成立政黨
	1989年12月2日	解嚴後首次選舉，氣氛和諧
	1990年3月	國民黨黨內首次出現嚴重危機，在李登輝是否應連任黨主席上產生分歧
	1990年6月～7月	李登輝總統召開國是會議
	1991年4月22日	李登輝總統廢除臨時條款，第一屆國民大會修憲，為第二屆國民大會選舉鋪路
	1991年12月21日	全面選出第二屆國民大會代表
4.修憲及中央民意代表改選	1992年3月	李登輝總統要求國民黨暫緩通過間接選舉總統及副總統的憲法修正案
	1992年5月27日	國民大會通過重選新任國大代表
	1992年12月19日	選出161名第二屆立法委員
5.第二階段修憲，民選中央級民意代表及政府首長	1994年7月29日	第二屆國民大會通過十項憲法條款，其中包括總統及副總統直選
	1994年12月3日	民選台灣省主席及台北，高雄市長
	1995年12月2日	選出164名第三屆立法委員
	1996年3月23日	民選總統及副總統(任期為四年)及第三屆國民大會代表

　　本書第十至十二章說明臺灣民主化進程的第四及第五階段。其重點在陳述複雜的修憲過程，以及詳述從1992年12月19日開始，全民選舉第二屆立法委員，以及在1996年3月23日，中國歷史上第一次由人民投票選出總統，副總統及第三屆國民大會代表的經過。這一連串的選舉賦予人民全權自由選出代表民意的立法院委員（兩次立法委員選舉——1992年及1995年12月）、臺灣省長，及臺北、高雄兩市市長。憲法雖然仍在繼續修改之中，但是大體上已經規劃完成，臺灣人民終於有權經由各級中央及地方選舉，選擇他們的政治領袖和民意代表。

　　在修憲及選舉中，政黨與菁英份子之間產生了劇烈的爭執。最後，所有的參政者均同意尊重彼此的歧見，並以和平方式解決其紛爭。反對黨領導人繼續遵守執政黨體制定下的各種政治法規，並以此為投入競爭的準則。

　　各政黨間激烈的競爭及派別傾軋將許多在1989年間成立的小政黨淘汰殆盡。甚至連體制龐大的國民黨亦被迫縮減為一個規模較小，專門在選戰中爭取票源的機構。1994年8月，國民黨經過一次小型的改組，一些黨員脫黨成立「新黨」。1996年夏天，黨派間又有另一次整合，這次是一些民進黨的黨員和無黨派人員結合，組成一個鼓吹臺灣獨立的「建國黨」。在臺灣這個公開而自由的社會中，要嚴厲批評時政或者討論臺灣前途的動向，變得百無禁忌。人民的權利受到保障，政黨之間的競爭十分激烈。國民黨雖然失去了它的權威，但到目前為止，尚沒有任何其他黨派將其取代。

　　1996年春，由於具備了政黨自由競爭、定期選出各級政府領導人及民意代表、媒體不受約制、法律保障人民個人自由與權利，以及民間社團的成員，只要他們堅信民主制度，其達到民主的方法政

圖三　　公僕式政治核心

操作機能要素

1. 依憲法規定定期舉行國家領導人及民意代表選舉——總統；副總統；臺灣省長；臺北、高雄市及其他縣市長；立法委員及國民大會代表；地方首長及省縣市議員——凡居住在臺灣及外島之合法登記選民皆有投票權。

2. 在中央及地方選舉中，各政黨可依法推舉其候選人，在省市議會及中央民意機構中，反對黨佔有足夠的制衡席次，並可與執政黨在施政上合作。

3. 自由與人權受到憲法保護，保證人民有發表意見及參加政治活動的自由。

4. 除電子媒體(electronic media)外，其他公共媒體(public media)有資訊出版及合法批評政局的自由。

5. 明文規定——修改後的1947年憲法中列舉的基本政治法規，是施行民主體制的基礎法源。

公僕式政治核心的權力結構

公民社會	從公僕式政治核心到公民社會的方法(政治市場運作程序)	取代政治核心之權威性及核心內之牽制與均衡
政黨	爭取選民	經由中央及地方選舉，選票多者成爲執政黨
私人集團	竭力向立法院及政府機構施壓	立法院每三年重選一次，制衡行政院和總統府
公共媒體	監視，傳播並評估時政	民選臺灣省主席，與民選之臺灣省議會及其他地方政府議會合作，制衡中央政府
		國民大會每四年民選一次
商務企業	在財務上支持政黨及候選人	每四年民選總統及副總統
選民	參與中央與地方選舉，選出立法委員，國民大會代表，總統，副總統，臺灣省長，各市市長，縣長及各級議員	政府官員及執政領導人對私人集團提出的要求加以回應，受公共媒體及選民的監視及批評

府並不干擾等特性，臺灣舊有的「制約式政治核心」，已轉型成爲「公僕式政治核心」。換句話說，就是眞正達到了民主化的境地。（圖三）說明當代臺灣政體的特徵——社會及人民的旨意，已經將該政治核心變成了順應其需要而提供服務的公僕。這符合了大多數專家爲民主所設下的標準條件。簡言之，中華民國的人民已經：㈠有條件依法做自己的抉擇；㈡他們可以明確地向政府及其他同胞表達其抉擇；㈢他們的抉擇是按照政府的政績仔細合理衡量而產生的。[21]本書最後一章爲臺灣這個「制約式政治核心」轉型爲「公僕式政治核心」下一個肯定的總結。

　　這個臺灣的中國社會政治轉型是卓越非凡的，它涵蓋了臺灣將近半世紀的政治歷程。本書客觀而冷靜地將這段時期發生的重大事件，以及政壇上活躍份子的性格行爲，交織陳述分析；並且將人民的價值觀及抉擇，他們的需求與觀念加以陳述。我們更強調在臺灣政壇上發生的主要事件，是如何影響到政府對相關政策的決議。臺灣政治歷程是爭議，妥協與改革的混合體，它反應出一個絕不容忽視的歷史事實。

第二部
戒嚴法下的臺灣政治歷程

第二章
創立一個面目全新的政黨

中華民國政府於 1941 至 1945 年間，都在做接收臺灣的準備工作。1945 年 8 月 15 日日本投降，中華民國軍隊和文職官員陸續進駐臺灣並設置行省。9、10 月間，臺灣老百姓熱烈歡迎來解救他們的大陸同胞兄弟。但是他們的期望很快就幻滅了；他們發覺來統治臺灣的大陸人，仍然是個異族。他們的統治者只不過從原來的異族，換成另外一個異族而已。

新就任的臺灣省主席陳儀只顧在自己辦公室內發號施令，不願出門和民眾接觸。他不但拒絕使用他擅長的日語和臺灣話，他還強硬規定老百姓一律要說國語。他又拒絕拍賣日本人留下來的產業，而那些產業全是臺灣人用自己的血汗賺來的。陳儀甚至否決了用私有的市場經濟來復甦臺灣戰後經濟的蕭條，反而施行公賣制度以控制經濟的發展，使民間流通的物資更形短缺。用以穩定臺灣省內物價的糧食和煤炭又被運送到大陸去支持內地的戰事，而原來受僱於殖民政府的三萬六千名職工又被解除了職務。[1] 新成立的省政府拒絕任何具有能力的本省籍人士擔任高職，臺灣的失業率和通貨膨脹急速惡化。被日人統治五十年後回歸祖國的本省同胞，他們對中華民國殷切的希望不但成為泡影，並且很快就將這種失望轉變成了對大陸人的怨憤。

　　陳儀是孫文學說的信徒，因此他在 1946 年 4 月 15 日舉辦了很
受老百姓歡迎的地方選舉。那次選舉進行得很順利，和日據時代比
較起來，本省籍人士在省市政府及議會中贏取了三倍以上的席次。
新聞媒體亦能夠自由發表輿論政見。這項民主的措施暫時緩解了不
斷增加的民怨。1947 年 1 月，臺灣經濟形勢惡化，由於政府機構人
員的貪污腐化，造成人民極大的不滿。

　　1947 年 2 月 27 日傍晚，專賣局人員在臺北太平町上逮捕了一
位四十歲販賣私烟的婦人。第二天，一群不滿的民眾衝進專賣局的
臺北分局，見到職員就打，搗毀家具，燒毀財物。暴動事件波及全
省各大城市，政府已無法控制群眾的暴力行為。省主席陳儀於 2 月
28 日宣佈戒嚴，而各城市亦紛紛成立「處理委員會」代替政府主持
政局。陳儀雖然立即和臺北的處理委員會商善後，但從未達成令雙
方滿意的協議。同時，陳儀要求蔣介石派兵鎮壓暴民。國民黨大軍
於 3 月 9 日到達臺灣，立刻敉平了全省的暴動，國民黨政府亦恢復
了對全島的控制。

　　許多人估計在此事變中傷亡的人數約為一萬或二萬以上，另外
一些人的估計卻低很多。無論如何，1947 年的二二八事件已成了臺
灣人在控訴以外省人為主的政府時，隨時可以提出來的鐵證。事件
後，上千的臺灣人逃亡到中國大陸、日本和美國，繼續從事顛覆臺
灣國民黨政府的活動。5 月 15 日，魏道明取代陳儀為臺灣省主席。
其後兩年，臺省政府竭力恢復經濟，但除了 1949 年推行的土地改革
之外，其他的效果並不彰顯。通貨膨脹全盤失控，失業率大增。這
些都是 1949 年敗退臺灣的國民黨所面臨的困境。

　　國民黨在大陸兵敗如山倒，可說是全軍皆墨。美國國務卿艾奇
遜(Dean Acheson)告訴杜魯門總統：「國軍不需要被人打敗，他們

自己已經崩潰瓦解。」[2] 身兼國民黨主席和中華民國總統的蔣介石亦同意此一說法。在 1949 年 1 月 22 日的日記上，蔣介石寫道：「此次失敗之最大原因，乃在於新制度未能成熟與確立，而舊制度已放棄崩潰，在此新舊交接緊要危急之一刻，而所恃以建國救民之基本條件，完全失去，焉得不為之失敗。」[3]

國民黨曾經有其光輝的日子。

1894 年孫中山先生在火奴魯魯成立興中會。1905 年在日本與其他革命團體合併成為中國同盟會，孫中山先生成為主要的領導者。1911 年辛亥革命成功，同盟會亦於 1912 年 4 月由宋教仁領導改組成為國民黨。後袁世凱奪取臨時大總統職位，盡力裁撤國民黨革命軍，並殺害革命黨人，導致國民黨發動了以討袁為目的的二次革命。但是倉促起事並不成功，孫中山逃亡日本，於 1914 年在東京成立中華革命黨。為了順應當時的革命形勢需要，孫中山於 1919 年 10 月 10 日，將中華革命黨改組為中國國民黨，他採用了布爾什維克的結構和列寧「民主集權」的概念。[4] 孫中山及其跟隨者相信改組後的中國國民黨定能消滅軍閥的割據，建設民主富強的新中國。孫中山於 1925 年去世，但是他的部屬卻能夠打敗主要的軍閥勢力，統一了中國。可是，國民黨卻未能充份利用其成功來建設國家，終至於在 1943 年後一蹶不振，導致 1949 年的潰敗。

蔣介石誓言繼續奮鬥

1949 年 5 月 7 日，蔣介石面對強敵，心中大為感慨，他寫道：「今天黑暗重重，危險艱苦，但我憑著一線光明的希望，及我對總理的忠貞，我一定要不屈不撓地奮鬥下去。」[5] 他一直相信：「我們

必能從共產鐵幕之中，拯救我全國同胞，重登自由康樂的境地。」[6]
5月25日，蔣介石由馬公飛抵臺灣高雄。當時，國軍一路往南方各
省撤退。此時，蔣介石由於外界的壓力及精神沮喪，造成嚴重的胃
潰瘍。爲了鼓勵自己，他寫道：「要檢討過去的錯誤，反省自己的缺
點。」[7] 他知道臺灣已成爲國民黨最後的根據地，他開始計劃如何重
建千瘡百孔的國民黨。他寫道：「我們首先要確定黨的社會基礎和政
策路線，並以此爲根據，以決定黨的組織原則和工作方向。」[8]

　　蔣介石於6月上旬抵達臺北。1949年6月26日，蔣介石在一次
國父紀念會上談到國民黨失敗的原因，以及如何記取失敗的教訓重
建新黨。[9] 1949年7月14日，他飛往廣州與留守的中常委會商，
在7月18日的首次會議上，他提出革新黨的計劃。[10] 中常會委員答
應考慮他的提議。然後，他又飛往重慶，遊說黨政軍方的要員參與
革新國民黨。但是國軍已無法抵抗共產黨的進襲。在人心惶惶，兵
荒馬亂之中，蔣介石已經看到臺灣是他最後的希望。他回到臺北，
終其一生也沒有再踏上大陸的土地。

　　1949年9月到1950年6月，臺灣全島都籠罩在愁雲慘霧之中。
國民黨黨員爲了要「和」還是要「戰」，造成內部的分裂。由於美國
已經放棄了國民黨，運送至臺灣的武器彈藥極爲有限。每天傳來的
消息都是共產黨節節的成功以及血洗臺灣的威脅。

　　即使如此，蔣介石仍然決心繼續重建國民黨並訓練新黨員。

　　1949年10月16日，蔣介石在陽明山成立培訓黨員的機構「革
命實踐研究院」。每期受訓的時間約爲四到六星期，成立後三十個月
內，畢業的黨員多達三千人。蔣介石對研究院第一期畢業生說：「所
以本人這次成立革命實踐研究院，召集大家到本院來學習研究，唯
一的意義就是要從我院長本人起，到每一個學員止，大家都要檢討

過去的錯誤，反省過去的罪過，了解我們過去失敗的原因，求得一個具體的結論。」[11]

　　他解釋院名「革命」的意義：「革命必先革心，所以必先由本身做起，要將我們本身一切自私自利的心理，貪污腐化的行為，軍閥官僚的作風，徹底革除。」[12]他又說，「如果本黨幹部，本身已不甚健全，尤其是心理上犯了極大錯誤，如果不徹底祛除，不僅是革命前途絕對沒有希望，而且各個人將要成為共匪的俘虜。」[13]至於「實踐」的意義，蔣介石說：「我們今天失敗到如此地步，最主要的致命傷，就是因為一般幹部同志普遍犯了虛偽的毛病，相習於虛浮誇大。」[14]要革除這個惡習，就是要提倡「實踐」。最後，他又解釋「研究」的意義：

> 大家今天到本院來受訓，是你們報效黨國最後的機會。你們
> 必須痛下決心，要有篤實踐履的精神，切磋琢磨，研究革命
> 的方法，學習革命的學問，恢復革命的精神。即使將來畢業
> 之後，更要永遠保持這種研究學習的精神風氣，來實行三民
> 主義，完成我們革命建國的使命。[15]

　　1949 年 10 月 31 日，蔣介石步入六十三歲。他在當天的日記上寫著：「過去之一年，實為平生所未有最黑暗，最悲慘之一年」。[16]數月前，國民黨中央黨部已由南京遷往臺北。1950 年 1 月，原有的四百萬以上的黨員只剩下了五萬名。[17]

　　同月，約有四百名幹部聚集在臺北討論國民黨的改造，改造意見轉報總裁及中央常會參考。[18]1950 年 4 月，國民黨僅吸收了約一千名新的臺籍黨員，[19]社會經濟繼續惡化。在國民黨風雨飄搖之際，

加上人心道德淪喪，共產黨大軍虎視在外，揚言將於夏末發動對臺
的總攻擊。當時臺灣的情勢無論從那方面來看，都已到了絕望的地
步。

選出黨內領導中心

　　1950 年 6 月 25 日爆發的韓戰給了臺灣重生的機會。美國戰艦
駛往臺灣海峽，對臺灣本島及外島進行嚴密的防衛。當時美國對華
的政策是一方面阻止中共武力犯臺，同時亦不願國民黨反攻大陸。
臺灣局勢轉趨穩定，蔣介石決意實施黨的改造。[20] 7 月 26 日，蔣介
石選陳誠等十六人為中央改造委員(表一)。8 月 5 日，中國國民黨
中央改造委員會正式成立，[21] 並以二十五人組成的中央評議委員輔
佐之。

表一　中國國民黨中央改造委員會委員簡歷 (1950 年 7 月 26 日)

姓　名	年齡	教育程度	經歷	1952年現職	1952年後最高職位
陳　誠	54	保定軍校第8期砲科畢業	參謀長，陸軍總司令，臺灣省主席	行政院長	副總統
張其昀	50	南京高等師範畢業	大學教授，參政員，中常委	中央宣傳部長	教育部長，中國文化學院董事長
張道藩	52	英國倫敦大學美術科畢業	組織部，社會部副部長，交通，內政，教育部次長	中央常務委員	立法院長

谷正綱	48	德國柏林大學畢業	社會部部長	社會部部長	總統府資政
鄭彥棻	48	廣東大學畢業	法國巴黎大學研究員，三民主義青年團宣傳處長	中常會委員兼秘書長	司法行政部部長
陳雪屏	49	美國哥倫比亞大學畢業	教育部次長，代理部長	教育廳長	總統府資政
胡建中	48	復旦大學畢業	中央日報社長兼主筆	中央執行委員，立法委員	中央日報董事長
袁守謙	47	黃埔軍校第一期畢業	三民主義青年團副書記長，中央常務委員	國防部政務次長	總統府資政
崔書琴	45	南開大學畢業，美國哈佛大學哲學博士	大學教授	立法委員	中央黨部考核委員會主任委員
谷風翔	44	朝陽大學法學院畢業	大學教授	監察委員	中央黨部秘書長
曾虛白	56	聖約翰大學畢業	新聞局副局長，大學教授	中廣公司副總經理	中央通訊社社長
蔣經國	41	蘇俄中山大學	行政專員，中央幹部學校教育長	國防部總政治部主任	中華民國總統
蕭自誠	44	哥倫比亞大學	中央日報副社長	中央黨部第六組主任	中華日報社長
沈昌煥	38	密西根大學碩士	新聞局長	政府發言人	外交部長
郭　澄	43	中國大學畢業	三民主義青年團中央團部幹事	中央執行委員	國民大會秘書長
連震東	41	日本慶應大學畢業	國大代表	臺灣省參議會秘書長	行政院副院長

　　中央改造委員會委員的平均年齡僅爲四十七歲,受過高等教育,許多委員在日本, 美國, 歐洲取得學位, 對於現代化的世界觀頗有共識。他們當時在黨政界擔任重要職務, 其後在政府中更是身居要津。更重要的是他們對國民黨全都忠心耿耿, 和蔣介石一樣奉信孫中山先生的三民主義。另外, 蔣介石聘任吳敬恆等二十五人爲中央評議委員, 負責監督改造工作的執行與推展。[22]

改造委員會開始工作

　　1950 年 8 月 5 日, 上午 10 時, 中央改造委員十六人宣誓就職。誓詞內容如下:

> 余誓以至誠, 奉行總理遺教, 遵從總裁領導, 大公無私, 竭智盡忠, 團結全黨忠貞同志, 發揚革命精神, 完成改造任務, 爲實現三民主義而奮鬥, 如有違背誓言, 願受黨紀嚴厲之制裁, 謹誓。[23]

蔣介石卽席致訓詞, 希望:

> 黨內負責同志, 應體認當年本黨改組的決心, 發揚革命的精神, 擔負起改造黨政, 改造國家的責任, 從頭做起, 這是中央改造委員會的任務, 同時也是全黨同志的期望。[24]

　　是日上午 11 時, 立即舉行第一次中央改造委員會會議, 由蔣總裁親自主持。會中首先通過「中央改造委員會組織大綱」, 其內容大

要如下：改造會在進行改造期間，行使中央執行委員會及中央監察委員會的職權；開會時由總裁爲主席，總裁不克出席時由委員互推一人爲主席；設秘書長一人，副秘書長一人或三人；設置各組會，各組設主任一人，副主任一人至三人，各委員會設主任委員一人，副主任委員一人至三人，委員若干人。[25]

改造會具有無上權限者爲總裁蔣介石先生，其下爲十六名中央改造委員，並以二十五名中央評議委員輔佐之，該會設秘書長一人，總管一切事務。其他各組會及職責如圖四。[26]

改造委員會更修正通過「中國國民黨現階段政治主張」。其主要內容包括實踐三民主義，建設安定臺灣等多項。[27]

國民黨的改造深入基層

除了發表「現階段政治主張」之外，改造會更闡釋其爲「革命民主政黨」的本質，[28]即是以革命來達成民主的目標。並且本著這個目標進行各級黨部的改造。在中央及直屬區黨部方面，精簡人事，明訂職掌，並成立中央改造委員會工作同志區黨部，將每一同志均編入小組。在地方黨部方面，將省、縣、市改造委員會重新畫編組織，調整人事，並派員督導進行改造工作，[29]務必使改造工作深入基層，從根部著手徹底改造國民黨。

當時的國民黨組成結構如圖五。(《改造》，第47/48期，頁38)

1950 年 10 月 12 日，中央黨部派倪文亞等十二人爲臺灣省改造委員會委員，協助省級黨務的改造，並監督各縣市鄉鎮黨部的改造工作。其任務包括：舉辦講習，擴大宣傳，發動黨員歸隊，厲行黨

圖四　國民黨中央改造委員會組織

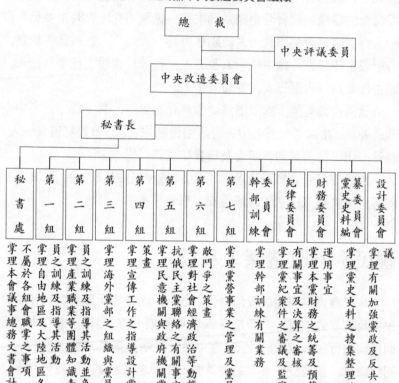

總裁

中央評議委員

中央改造委員會

秘書長

秘書處	第一組	第二組	第三組	第四組	第五組	第六組	第七組	幹部訓練委員會	紀律委員會	財務委員會	黨史史料編纂委員會	設計委員會

秘書處：掌理本會議事總務文書會計人事及黨員之撫卹撫助與其他不屬於各組會職掌之事項

第一組：掌理自由地區及大陸地區各級黨部或秘密工作之組織與黨員之訓練及指導其責

第二組：掌理產業職業等團體知識青年及其他特種黨部之組織與黨員之訓練及指導其活動

第三組：掌理海外黨部之組織與黨員之訓練並指導其活動

第四組：掌理宣傳工作之指導設計黨義理論之闡揚及對文化運動之策畫

第五組：掌理民意機關與政府機關黨員之組織與政治活動及各共抗俄民主黨聯絡之有關事宜

第六組：掌理對社會經濟政治等動態有關資料之搜集整理研究與對敵鬥爭之策畫

第七組：掌理黨營事業之管理及黨員經濟生活之輔導

幹部訓練委員會：掌理幹部訓練有關業務

紀律委員會：掌理黨紀案件之審議及監察黨員執行黨的政策決議命令之有關事宜及決算之審核

財務委員會：掌理本黨財務之統籌及預算之審議黨費基金之募集保管與運用事宜

黨史史料編纂委員會：掌理黨史史料之搜集整理編纂及革命文獻之保管事宜

設計委員會：掌理有關加強黨政及反共工作之設計及本會交議案件之審議

員整肅，徵求新黨員，加強黨員訓練等。[30]

　　現以南投的黨務改造爲例，南投黨務改造委員會於1951年2月接管時，全縣歸隊黨員爲276人，納入組織者256人。該會成立後，立刻重行調整劃編組織委員會，並於3月中旬下鄉分訪從政黨員及地方紳士，徵詢各方意見，就地取材，選拔幹部，[31]確定了各區黨

圖五　國民黨組成結構

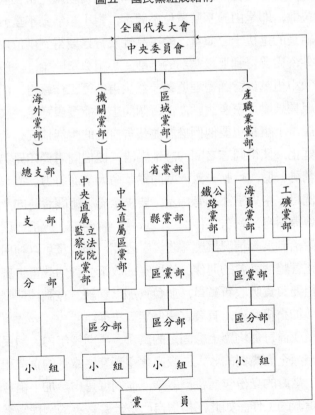

分部籌備員。至 3 月 28 日舉行籌備員就職典禮。4 月 1 日起，即開始劃編區分部及小組，並成立改造機構，選出小組長。4 月 10 日，南投縣已有十三個區黨部，七十三個區分部，298 個小組。此外尚有五個政府機構直屬的區分部，四個知識青年黨部直屬小組，黨員已達 1,713 人，比原有黨員多了六倍，而各基層幹部及小組長亦開始輪流接受訓練及再教育。

國民黨現在已經知道「小組」是黨的基礎組織。當初國民黨在大陸的失敗，即是由於基層單位不健全，對小組活動不重視。國民黨對小組長的選拔十分慎重，除了品性及背景要得到兩位以上的委員推薦外，尚要得到上級黨部的批准。小組會議開始，一般是由小組長帶領小組黨員背誦總理遺囑，然後再進行工作報告、活動規畫等。小組長鼓勵大家多說話，使每個同志都能發表意見，[32]如果沒有話可說，小組長也要他們檢討並報告自己的生活情況，希望做到小組家庭化，使得同志之間的感情融洽，提倡同志們如兄弟般互助合作，精神一體，行動一致，共同為革命大業而努力。[33]

每個月，中央黨部都有指示，要求全島小組開會時向上級提供意見，傳達信息，報告工作進度，或就社會治安、經濟發展、教育方案、政治制度等情況反應報告。[34]因此，國民黨可以利用小組的體系來監管整個社會的運作，施展黨的政策並評估政策實施後的績效。小組要負責吸收新黨員，並負責加以訓練，在訓練期間的新黨員准予參加小組會議，有發言權但無表決權。[35]

小組成員每月均應上繳固定的黨費。早期幾年內，國民黨開銷的主要來源全靠黨費的收入，後來才逐漸發展黨營的企業和房地產的經營。黨員的身份包括各行各業，他們每月均參加小組會議，接受黨方指派的工作。如此，相信自己是社會菁英的國民黨黨員，自

動自發，爲反共抗俄的大業而奮鬥。自從國民黨成立以來，這是歷史上第一次以組織的力量，將黨內上層和下層的幹部緊密地連接起來。[36]

煥然一新的政黨

1950年初期，據統計臺灣全省登記歸隊的國民黨老黨員共有63,263人，秋後再有16,780人登記。各小組不斷努力吸收新黨員，到1951年年中，黨員人數已達120,043人。[37] 當時臺灣的人口是7,647,703，因此，1951年間，國民黨黨員的人數僅佔人口的0.016，可說是一個黨員數相當少的政黨。

雖然僅有十二萬黨員，國民黨領導人卻聲稱其組織是「一個能夠代表國家民族及大多數民衆利益的革命民主政黨，它以整個國家民族的利益爲利益，並不是只代表某一階級的黨。」[38] 按照 1951 年底的統計，國民黨黨員中農工成份佔全體黨員的 37.7%，知識份子佔 61%，三十歲以下的青年佔 49% 而本省籍黨員人數更有顯著的增加。[39]

1952 年年初，國民黨黨員的社會成份稍有改變，雖然黨員仍以男性爲主而且年齡偏低(48%在四十歲以下)，但是農工成份僅佔三分之一。十分之一爲商人，其餘爲年輕的知識份子等。黨員的教育程度普遍提高，而本省籍的黨員已超過半數約 5.6 成。

1952年，整個臺灣的小組數目已接近一萬五千。其中約兩萬人接受過黨的特別培訓成爲核心幹部。登記有案的114,731名黨員中，住在臺北市地區的超過14,000名，有兩萬名是工人和煤礦工。直屬中央機關區黨部的黨員約三千人，分屬於295個小組（表二）。政府

表二　中央政府中之黨工人員分配
直屬中央機關區黨部組織統計表

單位別	所轄區分部數	所轄小組數	黨員人數	備　考
第一區黨部	10	45	414	中央改造委員會
第二區黨部	8	45	380	總統府
第三區黨部	14	110	1,095	行政院
第四區黨部	2	13	139	立法院
第五區黨部	3	11	68	司法院
第六區黨部	3	13	112	考試院
第七區黨部	3	13	146	監察院
第八區黨部	2	10	96	革命實踐研究院
第九區黨部	6	35	261	中央各行局
合　　計	51	295	2,711	

資料來源：許福明，《中國國民黨的改造(1950～1952)》，頁89。

機構的小組與總統府和五院直接相通，小組的組織深入社會深層，發揮推行國民黨政策的最大作用。[40]

　　如表二顯示，小組以區黨部的形式，深入政府機構，滲透到每一部門的基層。國民黨藉由黨工的網絡監管著政府的運作。國民黨此時的精神及組織的特性是什麼呢？

革新後的國民黨是個政治幫會式的黨

　　1950至1952年間逃離大陸的國民黨黨員都有相同的慘痛經驗；被他們視為具有無上權威的中央政府居然在一夕間崩潰破碎，

這殘酷的事實令忠貞的國民黨黨員大爲震驚。更糟的是他們慣常過的優裕生活，也隨之成爲明日黃花。他們以斷絕後路的心情逃到臺灣後，大家都在那裡坐以待斃，以期待共產黨隨時的進攻。韓戰發生後，美國派遣第七艦隊保衛臺灣給了他們新的生命，[41] 他們開始將勵志革新的國民黨視爲拯贖他們於死難的救星。正如加入幫會而使個人的生命具有另外一種意義一樣，他們全心崇敬黨主席蔣介石，跟隨他的領導，並且完全認同他的看法。

幫會老大

　　蔣介石先生傳奇的一生令跟隨他撤退來臺的民眾敬仰有加。蔣先生並沒有在國家危難之際逃往國外尋求庇護而帶領著忠心耿耿的文武職員避禍臺灣。他被視爲臺灣當然的領導人是不容置疑的。然而，他有足夠的力量在 1950 年中共佔據整個大陸時，再和中共作殊死戰重拾舊山河嗎？難道不是由於他的領導無方，才使大陸淪陷在中共手中嗎？據陳立夫先生的評估，蔣介石善於玩弄政治手腕，長於用賞罰等方法來保持自己的權力。善用政治手腕的結果有得亦有失。陳立夫說：「蔣介石擅長用心計手段使人產生疑懼，令他手下的人難以放心，但是他堅強的反共信念使他成爲領導全民革命建國的最佳人選」。[42] 他高不可攀的作風令人不敢親近，在黨內，反對他的聲浪時有所聞，但是他都能排除困難，將大家團結在一起。由於蔣介石日漸遠離群象的孤高作風，在他周圍的只有些阿諛無能的諂媚小人。尤其在 1945 年後，因爲蔣介石的判斷不正確，策略有錯誤，造成了國民黨的潰敗，[43] 那麼，爲什麼還有那麼多的人相信他能夠領導大家反攻大陸呢？

　　首先，由於蔣介石一肩承擔起失去大陸的責任而不怨責他人。

他唯一的要求就是大家要記取悲劇帶來的教訓。1949 年 4 月 27 日，他尚在大陸時，對全民做無線電廣播時說：「中正對於過去政治經濟的缺陷和剿匪軍事的失敗，以致我們同胞遭受共匪的蹂躪和殘殺……這是我個人德薄能鮮，應該負其重大的責任。」[44] 每次對黨員訓話時，他都提醒大家要認識過去的失敗，祛除消極、恐懼、負罪的心理，從失敗的經驗中學習再不失敗的方法。

第二，因為蔣介石為他的跟隨者展現出一幅英雄式的前景。蔣介石深深了解他們心中的怨恨羞辱，還有因為挫敗而造成的困惑。蔣介石告訴大家共產黨是中國五千年悠久文化的大敵，只有國民黨可以阻止共黨對中國文化和傳統的摧毀。蔣介石希望大家共同加入從魔掌中拯救中國的十字軍。

這個偉大的任務唯有革新黨的內部才能完成，由於「反共戰爭乃是反極權主義的民主戰爭」，[45] 只有民主革新的黨才能領導人民完成任務。和共產黨作戰需要運用各種方法，因為大家所面對的敵人是中國人民前所未見的：

> 要知道匪黨的政治鬥爭，是以社會鬥爭為其基點；而其軍事動員是以社會鬥爭為其動力，……總之，今日匪黨政治軍事行動，無不以社會鬥爭為其根據。所以反共戰爭雖然是民族民主的戰爭，但其成敗得失，不決定於軍事與政治，而取決於社會與文化。今日共匪的社會鬥爭，是要摧毀我們整個的社會；而他們的文化工作，是要滅絕我們歷史文化。故其所做所為，無一不與我中華民族社會文化背道而馳，因而這次黨的改造，要檢討黨的構成份子，確定黨的社會基礎，策劃黨的文化工作。要使黨的組織，從社會基層裡產生，在文化

> 運動中發展，要使全黨黨員，爲民衆而工作，爲工作而組織，
> 必須做到這一點，本黨才能實行民生主義，以解決當前經濟
> 社會問題，並進而負起改造社會的使命。[46]

要打倒共產極權主義，非得動用中華文化的傳統道德不可。蔣
介石雖然被共產黨打垮了，但是他自認爲是對共產主義認識得最清
楚的人。他相信自己可以克復萬難重建國民黨，能夠以新的作風和
新的理念來拯救中國。

幫會的歷史使命

每當蔣介石對黨內同志訓話時，他總不忘提醒大家國民黨從興
中會，同盟會以來的光輝歷史。國民黨如何將洋人驅趕出境，如何
統一分割的中國，如何將中國軍事和經濟帶入現代化，以及如何抵
禦日本人的侵略。然而，國民黨在 50 年代遭到的挫折遠勝過它的光
榮時刻。國民黨的挫折包括了 1913 年袁世凱的篡國；1918 年孫中
山先生辭去臨時大總統職位；1922 年陳炯明在廣東的叛變；1925
年孫中山督師北伐無功而退回廣東；1927 年汪精衛與中共的勾結；
1928 年五三慘案；1931 年日本進軍東北；1937 年日軍發兵侵略中
國；最後在1949年失去整個大陸使大好江山淪入共產黨之手。[47]蔣
介石說：「本黨每一次失敗之後，黨的組織即起分化，黨員意志更
爲紛歧，而黨中投機份子，改圖變節，叛黨求榮之事，也就接踵而
來」。[48]

其他國民黨黨員也承認國民黨六十多年來的成就最後仍是以失
敗收場。他們同意蔣介石的看法，認爲國民黨 1949 年的失敗，使國
家瀕臨了存亡絕續的嚴重關頭。[49]如何在半世紀的屈辱掙扎中拯救

中國的文明是國民黨黨員自我期許的目標。蔣介石並鼓勵同志不要陷進失敗的頹廢之中，要記取失敗的教訓，並為黨不屈不撓的奮鬥精神自豪。

為了強調國民黨如何在失敗中奮鬥的英雄形象，中央改造委員會印製了許多刊物，宣揚先賢先烈為黨國犧牲生命的高貴情操及光榮事蹟。[50]如果同志們能夠師法革命先烈的英雄行為，國民黨是永垂不朽的。

蔣介石還喚起同志要具有自我犧牲的精神。在1951年1月8日的國父紀念週會上，他要大家群策群力，建立自強自立的新精神。[51]他強調：

> 所謂革命建國的新精神，其具體的表現是什麼呢？就是第一要消除派系自私自利的觀念，打破爭權奪利的惡習。[52]

總之，蔣介石認為要完成消滅共產黨的勢力，改革一新後的國民黨必須根本改正過去在大陸上的一切作風，重新建立一種自力更生革命建國的新精神。反共抗俄已是自由世界共同奮鬥的目標。中華民國在世界反共產極權戰爭中扮演的角色十分重要，不但要反共產黨，更要反攻大陸，解救在水深火熱中的同胞。因此，改革後的國民黨要率先使臺灣成為一個「大公無私」的高道德社會，以實現孫中山先生的三民主義為目的。[53]孫文學說成為國民黨改造聲中每一個幹部和黨員奉行的藍圖，而三民主義亦被包括進從小學到大學的各級教科書中。每一個人民對三民主義的教條都應有了解並且要身體力行，因為那是在臺灣的國民黨能夠與共產主義抗衡的法寶。為了要拯救瀕臨於存亡絕續的中國文化歷史，每一位黨員必須站在

社會的最前線拼命奮鬥，使臺灣成爲世界上獨一無二，深具道德勇氣的世界反共領袖。

　　在他的政治生涯中，蔣介石喜歡引用孔子的儒家思想及價值觀治國，蔣介石在 1934 年初提出「新生活運動」，後因缺乏一般老百姓的支持而不了了之即是最好的例子。在臺灣，許多人對他強調忠孝仁愛，信義和平等美德的實踐是相當肯定的。在蔣介石爲臺灣設定的新道德目標下，均富這種天下爲公的大同思想佔有極重要地位。每一個黨員都要以建立一個「大同世界」的社會爲己任。一些黨員甚至將蔣介石的想法引申發展，希望黨員都能做到「不私」，「不亂」，「不怕」，「不吹」，將臺灣建立成一個道德崇高的社會。[54]

　　還有一些人主張黨員應發揮仁愛互助的傳統美德，在政治上的表現即是人溺己溺，人飢己飢的「仁政」。[55]黨員悲觀的心理，依賴的心理，得過且過的態度都應該澈底消除。要擔負起反共抗俄的使命，就要破除苟安的積習，全體黨員應共同努力，把握時機，使壞的情況變好。如果不把握時機，將好的情況變壞，那麼，國民黨黨員就是「時代的罪人」了。[56]因此，黨員們必須了解，個人的生命雖然有限，但是中國無限的存在和文化的接續，卻要靠大家的努力。所以每一個黨員都不能看輕自己，不可放任自己，以個人爲基點，發揚整個中華民族的光輝。[57]

幫會中新興的菁英核心

　　要建立一個依據孫文學說爲基準的新政，發揚黨內的新精神，並讓每一個黨員認識國民黨過去的光輝歷史，蔣介石急需吸收一批有志一同，忠心耿耿的優秀核心幹部。這批幹部必須有相同的價值觀，對黨的使命有共同的認識，並能抵禦外界的壓力和名利的引

誘。[58]

　　蔣介石培養黨內優秀核心幹部的第一步就是 1949 年在陽明山成立「革命實踐研究院」。中央改造委員會的十六位改造委員，及評議委員和許多黨內的重要職位，均拔擢自研究院一至八期的畢業生。黨內每一個人都同意，國民黨在大陸的慘敗，很重要的原因之一就是沒有做好基層幹部的訓練。幹部健全與否，「直接影響革命的興衰，國家的安危，人民的禍福」。[59]

　　蔣介石在選擇幹部時十分慎重。選擇的標準至少有三點：思想是反共的，行動是革命的、救國的，在政治經濟等各種實際工作中具有成績。凡具有以上三個條件的，都是被吸收，被爭取為幹部的對象。[60]

　　中央改造委員會設計的幹部訓練制度分為三種：黨內最高級的幹部被調至陽明山革命實踐研究院受訓，由蔣介石親任院長，經常召見受訓幹部並在每一屆的畢業典禮上致詞。蔣介石並親自查閱學員的背景及學習進度，從中決定拔擢任職的人選。研究院的生活十分嚴謹刻苦，學習課程非常緊湊。每週舉行研究座談會和生活座談會，使學員間的關係變得親密異常，學期結束時每一個學員都要發表學習的心得。1952 年年底，畢業於研究院的學員十八期共 3,075 人，其中多數在政府和黨內擔任要職。

　　中層縣市級幹部接受巡迴訓練，講授與研討並重。第一期於 1951 年 5 月 9 日開始至 6 月底結束，受訓人數達 8,605 人。第二期共 807 人受訓。兩期受訓人數共 9,412 人。其中調訓的小組長共為 8,404人。

　　另一種訓練的方式是多夏令講習會，定期訓練知識青年幹部。包括中央直屬之知識青年黨部小組長，各縣市知識青年區黨部常委

及委員，海外華僑學校教職員學生等。夏令講習時間爲三週，冬季講習會爲期九天。接受訓練的黨員均在三十五歲以下。這種講習會只辦了 1951 及 1952 年夏令兩期和 1951 年冬令一期。先後接受訓練的知識靑年幹部共 1,024 人。[61]

因此，到了1952年年底，臺灣全省接受培訓的國民黨黨員大約有一萬三千餘人，約佔黨員人數的5%。優秀黨員接受黨的栽培和訓練，比在大陸時的情況好了很多。一位黨員回憶1934年的時候：

> 我們中國國民黨裡頭，大家的眼光只會注意到上層來爭奪位置，而大家卻沒有把眼光轉移到最下層去做工作，拿事實來講，現在中央黨部裡面已擠了一千多名工作同志，但是最基層的黨務卻沒有那一個人願意去過問。像這樣一個頭大脚小的黨部，都是沒有基礎的，實際談不上發生什麼力量，如果照這樣演著下去，一定會發生動搖的。[62]

除了對黨員的訓練外，革新的黨部組織亦需要面目一新。

組織

一個有爲有守又能達成其使命的組織，其社會性結構必須與其目標相結合，[63] 該組織中的人員必須有條不紊地遵守其章程並一步一步完成其任務。國民黨以八至十五人構成的小組滲入民間，執行黨方通過的政策，向上級黨部定期會報，最後完成黨方交派的任務即是最好的例證。

1950 年 10 月 13 日，中央改造委員會通過小組組織規章共十九條。第二條說明小組組織採秘密方式對外不得公開。[64] 保持秘密性

是國民黨的一貫作風。國民黨的前身組織，即是孫中山先生仿效中
國的秘密社會暗中組織起來的，其會員指天爲誓，不得洩露會中的
成員姓名及一切活動。國民黨深信保持秘密可以保護其力量，[65]可
以避免公開的指責批評，使敵人無法摸清其底細。有位黨員寫道：

> 組織公開就等於力量公開，當我們面對著敵人作戰，竟然公
> 開我們的組織力量，不啻是歡迎敵人檢閱我們的陣容，點清
> 我們的武器。[66]

　　國民黨崇尚秘密，偏愛發誓及各種儀軌的作風，使它不得不依
賴一批內在的核心幹部。他們具有一種強力的道德勇氣。在組織中，
他們有一個接近聖人的完美領袖，黨員對充滿俠義英雄的歷史萬分
景仰崇拜。國民黨的這些特質，和一個自許爲行俠仗義，替天行道
的幫會組織，並沒有什麼不同。

　　退守臺灣之後，許多國民黨黨員都認爲要逃避共產黨的追擊，
除了「跳海」之外別無他法。然而，改革一新的國民黨使他們信心
大增，勇氣百倍。他們敢於誓言服從領袖的領導並完成革命建國的
目標。他們堅信三民主義的學說將會深植在中國人民的心中，成爲
復國的種子。經常從事秘密的聚會和舉行固定的儀軌，使他們更加
相信，自己已獻身於一個比個人或家庭更爲崇高的目標。這個改造
後的國民黨是列寧式的政黨嗎？

列寧式政黨？

　　許多人認爲[67]改造後的國民黨十分的布爾什維克，因爲它口口

聲聲宣稱是一個革命的政黨，而且行使「民主的集權」，對社會各階層均設法滲透，控制軍方和安全系統。[68]雖然國民黨的組織是布爾什維克的，它的目標，領導者的作風和黨的運作卻並不如此。在列寧1917年崛起蘇俄成立新黨之前，西歐的政黨如果不是具宗教告解式(confessional)的，即是國家主義式的(national)。前者尋求各種方式以滿足政黨成員的需求，後者推行各種新的國家民族政策。[69]蘇維埃列寧式或布爾什維克的政黨是一種新類型的政黨，按照Bertram D. Wolfe[70]的說法，這種政黨有三項特色。

　　首先，這種政黨信仰馬克思主義的「迷思」和它的力量。布爾什維克認為歷史是按照極嚴格的定律發展演變的。他們擁有一個對前景共同的夢想，那就是建立一個未來的共產社會，那會是人類歷史演變的最終目標，「完全超越小資產階級特權狹隘的天地，社會中每人都能人盡其才，每人都能各取所需！」[71]布爾什維克熱切贊同此一意識形態，史大林和毛澤東在規劃他們的政黨時亦復如是。和此意識形態密不可分的，是黨內的領導者相信，由於他們的黨代表著農工階級，他們必須消除其他階級敵人，並且要全神警戒以防其起死回生。國民黨從未堅持歷史演變的定律，沒有共產黨對未來的那種幻想，也沒有利用階級鬥爭這種想法。

　　第二，列寧式政黨具備一個威權核心，控制核心的領導人決定黨的政策。自律甚嚴的黨員忠心耿耿，信奉黨的主張和黨的「路線」。黨中央在黨員心中具備無上的力量，即如Ken Jowitt所說：顯示出一種「具有魅力的非個人性(charismatic impersonality)」，和西方政黨「程序化的非個人性(procedural impersonal)」作風完全不同。[72]國民黨雖由蔣氏父子領導多年，他們卻從來沒有標榜任何黨的路線。黨中央對黨員的控制與約束，也不像列寧式政黨那般酷嚴。

　　最後，將個人納入黨的組織，不考慮個人因素，是列寧式政黨的一貫做法。因為只有如此，才能喚起黨員英雄式的情操，從事超人的使命。不能達成任務的人，無論是幹部還是個別黨員，均被視為反黨份子，可被監禁或流放遠方。嚴重者甚至可被處死刑。這些反黨份子的家屬亦被社會所唾棄。為了要維護極權，黨方對每一位黨員的公、私生活，全部加以嚴密管制。因此列寧式政黨是黨政合一的，而黨和整個社會也不分家。將社會轉變成集體組織給列寧式政黨更大的力量去控制每一個人。國民黨對其黨員從未如此嚴格地加以管制，對社會也沒有那麼大的主控權。

　　所有的政治組織，包括列寧式政黨在內，都會因時間而發展變化。按照Philip Selznick的說法，它們有其特殊的生命循環。因為有些無法避免的毛病到時候就會給組織帶來不可挽救的災禍：如吸收新黨員，擢升幹部的標準降低；中央權限和黨內其他成員產生衝突；行事的章程無法長期執行等等。[73]時光流逝，人事變遷，當初建黨時簡單明確的宗旨已經消失殆盡。布里茲涅夫和戈巴契夫的黨，和列寧，史大林的黨完全不是同一共產黨。鄧小平的黨和毛澤東的黨也不一樣。列寧式政黨衰微時，其特殊的性質也消失不見，只不過變成像中國今天這種「強硬的」威權黨派罷了。這樣的政黨很可能像蘇聯一樣在一夜間崩潰。[74]

革新的黨因時制宜

　　1950年代改造後的國民黨，和大陸的中國共產黨一樣，急於建立一個新的社會。[75]但其做法和中共卻極不相同。1950至1956年間，中共以各種威嚇，暴力等手段以公有制度，中央集權，集團經

濟等取代了固有的私人企業和市場經濟。同時，中共又取締了 1949
年前多黨競爭的局面，變成一黨專政，其領袖的權力無限膨脹。最
後，中共以馬克思─列寧─毛澤東思想這唯一的意識形態取代了百
家爭鳴的自由思想市場。到了 1956 年，中共這個列寧式政黨已經在
中國大陸建立起一股極權統治的勢力，不容任何其他思潮的流傳。

　　臺灣的情形恰好相反。1950到1956年之間，臺灣的發展被認
爲是「三民主義在臺灣實現」[76] 的狀況。國民黨的革新解除了老百
姓追求富裕生活，接受高等教育，提升社會地位的絆腳石。Ralph
Dahrendorf稱爲「改進了生命的契機(enhancing life chances)」。[77]
發揮了臺灣人力資源無窮的活力。這種活力造成了新的經濟、政治、
思想市場的蓬勃發展，終於導致臺灣社會的全部轉型。

　　國民黨在臺灣最成功而徹底的改革就是土地改革。這項改革不
但增加了民生資源，擴展了市場經濟，建立起私人企業並大大提高
了人民的生活水準。[78]自 1949 年 4 月以來，因土地改革而受惠的貧
困農戶共有 350,000 戶，人數超過兩百萬。1953 年，在政府計劃經
濟的策略下逐步將資源重新分配，投資工業，發展市場，同時，政
府又改善了水利，開發電力資源，整建公共交通設施。1950 年後，
臺灣政府已逐漸將公營事業轉成私營。1951 到 1952 年間，政府通過
了勞工意外保險法令並提高了公營企業如製鹽、煤礦、製造業等的
最低薪資。

　　在政治改革方面，政府於 1950 年實施地方自治，全民投票選舉
縣市議員及縣市長，並普選臨時省議會議員。[79]其他重要的改革政
策包括普及國民教育，改進中等及高等教育，加強社會教育，講授
反共抗俄及三民主義基本課程，推廣國語等等。更重要的是徹底的
整軍建軍，成立了強大的國家安全體系。[80]

1960 年後，臺灣經濟開始快速成長，老百姓的教育程度普遍提高，國民健康及福利得到改善。臺灣的社會顯得一片欣欣向榮。

某些臺灣本省籍人士對國民黨種種改革的措施，諸般反對阻撓，但成效不大。國民黨的改革計劃深獲民心，而遍佈全島的國民黨小組在執行黨的政策時不遺餘力，實在功不可沒。小組同志奔走於各鄉鎮，吸收負責政府土地政策的租佃委員入黨。[81]以桃園爲例，由於幹部與黨員同志的熱忱服務，使得桃園在推行社會改造運動之時，得到滿意的成就。[82]臺中市黨部爲了加強黨員對主義之深切瞭解，特別成立三民主義講習會，延請有名人士當講員[83]。爲了深入鄉村展開宣傳工作，宣揚黨的政綱，推行土地改革政策和反共抗俄的國策，各地甚至成立文化工作隊，以歌舞戲劇等方式宣揚三民主義。[84]爲了加強民運工作，黨部將青年、農工、婦女、商業、漁業各界人士組織起來，成立民運工作委員會。[85]在臺東縣，黨部爲了了解各區黨部之工作進展情形，特定每月舉行聯合工作會報，縣黨部工作同志均須出席，報告工作情形，檢討實際工作。[86]

身處社會基層的小組，深入民間各社團，爲增進全民的福祉努力奮鬥。小組還率先響應勞軍活動，倡導捐獻支持前線，深入鄉村服務。[87]還有一些小組工作人員，親自推動改善環境衛生，推行戰時生活節約，勸人遵守秩序，收效至爲宏大。[88]小組實行組織動員，從推薦候選人到輔選成功，都一再證明改造後的國民黨確能做到執行命令、徹底動員、服從組織、遵守紀律、一致行動的地步。[89]

1950 年年底，一批熱心的積極黨員，迫不及待要進行經濟，政治及社會改革。由於國民黨當時正處改造初期，工作進行成效並不顯著。但是到了 1953 年底，黨的小組已經深入每一鄉鎮縣市，並從事積極的活動。黨的形象改變了，由於國民黨重視家庭的觀念，推

行富家富國的各種政策，得到民衆的好感。最後，由於敎育普及，臺灣的人民已有足夠的訓練面對一個都市化、工業化，與世界經濟血脈相連的蓬勃社會。

　　由於 1947 年的二二八事件，許多臺灣本省籍的菁英份子對國民黨仍然充滿了仇恨。[90]社會民衆對二二八事件留下的記憶如一片烏雲，籠罩在臺灣的上空，使臺灣社會分裂成兩個不同的派系。一派人讚揚國民黨改革後的新政策，認同其權力結構，並對其主張奉行不渝。另一派對外省人當政的國民黨政府仇恨極深、誓言推翻它以實行眞正的民主制度。由於戒嚴法的執行和國民黨集權的做法，使後一派的怨恨更深。這個裂痕幾十年來對臺灣社會有極深遠的影響。在這個分裂而傷痕累累的社會中，改造一新的國民黨一方面全力維護它的政治權力，另一方面也在運用各種不成文的法規，對每一股反對它的政治勢力，想盡辦法，一一加以鎭壓。

第三章
制約式政治核心

1 952 年 10 月 10 日上午 8 時，風和日麗，天氣清朗，中國國民黨
第七次全國代表大會在陽明山莊大禮堂隆重揭幕。當時六十六
歲的蔣介石全副戎裝，神采飛揚，在軍樂聲中從容步上講臺。他首
先要求與會的五百多人為追懷國父孫中山先生及革命先烈和在大陸
受苦受難的同胞靜默三分鐘。然後他致開幕訓詞如下：

> ……本黨是從大陸剿匪失敗撤退臺灣，在風雨飄搖，顛沛流
> 離之中，重新改造之後，才舉行這次全國代表大會。大家一
> 定會感想到，我們當時撤退的情勢，如何為奸匪所侮辱，如
> 何為世人所鄙棄。本黨所領受的教訓，和所遭遇的環境，又
> 是如何惡劣，如何恥辱，凡是稍有志節的革命黨員，決沒有
> 不痛悔警覺，發憤自強，立志雪恥，以期補過贖罪，來安慰
> 我們總理及革命先烈在天之靈的。[1]

在他的訓詞中，蔣介石希望黨員同志大家悉心研究當前大敵
——朱毛奸匪及俄寇帝國主義者——本質的優劣強弱，並要他們審
視國際形勢。他要大家適應世界大局和客觀環境，來改善國內形勢，
並瞻望未來臺灣的前途，應如何對付共產黨的陰謀和野心，以達到

光復大陸，解救同胞的目的。會後，全體與會人員即驅車入城，參加中樞國慶典禮及盛大之閱兵典禮。在七全大會爲期十天的會期中，雖無特別創新的建樹，但是在增加國民黨內部團結和提昇黨員的精神士氣上，卻收到極高的成效。

此後二十餘年來，國民黨黨員由十二萬人增加到兩百萬人以上，完全主控了整個臺灣的政局。黨員成分更爲年輕化，大多受過更高的教育。以省籍而言，外省與本省籍的黨員數目更爲平衡。[2] 總之，國民黨已從一個排他性的政黨，蛻變成爲一個包容性的政黨。從菁英的政黨蛻變爲群衆的政黨。國民黨不但形成了一個「制約式政治核心」，更成爲一個對社會具有強大影響力的政黨。

國民黨對人民的私人生活從未加以監督控制。每家每戶的成員都可以自由選擇他們的職業，家庭亦可自由搬遷。人民可以發表自己的想法和看法，也可自由交遊，以建立自己的社會關係。在政治上，此「核心」僅堅持人民必須遵守四項絕對的法規。此四項法規是人民的政治行爲是否爲政府接受的準繩。我們從這些法規中可以看出該政治核心可以容忍的尺度，包括：不影響權力分配，不懷疑該核心的合法性，對最高領導人不戲謔侮辱等。這些法規雖未明文規定公開頒佈施行，但是老百姓卻可以從該「制約式核心」的作法上推演出來。

- 修改 1947 年憲法以適應臺灣現實的需要，並使此憲法成爲臺灣法律、權威性及政治合法性的基礎。
- 由戒嚴法來保障國民黨獨黨統治的局面，但容許兩個象徵式的政黨——青年黨與中國民社黨——存在。
- 在臺灣省行使有限度的民主，實施地方政府及議會選舉，並於 1969 年後有限度開放中央民意代表增選。

‧除馬克思、列寧社會主義思想，以及對政府合法性的質疑外，容許其他各種政治思潮競爭。

這些絕對不容逾越的規範界定了社會大眾和政治核心之間的關係。社會大眾在特定的政治範疇內從事政治活動，而執政黨依照重新詮釋的憲法來劃定何種政治活動才算符合民主的精神。正如一位國民黨黨員表示：

> 基於學理的研究，和觀察現在世界各國推行政黨政治的經驗，目前中國這種政黨政治的形態，尚非正軌，正軌的政黨政治，是一方面有一個健全而有力的執政黨，同時還要有一個健全而有力的在野黨，兩黨互爲監督，互相競爭，才能促使政治進步。[3]

對於執政黨而言，民主的意思是反對黨能夠完全照規矩辦事，兩黨具有共同的目標，政治競爭時需要相互監視彼此的行爲。

國民黨無法接受反對黨是一個和自己政治使命相反的政黨組織，亦無法容忍在公共媒體上或以街頭示威的方式來反對執政權威的可信性。執政當局堅決認爲實施民主有一定的步驟，急速的民主化對於國民黨並非純然有利。在時間的拖延這點上，反對派人士不斷攻擊執政核心，指責它對實施眞民主根本缺乏誠意。執政黨設法拉長民主化時間的做法，越來越難得到菁英份子和社會大眾的諒解和支持。

將權力集中在總統身上和施行戒嚴法，自然使得政治核心的權力日益增大。然而，該核心忠於孫中山先生三民主義，標榜民主與增進人民福祉的理念，卻使得該中心在行使權力時更加約制。再者，

執政黨還得再三強調施行全盤民主以爭取大陸人民的民心，並且藉
此告諸國際，國民黨和大陸的共產極權是完全不同的政體。然而，
由於二二八事件以及隨之而來的鎮壓行動，使得民眾對政府的意圖
產生了極大的懷疑。因此，執政黨提出以上四項法規，可說是某種
程度的變通，包括對政治行爲的鎮壓，以及容許某種程度的言論自
由和施行有限度的民主體制並存的方法。

修憲

　　自從 1895 年康有爲向光緒皇帝進言實施新政以來，中國的改革
份子莫不提倡確立國家的憲法。立憲雖然遭受到一些保守人士的反
對，中國仍然於 1912 年頒佈了正式的憲法。但是對政府而言，憲法
的制定根本形同虛設。1930 年，蔣介石受國民黨主要人物汪精衛，
閻錫山，馮玉祥的敦促，成立一個憲制的政府以結束國民黨的極權
領導。胡漢民認爲中國尚未按照孫中山先生的理想，使縣級地方政
府全部民主化，突然將中央政府憲制化並不適當而加以反對。[4] 不
同的主張惡化了國民黨內部的鬥爭，最後蔣介石不得不於 1931 年 3
月 1 日將胡漢民逮捕。[5]

　　1928 年北伐完成之後，中國國民黨於 1929 年三屆二中全會中
決議，在 1935 年完成訓政，制定憲法，實施憲政。憲法草案，由立
法院議訂。國民黨於 1933 年任孫科爲立法院院長，負責憲草的議訂
工作。憲草的議訂十分繁複而愼重，廣徵國人意見，蒐集資料，並
依中山先生遺教決定起草原則。國民黨對於立法院議訂的憲法草案，
於 1935 年 10 月完成核議，並提出原則，要立法院修正改進。修正
的手續更是愼重，並在同年 11 月國民黨五全大會上經決議通過，並

宣佈憲法草案及召集國民大會的日期。中華民國憲法草案終於在 1936 年 5 月 5 日公布，世稱「五五憲草」，其中對政府組織，國民大會代表任期，地方政府選舉等，均有詳細規定。[6]

然而，日本對華的侵略，使憲法的施行受到阻礙，也使得憲政政府的理想，煙消雲散。

抗日戰爭之後，國民黨遭受到共產黨及其他政黨的反對。爲了協調各黨派之間的歧見，政府特於 1946 年 1 月在重慶召開政治協商會議，[7] 就憲法草案，國民大會等問題進行協議。其中暫定制憲國民大會於 1946 年 5 月 5 日召開，其職權爲制定憲法。但是對於分配給各黨派的制憲國大代表名額，以及代表個人的資格等問題，爭議頗多。經過協商分配，只有中國國民黨於 4 月間提出代表的名單，其他包括中國共產黨在內的黨派均未決定。於是原定於 1946 年 5 月 5 日召開的制憲國民大會，只得延期到同年 11 月 15 日舉行。

制憲國民大會代表的選舉，自從 1935 年決定召開國民大會到 1946 年 11 月 12 日國父誕辰紀念日召集開會，原來只需要幾個月即可完成的憲法程序，由於日本的侵略和其他的原因，竟然延誤了十年之久。而制憲國民大會的召開，終於立下了中華民國憲政政府的基礎。國民黨與蔣介石多年的理想，也有了初步的規模。

制憲國民大會的代表於 1946 年 12 月完成了戰前憲法的修改制定，並決定於 1947 年 12 月 25 日開始行憲。憲法上對國民大會的組織，代表之選舉及罷免均有明文規定，並成立專門的選舉事務所，以負責選出第一屆國民大會代表所有的名額。[8]

1948 年 3 月中旬，各地當選的國民大會代表 2,800 餘人已順利產生，並按規定日期親往南京報到，第一屆國民大會第一次會議乃於 3 月 29 日舉行開幕。此時內戰已經進行得如火如荼，北方已被共

產黨軍佔守，國民黨軍退至長江一帶。在如此險惡的形勢之下，國
民政府如何能行使憲法呢？經由王世杰先生的提議，依憲法議決程
序，制定「動員戡亂時期臨時條款」，以應付戡亂時期的需要，此條
款僅爲臨時增補，時局安定即可廢除。在戡亂期間，臨時條款可以
因勢修正，這樣一來，政府既可維持法統而不墜，又可順勢變通。[9]
此臨時條款於 1948 年 4 月 18 日通過，5 月 10 日經國民政府公布實
行。

　　臨時條款首先就說明爲了避免國家或人民遭到危難，或者爲了
應付財經上的重大變故，總統可經行政院會議之決議，爲緊急處分，
不受憲法第三十九條或第四十三條所規定的限制。換言之，總統和
行政院有極大的權力，決定的事項可不經過立法院的通過，只要事
後追認即可。[10]在這個情勢之下，如果國家總統又兼任國民黨主席
的話，國民黨即可毫無困難地控制國家的政策和主宰社會的動向。

　　1950 年初，遷臺後的中央政府結構和南京的五院制雖然一樣，
但是其組織卻有十分顯著的差異（見圖一）。爲了適應臺灣時勢的需
要，黨政雙方在遵守憲法這點上均做了相當的調整。譬如憲法規定
國民大會代表應於 1953 年進行改選，但是由於大陸與臺灣的分裂，
選出新的代表根本不可能實現。[11]因此，司法院於 1954 年 1 月 29 日
的大法官會議上通過在國家發生重大變故時，而第二屆代表委員未
能依法召集前，第一屆委員代表可繼續行使職權。[12]

　　又按國民大會組織法第八條規定：「國民大會非有代表過半數之
出席，不得開議，其議決以出席代表過半數之同意爲之」。第一屆國
大代表應選出 3,045 人，過半數應爲 1,523 人。但是，據內政部 1953
年的調查，居留臺灣及散居港澳海外各地的代表人數，實在不過半
數。[13]因此，行政院於 1953 年 12 月 17 日函請立法院將此條款修正

爲：「國民大會非有代表三分之一以上人數之出席不得開議」。[14]

幾經波折之後，國民大會代表終於 1954 年 3 月 24 日選出蔣介石連任第二屆總統，陳誠爲副總統。[15] 自此之後，由國民大會選舉總統副總統法定程序的障礙，可說已經清除乾淨了，而國民大會得因時勢需要修正臨時條款，也獲得了肯定。[16]

此後十五年內，第一屆國民大會代表有許多已經過世了，有些因重病無法出席，有的決定提早退休，使得代表人數不斷減少，威脅到國民大會這個機構的生存。如果沒有國民大會，不管是國民黨也好，中央政府也好，都無法合法存在。因此，國民大會於 1966 年 3 月 19 日，對臨時條款作第三次修正，並授權總統，訂頒辦法，增補中央公職人員。[17] 於是，總統依此宣佈於 1969 年內，進行中央公職人員，包括國民大會代表，立法院委員及監察院委員之增選。

第一次中央民意代表增選與地方選舉同時於 1969 年 12 月 20 日舉行。十五名國民黨籍候選人當選爲國民大會代表，八名國民黨籍和三名非國民黨籍候選人爲立法委員。政治評論家認爲此次增選，「在和諧，有秩序的情形下，圓滿完成任務。」[18] 在選舉前十五天的競選活動中，一些反對派的候選人猛烈批評國民黨。執政當局對他們並沒有採取任何行動，後來成爲民進黨主席的黃信介當時即是候選人之一，當他嚴酷地指責國民黨時，臺下的聽眾被激怒到幾乎把他揍個半死。當時國民黨中央黨部秘書長張寶樹得知這件事後，他特別敦請警方對黃信介加以保護，以免萬一他受到傷害致使民眾歸罪於國民黨。在警方嚴密的保護下，黃信介在選舉期間仍然不斷批評指責國民黨。

1972 年 3 月 17 日，國民大會第四次修正臨時條款，規定增選之國民大會代表，每六年得改選一次，立法委員每三年改選，監察委

員每六年改選。[19]這個方法保障了中央民意代表具有足夠的名額行使職權，以免政府遭受到中斷民主程序的物議。國民黨仍舊控制着國民大會和制憲的權力。

國民黨想盡方法保護國民大會職能的行為並不能逃過人們的耳目。許多人批評國民黨授予國民大會代表許多特權，不但師出無名而且花費過鉅。1971 年，賴祖義指出政府花了巨款，為中央民意代表分別在士林，內湖，新店等地蓋了住宅，沒有分配到住宅的代表委員，亦可低利貸款二十四萬。[20]幾年後，他們分配的住屋房價已經上漲到一、二百萬，所賺到的錢相當可觀。[21]另外一些人批評政府每年要耗費十一億新臺幣來維持國民大會的開銷，實在不智，主張廢除國民大會。[22]

1981 年，約 16% 的中央民意代表的年齡已超過八十歲，50% 是在七十歲以上。批評的人說這些「萬年議員」已經擔任了三十八年的公職，不是太老就是常住海外，對國內的政治情況一無所知。[23] 1948 年國大代表的人數是 2,841。1984 年代表的總數僅 1,046，其中增額選出的共有 249 人。[24]反對的人士認為，三十多年來，臺灣的政治經濟進步很多，老邁的代表委員閉戶自守，對四周的現況一無所知，如何能夠代表老百姓的民意？[25]官方對這些批評有時候隱忍不理，有時候也下令將刊登這些文章的雜誌關閉查禁。1970 年到1980 年代，攻訐國民大會的聲浪更形高漲，由於畏懼遭到逮捕監禁，反對派尚不敢在街頭公開示威遊行。

國民黨運用巧妙的手段來保存國民大會在憲制上的合法性並不那麼困難，最為困難的是他們該如何處理老百姓反對一黨專政聲浪的高漲。

藉由戒嚴法保障國民黨的權力

臺灣和中國大陸地緣接近，不斷有大小船隻穿梭來往於臺灣海峽之間，雖有軍警嚴密監視海岸線，但是走私人口、武器和各種違禁品仍然難於根絕。和大陸完全斷絕來往，對臺灣的國家安全來說至為重要，因此中華民國政府命令臺灣警備總部會同安全局及調查局等機構，嚴格執行戒嚴法，控制進出於臺灣的資訊以及危及臺灣安定的各種政治活動。當局長期以來最為憂慮的事，除了大陸的侵犯，就是二二八事件之後逃往國外以及留在本島的各類歧異份子。

要分辨善意的批評和顛覆臺灣政權的各種議論是政府當局最為頭疼的事。政府當局設計了一整套的法規，以寧枉不縱的原則來壓制對政府的批評。[26] 政府施行這種高壓政策的理由是臺灣已是反共抗俄最後的堡壘，他們絕不容許任何人加以摧毀。

為了徹底執行戒嚴法，警備總部等有關單位對那些被疑為威脅國家安全的人加以逮捕、刑求、監禁甚至處以死刑。對有心籌組反對政黨的人動輒加以逮捕，對刊印反政府的報章雜誌加以銷毀封閉。

究竟有多少人在 1949 年到 1987 年 5 月解嚴之間遭到當局的逮捕、審訊和監禁？沒有可靠的資料足以為憑證。下面僅舉數例以說明 1950 年代鎮壓的嚴重性。居住在臺灣的作家楊逵寫了一篇〈和平宣言〉，轉載在 1949 年 4 月 6 日的《上海大公報》上。臺灣當局立即將他逮捕並判了十二年徒刑。[27] 1950 年 5 月，警方在麻豆鎮逮捕了三十三位「共同意圖顛覆政府」的不良份子，軍事法庭判決三人死刑，九人判無期徒刑，其餘分別被判監禁十年、十二年、十五年不等。[28] 1951 年 5 月，政府在臺中逮捕了六十三人，經軍事法庭審

判後，這些企圖推翻政府的學生、教師、工人，有七人被判死刑，十二人無期徒刑，其他的人判刑十、十二、十五年不等。[29] 1950 年代當局逮捕的學生，知識份子，教師的數目已無法計算。後來被人稱為「白色恐怖」時期。[30] 1960 年，政府甚至將一位有心組織政黨的國民黨名人雷震加以逮捕。

　　雷震是浙江人，生於 1897 年，1917 年前往日本留學。[31]在東京經由戴季陶的介紹加入國民黨。1926 年京都帝大畢業後，他進入研究院專攻憲法，只讀了一個學期，於冬天返回中國。從 1930 到 1932 年，雷震任中央大學法學院教授；1933 至 1947 年，任教育部總務司長。1940 年，國民參政會成立，雷震一直是制憲工作的重要助理人；1947 年他擔任行政院不管部政務委員，負責連絡各黨派。1949 年和家人撤退臺灣，11 月，《自由中國》半月刊在臺北創刊，發行人由旅居美國的胡適掛名，實際負責人是雷震。《自由中國》印行十一年，一直堅持要「向全國國民宣傳自由與民主的真實價值，並且要督促政府切實改革政治經濟，努力建立自由民主的社會」。

　　雖然雷震真心誠意希望國民黨走上自由民主的康莊大道，但是他的坦率直言遭到黨內許多大員的忌恨排斥。1950 年，雷震參加了國民黨的改造設計籌備工作，在一些重要的問題上，提出根本的改造意見。雷震受到最大的排斥是他主張軍隊和黨分開，撤銷軍中黨部，改進軍中教育，以達到軍隊國家化的目的。他的主張令蔣介石大為憤怒。1951 年 4 月 16 日，蔣介石主持軍隊黨部改造委員就職儀式時，痛斥雷震和另一位國民黨的諍友洪蘭友，指他們「與匪諜和漢奸無異，為一種寡廉鮮恥的行為」。[32]

　　同年 3 月 29 日，雷震到忠烈祠參加公祭，遇到蔣經國，蔣問他是否還要提議撤銷軍隊黨部。他回答說「是」，並且說：「軍中已經

有了政工人員，何必再設黨部呢?」蔣經國怒氣冲天地回答：「你們是受了共產黨的唆使，這是最反動的思想，爲你們這批人，本黨不知吃了多少虧，今日你們仍不覺悟，想來危害本黨……」。[33]雷震又在《自由中國》發表文章，對保安司令部副司令彭孟緝表示，他個人認爲保安司令部將大陸逃出的學生全當做匪諜這種幼稚的論斷，十分無稽。雷震對屬於普通法院審訊的案子，但卻交由保安司令部審訊更提出嚴重質疑。《自由中國》這些批評言論，引起了當局的強烈的反應。彭孟緝認爲《自由中國》的文章「侮辱了保安司令部」，下令監視雷震住宅。[34]

雷震宏揚西方自由民主思想的做法使他和其他國民黨內核心份子越走越遠。他相信國民黨在大陸的失敗，究其根源，就是「一黨專政」。[35]如果黨中央容許不同的進言，領導人的決定將會正確成功得多。雷震認爲不能施行民主制度是國民黨失敗的主因。

在黨內團結這一點上，雷震的主張和大部份黨內同志大同小異。他相信「要根絕派系之私爭，必從堅強組織起，必從黨部與黨員之密切聯絡起」。[36]在祝賀國民黨七全大會的文章中，他說政治上沒有什麼妙訣，如果有的話，那就是「嚴格的守法」。[37]雷震還認爲國民黨一開頭就以「天下爲公」爲職志，更該扶持另外的黨派，給予友黨同等發展的機會。[38]他的一些論調雖然贏得許多同志的贊同，但是更多的人視他爲離群之馬。但是爲了黨內的團結，大多數黨員只好容忍他的論調。

雷震認爲國民黨的工作，不必限於臺灣，要挽救中國就要團結海內外港澳的黨員和華僑，爭取他們的擁護和支持。[39]許多人都能接受他的這些言論，但是他談到國民黨應全面開放，實施政治經濟社會全方位的民主，許多黨內同志卻不完全贊同他的說法。雷震相

信在行「自由經濟」的國家，必須有「強有力的反對黨」和「健全公正的輿論」。他說沒有強大的反對黨，不可能出現健全的政黨政治，而沒有健全的政黨政治，就不會有健全的民主。[40]

國民黨對雷震的言論訴求從未正面反應。雷震很清楚知道國民黨在政治上那種絕不妥協的頑固，他只好一再批評建言，希望國民黨不要插手干預軍事、教育、經濟等事務。[41]

雷震最不贊成在臺灣任意修改憲法，加上臨時條款。他說：

> 這部憲法是全國人民，包括大陸同胞在內，交給我們實行的，我們如欲加以修改的話，必須等到打回大陸之後，那時才能說得上集合全國人民的意思。[42]

同樣的，他認為行政院極不尊重立法院的職權，為了自己的方便，許多建制都可以不經過立法院的審議決定而擅付實施，如「國防會議」和「青年反共救國團」的設立，就是很好的例子。[43]

雷震在政治上的主張最重要的是希望國民黨容許反對黨在選舉中與其公平競爭。[44] 1960 年 5 月，他寫道：

> 我們希望這些相信民主政治的人，趕快的集合起來，組織一個強有力的反對黨，以打破國民黨這種獨霸的局面。[45]

雷震多年來一直批評國民黨在提名黨內候選人時，經常以他對黨的貢獻以及黨對他的好惡為主，而不是以民眾的意願為基礎。他認為國民黨應以「民之所好好之，民之所惡惡之」。[46]

雷震與一些志同道合的人對國民黨的表現是相當失望的。他們

經過不斷的磋商，意欲組織一個新的政黨。1960 年 9 月 4 日，臺灣
警備總部將雷震及數名《自由中國》雜誌社的主要編輯逮捕，查封
他們的組黨文件，並命令《自由中國》在 1960 年 9 月 1 日出完最後
一期後停刊。10 月 8 日，軍法宣判雷震以「爲匪宣傳」和「知匪不
報」的罪名被判十年徒刑。

表三　　1970～1987年間臺灣政治逮捕事件略述

1970.2.13	學生楊碧川，鄧聯鳳因倡議臺獨判刑十年。
1971.2.23	謝聰敏，魏廷朝，李敖因涉嫌叛亂，分別判刑十五，十二，十年。
1973.2	陳鼓應被捕，監禁數週。
1976.5.1	顏明聖，楊金海以「非合法手段顛覆政府」被捕，分別判刑十二年及無期徒刑。
1976.10.19	《臺灣政論》副編輯黃華因叛亂罪判刑十年，雜誌被查封。
1976.11.27	因涉嫌與駐日中國大使館館員共謀以武裝暴動顛覆臺灣，有七人被捕判刑。
1979.1.21	逮捕余登發，余瑞言父子及吳泰安，因涉嫌在臺灣替中共從事反政府的活動。
1979.8.7	印刷《潮流》雜誌之明輝印刷公司負責人楊裕榮，印刷監督陳博文被捕。
1980.1.12	因美麗島事件被捕六十五人，2月1日，另有六十一人涉嫌被捕，2月20日，《美麗島》雜誌社八人因叛亂罪起訴。
1980.3.11	高雄事件中毆打警員，燒毀警車之涉嫌人姚國建，邱勝雄刑期確定。
1980.4.18	高雄事件八人被告判刑。
1983.1.5	臺獨份子楊煥被捕。
1985.7.2/3	邱義仁，陳百齡，石佳音等人因洩露軍事機密被捕。
1985.7.4	非法出版《宋氏王朝》，《蓬萊島》黃天福社長被捕。
1987.4.15	臺灣警備總部逮捕馬來西亞華僑丘景元，以叛亂罪定刑十二年。

資料來源：伊原吉之助，《臺灣の政治改革年表・覺書(1943～1987)》，（奈良：
帝塚山大學教養學部，1992)

1962 年，當局在高雄等地逮捕了從事獨立運動的軍官學生卅餘人。1964 年 9 月，臺大教授彭明敏因主張「一個中國，一個臺灣」，批判臺灣要「反攻大陸」是一廂情願的神話而被捕。雖然彭明敏在被保釋期間逃離臺灣，他的學生謝聰敏、魏廷朝卻分別被判刑十年和八年。1968 年 7 月，陳永善等三十六人因籌組「民主聯盟」被捕。陳永善被判刑十年，其餘的人被判刑期不等。[47]

在 1970 到 1987 年間，此類事件層出不窮。僅舉例如表三。

1960 年末期，反對派人士已經完全了解，要在臺灣正式組織一個反對國民黨政權的政黨，目前是不可能的。但是，由於非國民黨候選人在選戰中節節取得勝利，反對派對國民黨的挑釁越來越緊迫，膽子也越變越大。高雄事件的發生就是很好的例子。

在 1979 年 8 月到 10 月的《美麗島》上，黨外人士刊登了一連串攻擊政府的文章。[48]當局決定讓此雜誌繼續發行。該雜誌甫一出版即銷售一空。在《美麗島》8 月創刊後四個月內，即主辦了十四次政治性的座談會，並且在各處成立服務處，演講，發傳單，要求遊行，喊一些罵國民黨的惡毒口號，[49]而每次聚會人數可達千人以上。這些政治活動使得執政當局大為緊張，因此下令對《美麗島》做嚴密的監視。

1979 年 12 月 10 日是「國際人權日」，《美麗島》的人決定當晚在高雄市召開人權大會，但集會的申請並沒有被批准。然而《美麗島》的人馬決定不顧後果，一定要開此大會，因此到處招兵買馬，購集火炬，木棍，硫酸等危險物品，準備大幹一場。

以後發生的事，各人有各人的說法，唯一清楚的是大批民眾和軍警發生了暴力衝突，釀成了令中外震驚的流血事件。

事件的經過大約如下：

1979 年 12 月 9 日，《美麗島》工作人員姚國建和邱勝雄等人，開了裝著擴音機的宣傳車，在高雄鼓山二路一帶活動，和前來維持秩序的警方產生武力衝突。事後，他們被抓去警察分局偵訊。兩小時後姚、邱兩人被釋放，但卻被警方打得「不成人形」。[50] 可是警方卻表示此二人是釋放後才被打成重傷的。[51]

12 月 10 日，人權日紀念會預定在高雄大統百貨公司對面的扶輪公園舉行。然而整個公園卻被軍警和鎮暴部隊層層封鎖。下午 5 時，從全省趕來高雄的黨外人士包括《美麗島》雜誌的發行人黃信介在內的二百餘人，聚集在該雜誌高雄服務處，披著彩帶，執著火把，準備到扶輪公園參加紀念會。事前黃信介和南區警備司令常持琇曾達成協議；常持琇答應黃信介紀念會可照常舉行，黃信介亦答應常持琇不會遊行肇事，不持火把、木棍、化學藥品等。[52] 下午 6 時 40 分左右黃信介抵達《美麗島》高雄服務處的時候，已經有幾千名群眾在那裡等候。等他們結隊朝扶輪公園出發時，才發覺扶輪公園早被封鎖，群眾臨時決定轉移到附近的大港浦圓環聚會演說。

此後發生的事情真相，就相當混淆不清了。大約是下午 7 時左右，鎮暴車出現在圓環，群眾和黨外人士混雜在一起走來走去，演講的人喊著口號，群眾唱著歌，氣氛十分躁動不安。以後發生的事情真相在執政當局，《美麗島》人士和五家大報紙的報導中出入非常大。每一方面都各有一套說辭，誰是誰非實難加以判斷。總之，事件發生的經過大概是警方發動了催淚瓦斯驅散群眾，群眾亦用長棍、磚石、玻璃瓶攻擊軍警。在此後數日內，據報紙的報導，有 183 人受傷，包括 139 名憲兵，四十三名市警員及一名市民。[53] 警備司令汪敬熙事後說發起暴動的人約有五百人。[54] 市警局號稱他們在暴動中只逮捕了二人，但是海外人權組織卻說警方逮捕了 152 人，其中

五十人保釋，另四十人勒令隨傳隨到，監禁了六十二人。[55]

　　總結而言，政府事後將三十二位當事人送民事法庭受審，八人因叛亂罪送軍事法庭受審，其餘全部釋放。八位送軍事法庭的人是：黃信介、四位《美麗島》主持人施明德、姚嘉文、張俊宏、林義雄、及高雄辦事處的陳菊、林弘宣和呂秀蓮。[56]

　　此八人的罪狀均是陰謀顛覆政府。黃信介的罪狀加上與日本中共使領人員勾結，進口鰻魚苗，獲取暴利，充實叛亂活動經費等，此八人在牢中對被控的罪名一一承認了，後來他們翻案說由於不招認就不能睡覺的緣故，只得含冤招供。

　　軍法審訊於 1980 年 3 月 18 日在臺北近郊開始。4 月 18 日宣判被起訴的八人全部有罪。施明德判無期徒刑，黃信介十四年，其餘各人各判刑十二年，判刑之重，令許多人大為吃驚。後來他們全被減刑，並於 1990 年全部釋放。

　　審訊是合理的嗎？判刑是公正的嗎？當然，這案子要拿到美國的法庭來審判其結果當然不同，但是，臺灣還在戒嚴期間，當局以破壞治安為名嚴懲其首要搗蛋份子似乎名正言順。高雄事件是 1947 年二二八事件後最大的一次鎮壓行動。事後，當地民眾對這個暴力事件的看法，大多數認為臺灣的時局是不錯的，人民並不希望《美麗島》的人鬧事以破壞社會的安寧。他們也認為製造紛擾，危害大眾安全的人是應該接受法律制裁的。[57]政府對此次事件的看法是：《美麗島》的人「低估了群眾，高估了自己，錯估了政府」。[58]政府一再暗示國民黨被指責像韓國一樣，為了發展經濟而摧殘民主政治，實施新型的奴隸制度，完全不是事實。[59]

　　在戒嚴法統治下，臺灣政府鎮壓反對派政治活動，一貫採取的態度是容許人民其他的自由，但不容許人民對政府政策的挑釁。為

此，政府不惜花費總預算的 10%～12%在國防軍事上以防備中共的
進攻以及壓制海外臺獨集團滲透入境。國民黨雖然有實施民主的遠
見及決心，但又擔心多黨競爭會削弱人民對國民黨的支持。因此，
他們寧願控制臺灣的政治活動，也不願冒因多黨政治而使自己失控
的危險。事實上，國民黨一方面繼續宣揚民主為中國社會最終的目
標，但又同時禁止反對黨的成立與發展。

有限度的民主

　　在沒有強力的反對黨競爭之下，臺灣的地方選舉進行得成績斐
然，可以說相當公正與公開。地方選舉的法規大約如下：除總統，
副總統，監察委員的選舉採間接選舉外，其餘各種民意代表，政府
官員均採人民直接選舉方式；年滿二十歲的國民可有選舉權，年滿
二十三歲可為候選人，但縣市長候選人年齡需滿三十歲而未超過六
十一歲。鄉鎮縣轄市長候選人需年滿二十五歲而未超過六十一歲；
競選一律公開；山地同胞及婦女當選名額有所保障。[60]地方選舉亦
規定候選人不得違憲，不得違反臨時條款競選，也不得從事反政府
的非法活動。[61]

　　1950年，臺灣舉行第一次普選之前，由於選務人員對選務的性
質和執行的技術缺乏實際經驗，所以民政廳先即調集了各縣市地方
的選務人員，集體講習。參加第一次選舉前的講習人員共有2,616
人。[62]臺灣省第一屆縣市議會議員選舉分六期辦理，從1950年 7 月 2
日起到1951年 1 月 28 日全部完成。全省二十一縣市共劃分為155個
選區，合格候選人1,831人，當選人數為814人。[63]此後每兩年改選一
次。第一屆縣市長選舉於1950年 8 月舉行，每三年改選一次。[64]其他

臺灣省議會議員選舉,鄉鎮市民代表及村里長選舉亦按時如期舉行。

雖然這些選舉看起來和祥順利, 但是《自由中國》雜誌社卻表示選民參與並不熱心, 投票率低落, 而候選人常是國民黨籍的「一人競選」形勢。[65] 而非國民黨的候選人經常遭到不合理手段的逼迫, 退出選戰。譬如桃園鎮受歡迎的候選人在當選後被徵召入伍即是一例。[66]

國民黨很快就了解過分干預政事非但沒有好效果反而遭到民怨。何況參加競選的人越來越年輕, 教育水準也越來越高, 他們的確是真正熱中於地方的福祉。因此十分不願意受到國民黨的掌控。1957到1958年改造完成之後, 1955年以前主宰著地方選舉的勢力開始衰微, 而1960年後臺灣的經濟起飛亦帶動了許多新的商人與專業人士進入地方選舉, 使臺灣的民主有了新的面貌。

臺大一位學生寫博士論文, 將1950至1951年當選人的背景和1971年相比較。[67] 早期民選縣市長的家庭背景上等的約佔60%, 而1971年出生於上等家庭的只佔10%。早期當選人下等家庭出生的僅佔10%, 而1971年出生於下等家庭的當選人已佔25%。當選人的經濟情況亦如此。在第一屆選舉時, 經濟上等的人佔73%, 下等的人是零。到了1971年第八屆普選時, 經濟上等的人只有20%, 低收入的人已佔10%。

由於臺灣經濟的繁榮, 社會結構改變了, 而候選人的成分亦跟著快速變化。許多高級知識份子和成功的商人或專業人士開始經由選舉獲取名聲和權力的果實。某些觀察家認為這就是早期政治現代化的普遍模式:一批強調和諧、團結、秩序的全國性政治文化價值觀的菁英份子, 和另一批只會玩弄政治手腕以謀取個人福利, 眼光短淺, 只圖近利的政客形成了對立。[68]

　　1970年後對執政當局的批評已成爲見慣不驚的事。候選人之間相互猛烈批評亦是常事。有錢的候選人利用金錢購買選票，國民黨仍然繼續玩弄手腕控制選舉的結果。在地方選舉中，各派系莫不使出渾身解數，激烈競爭。派系的構成相當複雜，凡是省籍，家族，語言，文化背景，同行同業均能形成派系。

　　由於缺乏有組織的反對黨，在1950到1960年間，國民黨可利用派系與派系之間的鬥爭坐收漁利，使該黨候選人當選以保證國民黨對地方預算，法令及其他事務的掌控權。[69]一般而論，國民黨會在

表四　1951～1981年臺灣縣市長及省議會議員黨籍統計

年份	1951 (76%)*	1954 (74%)	1957 (78%)	1960 (72%)	1964 (69%)	1968 (74%)	1972 (70%)	1977 (80%)	1981 (71%)
縣市長黨籍									
當選人數	21	21	21	21	21	20	20	20	19
國民黨	17	19	20	19	17	17	20	16	15
青年黨	0	0	0	0	0	0	0	0	0
民社黨	0	0	0	0	0	0	0	0	0
其他	4	2	1	2	4	4	0	4	4
臺灣省議會議員黨籍									
當選人數	55	57	66	73	74	71	73	77	77
國民黨	43	48	53	58	61	61	58	56	59
青年黨	1	0	1	1	1	1	0	0	1
民社黨	0	0	0	0	0	0	0	0	0
其他	11	9	12	14	12	9	15	21	18

資料來源：《臺灣省議會資料選輯》（臺中：臺灣省議會秘書處，1973），頁69。
　　　　其他資料請參看吳文程，陳一新合著，*Elections and Political Development in Taiwan* (Taipei: Government Information Office, 1989)。此表不包括臺北，高雄兩市。

* 爲投票率。

地方最有勢力的派系中選出最優秀的人當做國民黨的候選人，以便利用地方勢力來支持黨方政策的施行。[70] 1960年代，地方選舉已走上正軌，候選人教育程度升高，投票率增加，但是國民黨提名地方派系人物爲候選人的情形仍然普遍。[71] 由於候選人較爲富有，買票的情況不但沒有減少，反而有增加的趨勢。[72]

多年以來，國民黨雖然容許來自不同派別的人物參與競選，但從不容許一個有組織的反對政黨代表參加。地方選舉的投票率相當高，達登記合格的選民七成以上。而國民黨縣市長候選人當選率佔80%至90%，省市議員當選率佔75%（見表四）。非國民黨籍的當選人一般都會組織起來，希望藉由團結的力量影響權利的分配，並在通過法令時產生舉足輕重的效果。對此國民黨在地方選舉中從來不敢掉以輕心。由於只要符合候選人資格，任何國民均可登記競選，非國民黨的候選人參入選戰越來越踴躍。從1960年後期到1970年初期，黨外候選人的言論日趨激烈，批評政府的尺度更爲自由。

許多非國民黨籍的候選人都有大專畢業以上的教育程度，還有一些事業成功的商界或專業人士。有些候選人在1960年代曾參加國民黨，後來因爲不同原因對國民黨感到失望而脫離黨籍。他們創辦刊物批評國民黨及政府，有些雜誌甚至被政府查禁，出版者也因叛亂罪被捕。他們出獄後的出路經常是投入選舉。他們懷抱著雷震當年的民主理念，被人們統稱爲「黨外」人士。[73]

1972年，「黨外」候選人第一次在地方選舉中取得可觀的席次。1977年，原爲國民黨的許信良因出版《風雨之聲》一書受國民黨制裁。最後國民黨提名歐憲瑜，許信良脫黨競選桃園縣長。[74] 選舉期間，桃園縣民情激昂，在開票當天發生了舞弊的情形，引起一萬多名民眾包圍中壢警察局，造成二人死亡，警局及警車被焚的中壢事

件。許信良以二十二萬票勝過歐憲瑜的十三萬票當選爲桃園縣長，令國民黨相當震驚。這是國民黨在地方選舉中得票率最低的一次(64.2%)。[75]反對黨在臺灣省議會選舉中得到的席次亦增加到 27%。

　　早在1969年，政府已決定增選中央民意代表。這個決定基於以下幾個原因：㈠大陸選出的代表老死凋零，要維持政府的合法性必須加入新血；㈡多數國民黨領導人主張漸近式民主，並且相信即使擴大選舉，國民黨在保持權力這點上不會有問題；㈢由於民意調查顯示民衆認爲國民黨只是安於現狀，不求革新，因此領導階級希望藉中央民意代表增選增加老百姓的支持。[76]

　　預定於1978年 12 月 23 日舉行的中央民意代表增額選舉意義極大。從 12 月 8 日開始，各候選人即展開了熱烈的競選活動。其中有包括黨外人士在內的126名候選人，爭取三十八名立法委員席次。151名候選人，爭取五十六名國民大會代表的席次。然而，12 月 15 日，美國卡特總統宣佈與臺灣斷交並與中共建交。12 月 17 日，臺灣報紙宣佈政府決定將增額選舉延期舉行，競選活動一律停止。[77]全國上下愛國情緒高漲。這是臺灣的中華民國政府自1950年來最大的一次政治危機。

　　1979年初，政府決定將增額中央民意代表選舉和地方選舉於1980年 12 月合併舉行，國民大會席次爲七十六名，比1969年開放的席次多五倍，比1973年的人數加倍；立法院委員的席次共九十七人，差不多是1973年和1975年的雙倍；三十二名監察委員，較1969年多了十六倍，比1973年多了一倍。

　　這次選舉是臺灣從1950年開始實施「有限度民主」以來最重要的一次選舉。[78]國民黨候選人以臺灣經濟繁榮，社會安定，政府政策成功爲競選資本。黨外候選人大力斥責批評政府，其主張包括言

論自由，開放報禁，廢除臨時條款，自由組織政黨，釋放政治犯等。
競選活動日益熱烈，許多黨外候選人抗議遭到警方騷擾，斥責執政
黨利用特權進行賄選等非法行為。投票當日尚為順利。由於下雨，
投票率比預期為低。國民黨在七十六名國民大會代表席次中贏得了
六十一名，九十七名立法委員席次中取得七十九名。（見表五），雖
然黨外只贏取了19%增額國民大會代表席次及17%增額立法委員
席次，他們可以宣稱他們的候選人是以最高票數當選的。因此雙方
都認為自己取得了勝利。在1969年到1983年之間的增額選舉中，非
國民黨當選的人數約為五分之一。（見表五）

表五　1969～1983年增額中央民意代表黨籍統計

年份	1969 (55%)*	1972～1973 (68%)	1975 (75%)	1980 (66%)	1983 (63%)
增額立法委員黨籍統計					
人數	11	51	52	97	98
國民黨	8	41	42	79	83
青年黨	0	1	1	2	1
民社黨	0	0	0	0	1
其他	3	9	9	16	13
增額國民大會代表黨籍統計					
人數	15	53	0	76	0
國民黨	15	43	0	61	0
青年黨	0	0	0	0	0
民社黨	0	0	0	1	0
其他	0	10	0	14	0

資料來源：見吳文程，陳一新合著一書。

* 為投票率。

一個思想市場的形成

依照墨子刻先生的說法，思想市場(ideological marketplace)是一個人人都可以有獨特想法，人人都有他自己不同的意識形態，衆說紛紜的自由思想市場。在該市場中，知識份子和菁英份子可自由陳述、解釋、傳播、評估、宣傳自己的思想。墨子刻先生認爲1950年後，在臺灣的思想市場上，流行五種不同的思潮：[79]

㈠以孫中山先生三民主義爲主，被官方正式宣揚的思想。

㈡以筆名孤影發表〈一個小市民的心聲〉爲代表的一般老百姓的想法：讚揚自由經濟，安於現狀，認同佛家和儒家的道德觀。

㈢以唐君毅，牟宗三等人爲代表的現代儒家思想，讚頌中國文化的優良精緻。

㈣中國式的自由主義，早期以胡適，殷海光，雷震爲主，其後有楊國樞等人承其一貫主張。

㈤以彭明敏等人爲代表的臺灣獨立運動思想，以建立代表臺灣人民的臺灣共和國爲目標。

按照墨子刻先生的說法，在這些主要的思潮互動之下，儒家烏托邦式的思想已黯然失聲。儒家一向主張以高水準的神聖道德觀治國，政府要推行一種所謂「被操縱的理性(instrumental rationality)」，並且要容忍反對的政治勢力存在。

墨子刻先生指出的兩種政治思潮——中國式的自由主義和臺灣獨立運動——對臺灣的政治是具有批判性和評估性的。由於中國知識份子一向認爲只有德智皆備的人，才夠資格執政。用這種「賢人政府」的標準來批評政府，一定是感到政府的表現不足稱道。[80]在

70 和 80 年代紛紛出籠的知識性雜誌，就以不同思潮爲立論根據，造成一股嚴厲批評政府的浪潮。

尤其在1970年後，以上兩種政治思潮衍生出來的評論文章，經常使政府面臨極大的困擾：那些文章是善意眞誠具有建設性的，是可以被政府接納的批評？那些是叛亂性的，足以摧毀政府的合法性並危害公共秩序的言論？政府隨時都在爲分辨這兩種反差極大而後果不同的言論而煩惱，而且對於危害社會安寧以及妨礙政治穩定的言論的判斷，政府又經常發生錯誤。到了 70 及 80 年代，政府當局下令關閉了很多雜誌，並將其負責人及編輯逮捕。[81]下面就是一個典型的實例。

由於對政府和國民黨毫不保留的攻訐，《臺灣政論》出版後頗爲暢銷。一年後該雜誌被政府查禁，數名編輯被逮捕。其中最敢言的作者之一是黃華，他因爲是臺獨份子在綠島等地坐了八年牢獄，後因減刑釋放。出獄後他仍然不斷批評政府，認爲政府仍然陶醉於泱泱大國的夢境裡實在有點不切實際。[82]黃華鼓吹個人自由，希望政治可以做到：㈠人民有發表意見、居住、遷徙、宗教等基本自由人權；㈡人民有自由組織非武力政黨，各政黨並可自由競爭；㈢國會應經常改選換新以便代表民意。[83]雖然有人提醒他發表文章可能威脅到他的安全。他說：

難道政府眞容不得我說老實話嗎？難道政府會爲了一篇文章逮捕我嗎？我想不會的，政府不會那麼不民主的。既然我們政府是開放的政府，開放的社會，既要堅守民主的陣容，我們的國家政治就必須是民主政治。而民主政治必須以言論自由爲前提之一，那麼可能容不得我那篇小文章呢？[84]

黃華認爲過問政治是每一個人民的權利,而且也是重大的責任。雖然個人的政治觀點不可能與國民黨的觀點相同, 但是這根本不是推卸責任以及不過問政治的理由。他說:

> 我們是民主憲政國家, 我們的憲法法律不但沒有規定過, 不服從國民黨就是違法, 而且憲法明文保障人民的思想、言論、結社等自由, 你可以信仰三民主義, 也可以信仰國家主義, 或民主社會主義(如青年黨員或民社黨員), 更可以二者都不信仰。[85]

黃華認爲害怕國民黨是社會上非常流行的怪病。爲什麼要害怕呢? 害怕不加入國民黨, 或得罪國民黨, 國民黨會找他麻煩? 他認爲人民害怕國民黨和黨政軍一元化的體制有很大關係, 國民黨手上既有武器, 又有審判權, 他們可以抓你, 可以判你刑, 怎麼不讓你害怕呢?[86] 以上這些言論導致國民黨查封《臺灣政論》,勒令其停刊。

在這幾年內創刊的政論雜誌尚有:《中國潮》、《這一代》、《八十年代》、《前進》、《美麗島》等。早期《美麗島》的言論最爲激進,不斷攻擊政府對新聞媒體的控制, 認爲戒嚴法應該以制裁匪諜活動爲主, 不應隨便施之於普通老百姓。而且, 政府管制出版刊物, 也應該限制在軍事國防刊物以內, 其他的刊物各有管理的機構, 不應由軍事單位加以干涉。[87] 國民黨老黨員立法委員費希平就限制組黨是否違憲一事, 向行政院孫運璿院長提出質詢, 他認爲執政黨應以開闊的胸襟, 接納意識形態不同的政黨。孫院長答覆:「在此動員戡亂時期,凡與三民主義不同意識形態的政黨,自非當前國策所允許。」[88]

費希平認爲，根據民主政治原理，民主國家根本就應該有各種意識形態不同的政黨，臺灣既然稱爲民主法制國家，居然宣佈禁止意識形態不同的政黨存在，這和獨裁的共產黨又有什麼區別？[89]

臺灣由於經濟繁榮，大批中小型企業蓬勃興起，因此願意投資於政論雜誌和支持政治活動的資金日益充裕。雜誌的形式，內容，照片，編排都有很大的進步，而且諷刺政府及官員的辛辣文章更加吸引讀者的購買慾。那類雜誌的內容逐漸肆無忌憚，到後來政府只得下令加以查封關閉。如此就形成了一個模式：雜誌想盡千方百計調侃政府當局以取悅讀者；政府選擇性地將最激進的雜誌關閉，將其編輯人加以逮捕。在這個「思想市場」上，其熱鬧與精采是50年代和60年代所見不到的。這時期的國民黨雖然遭到反對勢力的挑戰，但是還能保持社會的安寧和秩序，不像菲律賓和南韓政府，爲公開示威和街頭遊行搞得焦頭爛額。

國民黨控制反對勢力，防止社會暴亂最有效的方法之一是對大專院校的控制。以臺大爲例，臺灣大學爲國立大學，受政府的管束。1950年代，每一所院校均有訓導處，監管學生的行爲並審查學生之間資訊的流通。[90]訓導處還兼管所有學生主辦的校刊，報紙，傳單，招貼等，並且對學生和教職員的言談、演說均仔細考查，學生、教職員在校園內舉行任何集會，均得事先申請批准。違規的學生先警告，或記過，甚至被開除學籍。學生和教職員對這種嚴格的控制毫無反抗的餘地。

當局另外一種消滅學生政治化的活動，以避免那些活動轉變成反政府的示威遊行的方法，就是在校園課程內增加軍事訓練，使大多數學生產生爲國效忠的熱情。校方轉移學生對政治、人權等的興趣的方式還包括鼓勵學生舉辦舞會及登山等社交活動。[91]因此，學

生被導向從事於非政治性的活動。他們對前途的憧憬建立在成家立業，爲社會服務的健康正常的中產階級生活上。最後，臺灣這個「制約式」的政治核心，贏得了大多數在臺灣現代化城市中受益的中產階級的支持和擁護。

新社會的形成

　　1950到1986年間，臺灣社會產生了戲劇性的變化。[92] 國民所得從一百美元升到四千美元，儲蓄率高達收入的38％。由於家庭收入增加，50年代在吃喝煙酒上花費收入一半以上的情形，到了1986年，同樣的花費只不到三分之一，其餘的花費已轉移到教育費用，旅遊，健康保險，娛樂上面。人民的收入來源大部份來自製造業及服務業。50年代，一半以上的人口生活在鄉村之中，到了80年代初期，幾乎90％的臺灣人都住在城市中，並且大多爲中產階級。這種變化可以歸諸於國民黨和政府鼓勵市場經濟的蓬勃發展有直接關係。政府給予每家每戶在經濟上的絕對自由權，同時在避免赤字，節制金融匯率等政策上保持了長期的穩定。這種繁榮的市場經濟帶動了某些社會變遷，正如田弘茂教授及其他學者所說：「產生了一個擁有出版機構以及各類公共社團和受過高等教育的專業人士又敢於讚揚政治核心成就的公民社會(civil society)」。自由經濟市場和這個「公民社會」相輔相成的結果，加上1970年和1980年間形成的「思想市場」，使臺灣「有限度的民主」生氣蓬勃。當然，以西方的民主人權標準來看臺灣，批評者可說臺灣的政治仍有諸多缺點，但是即使在海外的臺灣獨立運動人士，也不敢忽視臺灣普遍的進步。60年代中期到80年代中期，許多反國民黨政權的異議份子紛紛回到臺灣本土。(見

表六)。雖然有些人是被歸還家產的許諾所吸引, 有些人因思鄉之情難忍而回歸, 但是, 臺灣經濟的繁榮和社會的安定, 亦是促使他們返臺的主因。

這些年內, 國民黨全心全意施行「有限度的民主」相當成功, 並沒有受到有組織的反對勢力的干擾。不斷猛烈攻擊政府的人全被抓進監牢甚至被處死刑。這個「制約式政治核心」堅決實施戒嚴法, 以確保臺灣成為反共的堡壘。1980年代後臺灣的政治核心已安於經濟的繁榮和社會的穩定, 因此, 對那些按照規則行事的政治反對活動更為容忍, [93] 而反對者亦學到如何按規則行事。但是, 反對派人士從未放棄組織合法政黨, 以便在全國選舉中和國民黨競爭的願望——換句話說, 就是將臺灣「有限度的民主」轉換成「全盤民主」的願望。

表六　返臺之臺獨運動人士(1965～1974)

日期	回歸的政治人物
1965.5.14	「臺灣國臨時政府大總統」廖文毅
1966.4.12	臺獨運動者鄭萬福
1968.1	「臺灣青年獨立聯盟」許錫麟被日本遣送返臺
1968.3.27	「臺灣青年獨立聯盟」柳文卿遣送返臺
1972.2.22	「臺灣獨立聯盟」執行委員辜寬敏歸國
1972.4.2	「臺灣民主獨立黨」秘書長邱永漢歸國
1972.4.6	臺獨運動家王超武來歸
1972.9.10	臺獨運動家傅金泉回國
1973.4.28	臺獨運動者黃永純來歸
1973.6.23	臺獨組織參加者高齊榮回國
1974.10.7	臺獨份子楊子湖等六位回歸

資料來源: 同表三, 請參見相關日期。

第四章
促使政治對立的合法化

自古以來，中國的菁英份子在評估執政者時，都採用極高的道德
標準；即使執政者政績斐然，仍難逃菁英份子批評的命運。執
政者對他們的批評，要不是置之不理，就是在耐心盡失之後加以強
力鎮壓。被迫害者的親友以及同情者爲受害人申張正義，又遭到當
局的威逼，如此惡性循環下去，中國政治的特性，有史以來，就是
如此：先有批評性的反對者出來指責政府，然後遭到政府的鎮壓，
然後有人起來報復，然後又引起更多的鎮壓。在中國，菁英份子和
社會大衆對政府的批評，在法律和文化上，從來也未能合法化。

臺灣的菁英份子並沒有任何例外之處。在經過五十年日本殖民
統治之後，執政的國民黨爲什麼要容忍政治反對派的存在呢？同樣，
反對者是否能以謙和爲貴，以溫和的方法贏取當局者的尊敬呢？而
出現於 1970 年代和 1980 年代的政治反對者，他們決定窮畢生之力
來向臺灣執政當局挑戰，他們又是些什麼樣的人呢？

政治反對者

即使在行使戒嚴法之前，中華民國政府已經對街頭示威活動，
以及公開批評國民黨這類政治行爲，不論情由，一律加以鎮壓禁止

了。1950 年代，一些知識份子在《自由中國》雜誌上以西方的政治理論來批評國民黨的治績。當局於 60 年代將該雜誌查禁。60 年代後，一些本省籍菁英份子如彭明敏、高玉樹和吳三連等雖敢於向國民黨挑戰，但不久亦趨於沉寂。70 年代中期，一小批非國民黨人士開始在地方選舉中與國民黨候選人一爭長短。這些政治人物自稱爲「黨外」¹ 人士，他們都是出生於臺灣的本省人，祖先雖然來自大陸，但是他們對臺灣三百多年來的歷史有極強的認同。70 年代後，大多數臺灣人富裕了起來，城市的生活方式進入了鄉村，一批新興的地方知名人士變成了縣市鄉鎮的地方官吏，在社會上獲得了崇高的地位。一般民眾對國民黨的成就是肯定的，對臺灣民主政治未來的發展，抱持著樂觀的憧憬。正如王拓在《黨外的聲音》一書自序中說：

> 我們之所以能在實行民主政治的基本條件上具備這種越來越成熟的條件，主要應該歸功於政府三十年來，普遍推行義務教育，以及無數的黨外政治人物在這三十年裡義無反顧，前仆後繼不斷奮戰中磨練出來的。²

　　所謂「黨外政治人物」是些什麼人呢？以元老級的余登發爲例。余登發雖然不時稱讚國民黨的政績和成就，他絕非國民黨的朋友。余登發生於 1903 年，畢業於日據時代的臺南商業職業學校。他在學生時代就通過了文官考試和司法代書考試，從事辦理土地買賣等業務。他直覺戰後土地一定會漲價，因此借了很多錢，買了很多土地，生活改善了許多。

　　余登發從日據時代就開始參加政治活動。曾經擔任楠梓協議會

的代表、岡山鎭代表、橋頭鄉第一任鄉長等，後當選爲中華民國的國大代表。1948 年，他到南京開國民大會，風聞有賄選的情形，又見到有人在國民大會會堂上抗議選舉不公平，因此他決心不加入國民黨。後來他連續參加了第一屆、第二屆、第四屆的高雄縣長選舉，都當選了，只是第三屆那一次因國民黨舞弊，被判落選。他對國民黨的評估是這樣的：……國民黨的組織是不錯的，但是黨工大部分很壞……什麼公平、公開、公正都是騙人的。[3] 他嚴格譴責國民黨在選舉時發動教師、陸海空軍、警察治安人員助選，並且稱黨外都是土匪，歹人，而國民黨黨員都是正人君子，忠孝節義是極不公平的說法。[4] 他認爲民主政治必須有競爭，他不願意看到國民黨不競而選，因此曾在報上登廣告說，因爲不能讓國民黨獨裁，所以只要有人出來和國民黨競爭，他就願意無條件支持。[5] 雖然余登發反對國民黨，他也不贊成臺灣獨立運動。他說：

> 我認爲「臺灣獨立」，不論是新式的還是舊式的，都是不可能的。我們都是中國人，中國應該統一才對。如果有人主張臺灣獨立，我認爲是得不到國際承認的，同時又要在歷史上留下背祖的臭名。[6]

黃信介是黨外政治人物中介於第一代與第二代之間的人。1975 年，他和康寧祥合辦《臺灣政論》，爭取言論自由和人民參政的權利。後因言論過分激烈受政府查禁。

黃信介年輕時曾到日本的一家印刷工廠當工人，同時辛苦唸書，唸到高中畢業，回臺灣後唸行政專科學校，並參加了國民黨。他離開國民黨的原因是他覺得國民黨根本上都是要靠拉關係才爬得上

去，拉不上就爬不上。[7]他相信自己永遠無法在國民黨中出人頭地，所以就開始幫助高玉樹及其他反對派的政治人物競選。被問到成立反對黨的可能性時，黃信介認為是可行的，但首先要解除戒嚴法。他說：

> 我們必須爭取廢除戒嚴法，爭取陪審制度，法律公平，希望有一個真正理想的強有力的反對黨存在。[8]

黃信介成為反對勢力中的活躍份子，共同創辦了《美麗島》雜誌，引起了 1979 年 12 月的高雄事件。高雄事件以暴力結束後，重要的黨外人士包括黃信介在內，全被逮捕並加以判罪。

並不是所有反對派的政治人物都像黃信介這樣活躍，也不像他那麼敢言。他們認為自己的目標雖然同樣神聖，但是他們的做法卻小心謹慎，避免觸犯國民黨在戒嚴時期所訂下的規範。這類政治人物的代表是康寧祥，他是臺灣本省人，沒有很好的家庭背景，七歲時母親就去世了，父親從桃園搬來臺北學習製餅的技術，並把全家搬來臺北。他父母雖然受教育不多，但是很熱心公益，受到社區鄰人的尊敬，也很重視子女的教育。70 年代，康寧祥兩次都以黨外人士的身份當選為立法委員。他相信如果能在國民黨之外形成另一個批判的力量，對促進社會進步的機會更大。[9]康寧祥承認國民黨在改善臺灣政治這一點上，是有誠意的，但是國民黨是一個龐大的機體，個人在其中不容易有表現亦不容易有成就。他堅信要有另一政黨來批評牽制國民黨是必要的。他說自己「繼續站在國民黨以外，扮演一個批判性的角色，比參加國民黨對民眾更有價值」。[10]他還認為臺灣十幾二十年來，政治的情勢改變極大，「黨外的情形已經比以

前好了很多」[11]。他承認「對國民黨這方面的努力，是要加以肯定的。」[12]

　　談到黨外人士，康寧祥認爲黨外人士是由「無數份子複雜，程度參差不齊，政治態度大異其趣的人所形成的」。[13]如果黨外要成爲一股有用的力量，一定要對自己的名利野心看淡一些，爲更大的目標多犧牲一些。他說 1977 年是黨外具有突破性的一年，因爲黨外當選的人比往年都多。他認爲這現象代表臺灣政治不斷民主化的勝利。

　　另外一個溫和派的反對政治人物是蘇南成，雖然他的方式是按政府的法規行事，但他卻希望能夠組成一個監管國民黨，使其更爲民主可靠的反對黨。蘇南成出生於臺南一個非常貧困的家庭。初中時，天不見亮就起床批發一些豆腐，沿街叫賣賺錢貼補家用。他父親長期生病，靠母親在路邊擺個小攤，賣杏仁茶和米乳。[14]高中時，蘇南成讀到三民主義，對其中的理想很嚮往，也開始對政治產生興趣，所以就參加了國民黨。[15]服完兵役後他投入臺南市議會的選舉，因爲沒有經驗，沒有選上議員。1968 年，他以最高票當選爲臺南市市議員，並且受朋友勸告競選議長。當他到臺中省黨部爭取國民黨提名競選議長時，才發現整個臺中市的酒家舞廳飯店，全塞滿了來自各縣市，想當正副議長的人，每個人都在公開談條件。[16]他對國民黨十分失望，當然也沒有獲得黨的提名。他在市議會公開揭發工程舞弊案、警員貪污案，以及家畜市場的黑幕等等。[17]一些國民黨的幹部紛紛打他的小報告，說他思想有問題，是臺獨份子、共產黨等。於是他就脫離了國民黨。後來蘇南成當選了臺南市長，他認爲自己不是所謂的「無黨無派」，也不是「黨外人士」，而是「自由人士」。[18]他說：「國民黨內有自由人士，國民黨外也有自由人士，在目前的政治環境下，政權的轉換是不可能的，我尊重這個政治結構。」[19]

　　反對政治人物中最活躍的大約是許信良了。1973 年他以最高票
當選爲代表桃園縣的省議員，1977 年，以國民黨被開除黨籍的身份
參加桃園縣長選舉，得到壓倒性的勝利。許信良的祖先原來住在淡
水，後來搬到新竹，到曾祖父時代再搬到中壢定居。他從小就對政
治有興趣，後來以第一志願考上政治大學政治系。大一時，他對國
民黨充滿了崇敬，所以加入了國民黨。後來他批評國民黨說：

> 國民黨二十年來對臺灣仍有貢獻，他們做的很多事都使我們
> 不滿，但是也非事事皆錯。以它黨內的成員來說，國民黨是
> 各種社會力量的匯集。它內部有各式各樣的人，並不完全只
> 代表老文化，老社會的人──只是這種人物擁有更多的權力
> 吧。國民黨本身並不是一個毫無進步可能的政黨，其中新生
> 代黨員佔 80％以上。他們是在新的經濟環境，文化背景和社
> 會結構之下成長的。所以國民黨黨員已可以透過合理的奮鬥，
> 使國民黨更現代化。[20]

　　許信良認爲國民黨要現代化，需要靠黨員向黨方施展壓力。要
推動兩黨政治，同樣需要社會對政府施展壓力。他指出國民黨的困
難有兩個，「第一是代表老社會老文化背景的人，在黨內人數上是少
數，但是在政治中擁有絕對的權力。第二個困難是國民黨有太重的
歷史包袱，因爲如此，使老社會老文化的人，能夠得到絕對的政治
權力。」[21]
　　另外有一些反對派人士來自教育較高的家庭，他們對日本抱持
著崇敬的態度。張俊宏即生長於此種環境之中。張俊宏很年輕時就
加入了國民黨。他在爭取國民黨臺北市議員的黨內提名時被排除了。

後來他回到故鄉南投縣參加地方選舉，以最高票當選爲省議員。張俊宏認爲國民黨是一個開國的，眞正的唯一大黨，對於中國的革命有非常大的貢獻，[22]但是缺乏制衡的力量。他說：「它是一個沒有制衡的黨，也就是獨一無二，沒有競爭的對手。它可以把反對者的勢力，在開始萌芽的時候，就徹底的摧毀」。[23]張俊宏指責國民黨由於沒有競爭的對手，所以不需要起用黨內的優秀人才，只用一些聽話的人就可以了。久而久之，它就腐化了。很多黨外人士說國民黨用陰狠毒辣的手段分化黨外人士，這也不全然正確。張俊宏認爲黨外在推動制衡國民黨的力量時，沒有正確的概念，只爲個人的功名利祿。[24]這是黨外本身的問題。

政治反對派吸引了不少法律界的人士。姚嘉文是彰化人，小時候住在鄉下，他的父親是賣布的人，不識字，母親也沒有受過什麼教育。姚嘉文彰化商職畢業後，在二十五歲那年考上了臺大法律系。三十一歲研究所畢業，開始做律師，並到美國去實習，專學貧民法律服務。回國後分別與朋友在臺北、臺中、臺南開辦了法律服務中心。他認爲國民黨地方黨部的黨員「只把黨的利益、個人的利益放在第一位，沒有國家前途爲重的觀念，所以不能團結別人」。[25]他更認爲國民黨沒有一個制衡的力量，所以更需要民主的進程。他說：

> 我們這個社會若是眞正想要進步，想要在自由世界立足，政治的改革是絕對必要的。……一定要有一個制衡的力量。那力量一定要強大到可以和執政黨互相做實力相等的競爭，必要時甚至可以取代它。[26]

按照姚嘉文的說法，要依賴國民黨來增進臺灣的民主是不可靠

的。臺灣需要的是一個新的反對勢力，開創一個新的政治制度。

　　這些受過高等教育，精力充沛而又勇氣百倍的反對政治領袖是臺灣社會的受益者；社會教育了他們，也給了他們機會。他們有些是受過日本式教育的老一輩人物，有些是受中國式教育的年輕一輩人士。老一輩認為國民黨腐敗又無德無能，缺乏統治臺灣的資格。年輕一輩堅信民主，認為唯有強而有力的反對黨與國民黨競爭，或取而代之，才能在臺灣實現真正的民主。

　　年輕一輩的人中有許多曾加入國民黨，後來因失望或不受重用而脫離。另外一些對國民黨的行為感到失望和憤怒，根本就不願加入。他們對政治有共同的理想，對西方民主十分崇拜。為了反對國民黨一黨獨大的局面，他們紛紛投入地方選舉。被選為中央級民意代表後，他們在立法院中嚴格執行質詢的職責，不留情面地批評政府官員。最後，他們更和國民黨「自由派」知識專業份子緊密接觸，互動交流，相互影響。

批評「制約式政治核心」

　　1970 年來反對派的政治人物主要的活動是廣泛批評國民黨一般的對內政策。他們對這個「制約式政治核心」毫無支持之意，他們希望此一政治核心轉化成為全部民主化的「公僕式政治核心」。

　　1970 年代到 1980 年代中期，各類黨外雜誌對臺灣政治，加以巨細無遺的全面檢視。書報攤上到處都可買到這類以諷刺、幽默和挖掘內幕為主的雜誌。每本雜誌的行銷量均相當不錯。

　　反對派主要的策略是宣揚政府如何空口說民主而不真正採取民主化的步驟，由此可見政府毫無實施民主的誠意。政府既無誠意，就是一個缺乏道德，不夠資格執政的政府。反對人士希望在人民的

心中建立起政府的反面形象，以便在選舉中爭取選民的投票，從結構上改善臺灣的政治。

每一年，反對人士都要問「戡亂」、「戒嚴」還要維持多久這個問題？[27]戒嚴法成了反對人士嘲弄政府「有限度的民主」是多麼可笑的鐵證。1986 年春天，一位批評者說:「戒嚴就像一件雨衣，這件雨衣的本身，無所謂對不對。但是在沒有下雨的地方穿著雨衣，而且一穿就穿三十多年不脫掉，那就大有問題了」。[28]他又繼續說: 緊急權既然是用來應付非常事態的「臨時性」，或「暫時性」的手段。因此它在時間上是必然有一定的限界。如果無限制的永久化，等於在事實上將立憲體制加以變更，而形成不倫不類的「緊急權體制」，而不是「憲法體制」。[29]

政府反駁說只要共產政權繼續在大陸執政，戒嚴法就必須繼續施行，唯有如此，才能保障臺灣人民的安全。

但是，批評者卻認爲爲政之道，在順天應人。得其道，則政通人和，表現在社會上就是安定繁榮。不得其道，則百病叢生，他們認爲臺灣社會的病態是由於「我們現在的法律多如牛毛，但是老而不修，與社會脫節」。[30]而且有些法律保障惡人欺壓善良，成爲玩法弄法者的殺人利器。[31]

在戒嚴法下，警備司令部有絕對的權力約束公共媒體的運作。黨外雜誌認爲國民黨的政策簡直是「禁」字掛帥:「禁止在反攻大陸前修憲，禁止組織新黨，禁止新辦報紙，禁止罷工，禁止示威，禁止批評國策，禁止三通四流……所有獨樹一格的『禁』，絕大多數缺乏理由，多半違背憲法的保障。」[32]

反對派人士認爲，任何命令均不能抵觸憲法。而歷年來警備總部查禁出版物，都是根據戒嚴法第十一條第一款，僅具行政命令性

質,如果與憲法抵觸,應該無效才對。該條款規定最高司令官得「……取締言論, 講學, 新聞雜誌, 圖畫, 告白, 標語及其他出版物之認爲與軍事有妨害者」[33]。但是, 警備總部取締出版物的範圍太過廣泛, 絕不僅限於與「軍事有妨害者」。實在使言論自由倒退了三十年。在這種「禁」字充斥的政策下, 黨外雜誌申稱, 臺灣的政治、社會、文化和民智被禁得扭曲變形, 封閉僵硬, 「活像是纏足的小腳。」[34]

黨外的批評聲浪不斷增高, 對組織反對黨的訴求亦日漸積極。1980 年代, 反對者一再強調, 國民黨本身因爲長期執政, 缺乏制度化競爭, 變成了渙散的利益團體。而臺灣的社會日趨現代化與多元化, 國民黨僵硬的作風, 已經難於維持黨的凝結性[35]。因此能夠組織一個凝聚廣大民衆利益的反對黨, 是黨外人士應有的政治理想。

除了批評國民黨的內政之外, 反對人士對該政治核心的國際政策亦時加抨擊。他們一再苛責國民黨的外交政策是「凱子外交」, 浪費納稅人的金錢。[36] 他們指出政府花鉅款去巴結美國參衆議員, 用大量的金錢去收買非洲和南美的小國家。他們指責外交部是各部會之中, 官僚氣味最重的機關,[37] 外交部長沈昌煥是典型的無能官僚, 他在部裡二十多年沒有出過國, 國際關係已經消失殆盡。據了解, 沈昌煥的「英文能力不錯, 而且脾氣很好, 反應靈敏, 在立法院答覆質詢時雖然經常答非所問, 但是卻能不慌不忙, 不溫不火, 有人批評他, 他總是面帶微笑。好的方面說是修養到家, 壞的方面卻像炸不爛的回鍋油條, 咬不動, 切不斷, 吞不下去, 只好又擺回去, 無可奈何。」[38]

國民黨的大陸政策也受到反對人士的批評, 認爲既曖昧又不實際。[39] 由於政治環境的改變, 臺灣和大陸之間, 間接的通郵通商甚至直接到大陸訪問, 已是公開的秘密, 但是政策上還要以叛亂罪治

理，實屬不公平。同樣，1979 到 1981 年之間，臺灣經由香港對大陸的貿易額已加倍，某些大公司從大陸進口大量物品來臺並未受到干預，但另一些小商人違法進口卻遭到嚴懲。[40]

　　反對人士也不饒過立法院和國民大會。一位批評者參與立法院七十一會期後描述該會像是「政治大拜拜」。對國民黨歌功頌德。他說國民黨籍的立委都已老邁，講起話來胡言亂語，脫離現實。他以王夢雲委員過去質詢要教育部長下令全國女子不准戴奶罩，[41] 到現在反對節育，要男人「坐懷不亂」為例，[42] 說明國民黨籍立委之表現差勁透頂。

　　早於 1978 年，《自立晚報》的吳豐山對中央民意代表的不合時宜，脫離民意亦有所批評。他指出「今天，我們還有一千三百多位國大代表，四百多位立法委員，七十位監察委員；這就好像一個個子不大的人，穿著一件寬敞無比的西裝，其滑稽、笨拙、不合身份，不用說，自然是很明顯了。」[43] 時代變了，歷史和社會也和從前不同了，新陳代謝是自然的法律。

　　反對國民黨的政治家們熟讀憲法，他們一再表示希望政府重新遵照憲法的規定開放黨禁，使國民黨有公平競爭的對手。《八十年代》的發行人康寧祥說：「黨外對國民黨最大的期待，就是要執政黨真正實行民主憲政。」[44] 對執政黨最大的不滿，康寧祥說，就是執政黨「利用各種藉口和方式，隨意凍結，限制和剝奪憲法給予人民的權利。」[45]

在選戰中爭取勝利

　　由於對政府開放黨禁的建言和批評收不到預期的效果，黨外政治家們開始投入三年一次的地方及中央級民意代表的選舉和增額選

舉。1970年前，僅有少數南臺灣的政治人物，夠膽子在地方選舉中與國民黨一爭長短。70年代後，他們看出如果在選舉中贏得勝利，即可名利雙收，增加更多的政治本錢。1977年的選舉對黨外而言是個小突破，許信良贏得了桃園縣長的勝利，許多黨外人士得以進入省議會為議員。[46] 1980年後，選民甚至將黨外人士康寧祥和許榮淑等人送進立法院和國民大會。

黨外的人也只能用「選票去調整大小，把黨外拉大，能制衡國民黨」。[47] 他們認為1981年時，立法院有389名委員，但是他們不是由臺灣人民選出來的，所以不能代表臺灣民意。如果黨外能夠爭取到更多的席次，即可達到制衡的目的，他們希望國民黨能夠了解「制衡」的意義，並不是要讓國民黨垮臺，反而能夠增快臺灣的民主進程。「制衡」的條件有四項：㈠兩黨政治；㈡司法獨立；㈢公正的輿論；㈣健全的國會。[48] 雖然臺灣在1980年代並沒有這四個條件，黨外人士認為在選舉中爭取勝利即是創造此四條件的方法。

黨外的候選人很仔細地研究臺灣的選舉制度，對各種程序規定和地方及中央民意機構組織瞭如指掌。他們並為自己的目標計劃出特別的作戰方法。譬如，黨外人士鼓勵因美麗島事件被關進監牢的受難者妻眷出來競選。她們對關在監獄中的丈夫所表現的忠誠和勇敢，深深打動了選民的心。因此，周清玉、許榮淑等，均能以極高票當選。[49]

開始時，黨外的政治資金十分缺乏，在競選中無法和財大氣粗的國民黨抗衡。黨外後來學到向中小企業家籌款，由於那些人有足夠的財富，也願意將財富貢獻在政治建設上。其次，黨外發明了所謂的選舉餐會，使政治資金找到了投注的地方。[50]

黨外的人知道，社會一般大眾對黨外人士的期待很高，尤其是一

些知識份子和評論家，他們希望黨外能拿出一套高瞻遠矚的理想藍圖，提出與國民黨不同的意識形態和政治體系。他們希望黨外的理論既能解決政治的困境，又能夠對經濟社會教育病歷開出藥方。[51]為了要滿足群衆的期盼，黨外在選擇候選人時用盡苦心，希望選拔一些和執政黨候選人有不同形象的人出來競選。爲了表示黨外候選人較爲突出優秀，他們選的人多半是較爲年輕，活力充沛，具有政治魅力，足以吸引選民的人。

在仔細研究過去數年的選舉情勢後，黨外一些菁英份子認識到投票率雖然自從 1950 年後即逐漸下降，但 1977 年後又逐年回升，這現象對黨外是有利的。[52]他們也看出選民的經濟條件提高了，多數人居住在城市，自視爲中產階級，資訊較爲豐富。[53]選民男性較女性爲多，外省人較本省人踴躍。但是，在都市化程度較高的地區，投票率反而偏低，但投選國民黨的人卻佔多數。女性投國民黨票的較多，男性卻偏向投黨外的票。年齡較大的，尤其是超出四十歲的選民多半投國民黨的票，而年輕人卻同情並支持黨外的候選人。

喜歡改革，要求「制衡」，並且對某些具備特殊性格的人有興趣的人偏向黨外，而喜歡穩定的經濟成長及社會安定的人，較爲偏愛國民黨。據調查顯示，選民關心的問題多半是「油鹽柴米」這類有關生活的問題，其他關心的問題包括：縮短貧富懸殊，廉價的住屋，增進個人的安全，維持社會治安，改進社會福利，增強對民衆的服務等問題。按照選民調查的資料，黨外候選人強調他們「制衡」的作用，主張解除戒嚴法，取消查禁制度，主張多啓用本省籍人士。黨外的這些主張深深打動了選民的心。但是，黨外人士在選舉中的成績如何呢？在高雄和屏東地區，黨外候選人似乎比國民黨候選人受到選民的歡迎。但是，這結果有其特殊的原因存在。

　　高雄市在日據時期就是南臺灣最大的海港。當地勢力頗雄厚的
商人階層和社會政治派系，多年來在奪取政治勢力這方面，總是互
不相讓。就在這種比較開放，較爲世界性的城市中，一些十分特殊
的政治人物公開向國民黨挑戰，並且贏取了選民的支持，獲得了相
當重要的政治職位。

　　以郭國基爲例。他 1900 年出生在屏東縣東港鎮，畢業於日本明
治大學法學部。[54] 1929 年和日本女子鈴木久代結婚後回到臺灣，定
居高雄。郭國基早年加入國民黨，1927 年臺灣民衆黨成立，他亦加
入爲基本黨員。1942 年，他因爲「東港事件」冤獄，爲日警逮捕，
判刑十年。1945 年臺灣光復前夕，他被保外就醫。1946 年郭國基先
後被選爲高雄市參政員和臺灣省參政員。但隔年的二二八事件，他
仍被構陷下獄。出獄後他立即宣佈脫離國民黨，從此以無黨無派的
身份從事政治活動。郭國基敢說敢言，素有大砲之稱，批評國民黨
絕不留情，他的人格風範，永遠爲黨外民主人士深深的懷念。

　　1968 年，郭國基當選爲高雄第四屆省議員。次年，更參加了立
法委員的選舉，喊出了「賜我光榮戰死議壇」的口號[55]而贏得了勝
利。他的一些政見，譬如：副總統由臺籍人士擔任，省主席由臺籍
人士出任，部會副首長多多啓用本省人，廢除戒嚴法……等，一直
都是黨外人士努力的目標。[56]郭國基是日本化的臺灣菁英份子的典
型人物，在日本受教育時接受了西方民主的思潮，堅信臺灣光復後
應徹底實施民主制度。

　　另一名反對派的政治人物是蘇秋鎮。他 1935 年出生於高雄縣路
竹鄉。臺大法律系畢業。[57]年輕時，他曾經幫助雷震籌組新黨，並
協助余登發競選高雄縣長。1979 年蘇秋鎮因美麗島事件被捕，但於
1980 年被釋。出獄後他仍然抱著不當選就坐牢的決心，出馬競選立

法委員，他的標語是「咱的鄉土需要咱保護，咱的同胞需要咱照顧」。蘇秋鎮激烈的言論掀起選戰的高潮，終於當選爲立法委員。此後在立法院的三年中，蘇秋鎮發言的次數和提出的質詢，打破了立法院的記錄。他說：「我要做個標準的立法委員，給後來的人一個示範」。蘇秋鎮可說是年輕一代政治菁英的代表；在國民黨的政體下接受教育，從國民黨中的自由主義份子和有名的反對派人士身上學習到民主的進程。

日據時期，屏東地區以從事反日活動著名，光復後，國民黨地區黨部的人利用派系勢力建立自己的權勢和影響力。在二十七歲就當上鄉長的邱連輝，由於自修勤奮，得到鄉民的普遍支持，亦得到國民黨的信任，提名競選省議員並得到勝利。但是他的意見常和他所屬的國民黨相左，使國民黨懷恨在心，並且在他意圖競選連任時，不予提名。[58] 1977 年，邱連輝脫黨競選，終於以最高票進入省議會。美麗島高雄事件後，邱連輝也遭到約談，但不久即釋回。1980 年 12 月，他被選爲屏東縣縣長，是三十多年來黨外人士首度在屏東縣贏得縣長選戰。[59] 邱連輝的崛起完全是靠地方人士的支持，他主政幹練，加上一般人對國民黨的反感，是他獲得成功的最大原因。

另外一位黨外政治家是蘇貞昌。他 1947 年生於屏東市，畢業於臺灣大學法律系。[60] 蘇貞昌當過康寧祥競選的法律顧問。姚嘉文因爲美麗島事件被捕後，他成爲姚嘉文的辯護律師。1981 年，蘇貞昌回屏東參加省議員選舉，他流暢的臺語與機智的反應，吸引了成千上萬的聽衆，結果以第二高票當選。黨外候選人在此次選戰中取得勝利的尚有邱茂南、李慶雄、潘立夫和黃正雄等。[61] 這些人對老一輩的民主鬥士充滿了崇敬，也受到雷震等人文章和國民黨自由派人士議論的啓迪。他們對國民黨促進民主的緩慢作風，嚴加批評，因

此得到選民的支持。選民投他們的票因爲相信他們可以促使臺灣儘
快走向民主的大道。

怎樣做中央民意代表

反對派人物在當選爲中央民意代表之後的表現又如何呢？他們
在立法院的人數不夠提出法案，也不能阻止國民黨籍立委的任何舉
動。但是，他們卻可以毫不容情地對行政院長及各部會首長進行最
嚴厲的質詢，因爲那是完全合法的。1980 年後，立法院有足夠的黨
外委員利用這種質詢使自己聲名大噪。他們希望藉由對政府首長嚴
厲的質詢，譴責他們對實施民主體制的失敗，來打擊國民黨的形象，
讓執政黨在選民心中的地位一落千丈。

例如 1981 年 3 月 24 日，大約有 170 名立委對當時的行政院孫
運璿院長及各部會首長進行質詢。在主席倪文亞宣佈會議開始後，
費希平委員提出由十人連署的書面質詢。[62]

費希平等人提出的六項議題，莫不是黨外五、六年來許多人講
過的老生常談：不外乎解除戒嚴、開放黨禁、保障人身自由、尊重
人民言論自由、政黨必需退出司法，及政黨經費不應由國庫開支等。
費委員直接質詢政府最高行政首長：

> 戒嚴本是臨時性的應變措施，現在居然成爲永久性的常態施
> 政，這不是一個法治國家應有的現象⋯⋯無可諱言的是，政
> 府不肯解嚴，不過是爲了引用戒嚴法剝奪憲法所賦予人民之
> 權利而已。[63]

費希平認爲政府引用戒嚴法限制人民集會結社，禁止人民組黨，不

但剝奪了人民的基本權利，同時也大大影響了憲政體制的運作。孫院長站在政府的立場上認為在「我們面對共產黨的威脅，為確保臺灣的安全，是不能解除戒嚴令的」。這種言論多年來在民眾心中早已反覆辯論，但由立法委員正式在立法院會中提出卻是第一次。

黨外委員在提出質詢前都下了功夫研究議題，質詢時也頭頭是道，具有非常的說服力，再三指責政府違反憲法的行為。黨外委員黃天福質問一本叫《鐘鼓樓》的雜誌，依法向新聞局登記獲准後，在編輯，打字，排印時就受到治安機關的嚴密監視，在第一期創刊號還沒有印好發行前，就被查禁沒收了。[64]警備總部的發言人解釋，由於該雜誌創刊號上有幾篇文章內容顛倒是非，淆亂視聽，誣陷政府，嚴重影響民心士氣，有違戒嚴法，被查禁是合法的。可是黃天福堅決表示，政府這種行為違背人民有言論自由的權利，在民主的體制下是完全不能容忍的。

黃天福又指責政府違反選舉法。他說高雄事件發生後，軍法處用分開隔離的方式，偷偷將八名被告予以錄影，被告是否同意沒有人知道。[65]更糟的是執政黨還利用這些錄影帶，當做贏取選舉的工具，來攻擊黨外的候選人，這是極不道德的行為。雖然政府對黃天福的攻訐一一加以否認，但是這類質詢，使一般民眾對政府口口聲聲要施行民主的意願，產生了懷疑。

黨外立法委員一再強調，一黨獨大永遠無法達到民主的目的。1982 年 3 月 17 日，女立委許榮淑的質詢如下：

> 臺灣今日漫無限制的黨權，過度膨脹的軍權以及泛濫成災的金權，皆是三十年來一黨獨大，拖延憲政，挫折民氣所凍結出來的。[66]

許榮淑又說，國民黨黨國不分家，實在令人憂心，無論是選省市議員，還是縣市長、鄉鎮長，國民黨都會利用職權輔選，爲了勝利不惜採用各種手段。[67]康寧祥曾經費心調查過，國民黨的手段包括：讓選民坐巴士遊覽名勝地區，吃便當，摸彩，開遊藝會，吃館子，投票前還有贈品等賄賂行動。據屏東縣長候選人陳榮宗說，某某晚報前社長有意競選某縣縣長，執政黨爲謀求選戰的勝利，再三設法疏導，最後竟許以臺灣省政府委員的職位，做爲他不參選的條件。[68]其他質詢的內容尚包括大學中聘用教師僱員，規定那人一定要是國民黨黨員爲必要條件等。[69]

動員其他菁英份子

1981 年 2 月 18 日，康寧祥邀請二十三名黨外及自由人士，參加由康寧祥出版的《八十年代》雜誌社主辦的座談會。參加者包括學者胡佛、張忠棟、楊國樞及陶百川；國民黨黨員沈君山、關中，以及黨外人士吳豐山、司馬文武等人。此次會議紀錄刊載於《八十年代》1981 年 3 月號上。[70]這是第一次集各派人士於一堂公開討論如何促進臺灣民主的會議。這群菁英份子的聚會，咸信是臺灣政治發展的轉捩點。

康寧祥首先發言，說明此座談會討論的重點有二項。第一項是民主政黨運作的原理，第二項是在野政治力量與民主政治。而執政黨如何對待在野的政治力量，朝野的共識，對在野政治力量的檢討與期待，更是座談會討論的主題。

吳豐山認爲國民黨在臺灣三十多年，是相當有成就的。國民黨距一百分很遠，但絕非不及格或只有六十分。他認爲在野人士在批

評國民黨時，最好語氣和緩，才有效果。而國民黨不了解「臺灣社會三十幾年來的變遷有多大，也不了解政府這三十幾年來，在臺灣的教育有多成功。國民黨與在野政治力量之間的關係一直沒有搞好，就是國民黨反應遲鈍的最好說明」。[71]

自由派的開明學者楊國樞說，「在需求的多元化和利益的多元化之下，絕無一個單一的政治團體，能達到各方的要求，除非其自身內部即能多元化。」[72]執政黨要如何對待在野勢力呢？楊國樞認為「國民黨應該避免與其他在野政治力量對立，應該鼓勵黨員多和在野政治人士溝通與來往」。他建議國民黨對政治主張不同的刊物應容許其發行，對待反對人士的態度也要正常化。在用人方面，執政黨心胸應該再開闊些，多聘用黨外人士，協助政府。[73]

楊國樞對黨外人士的看法是：他們常犯一種策略上的錯誤——只否定而不肯定國民黨的成績。他認為對國民黨應肯定的項目有五項：㈠肯定中華民國政體，肯定其在憲法的體制下實行民主法治；㈡肯定反共的前提，是基於共產政體是極權統治而加以反對，不是因為爭權奪利而反共；㈢對中國統一的肯定，要與政治上的臺獨劃清界線；㈣肯定政府已有的貢獻；㈤對執政的國民黨的貢獻也要加以肯定。如果在野政治力量有此五項肯定，再來跟執政黨競爭與制衡，不但執政黨會心悅誠服，一般老百姓也會認為黨外政治人士不錯。[74]

楊國樞認為黨外要有背十字架的精神，並要不斷改進自己，充實自己。張忠棟和陶百川亦認為臺灣的民主化的確有相當的進展。張忠棟表示：在一年多以前，他和胡佛、楊國樞、李亦園要去參加一次無黨籍人士的集會，但是根本進不去。一年後的這次座談會，可以說也是無黨籍人士舉辦的重要集會，他們卻被邀參與，並且裡

裡外外的秩序都很好，這表示我們社會已經學會容忍，知道如何尊重合法的集會。[75]

　　此後數年中，黨外人士，國民黨員，自由派的開明學者不斷有機會溝通接觸，但國民黨仍堅持此種接觸是「非正式」，「非官方」的。同時，臺灣有限度的民主進程，也受到國內外各方面的肯定與贊同。

四種政治情感和政治信仰的「廣告」

　　對 1970 到 1980 年之間臺灣政治的變化，不同社會政治階層的人對它的看法和評估如何？ 美國社會學家Robert Bellah最近強調，「政治文化和意識形態能夠繼續發展下去的原因，在於具有共同的方向、相似的性格、和具體的歷史現實交互產生的影響」。[76]一些不同社會政治階層的個人，用清晰明白的言論，提出了他們共同的方向，這些言論實際上是一種「廣告」，一種對個人政治情感的宣揚，或者是對政治現實、政治行為的認同和對政治信仰的評估。根據John Dunn的解釋，這種情感和信仰，換句話說，就是這種情感和信仰的「廣告」，是持續不斷的，是經常變化的。其內容和每一社會階層的人和他們代表的次文化不但息息相連，而且能夠產生各種連瑣反應。[77]以中華民國的例子而言，首先，我們可以看到執政菁英份子和他們支持者所主張的「官方的理論」——簡言之，就是孫文學說和三民主義的教條。第二，反對派和某些執政黨內的自由份子所提出的「廣告」宣傳，也可說是一種偏向於教育性，學術性的「知識份子型的理論」。這類看法和西方自由主義相似但混合了儒家仁道主義。宣揚第三類「廣告」的是社會上較低階層的人士，他們不僅

代表一般民衆的普通常識，更反應出一般老百姓的價值觀和他們的信仰，這是一種「外行人的理論」。最後，逐漸形成的第四種「廣告」形式反應出一種「現代大衆媒體理論」，這類形式是以上三種廣告形式的大結合。

　　討論這四種「廣告」的形式和性質，也就是討論菁英份子和一般民衆的政治思想，信仰及感情時，我們注意到執政的菁英份子如何逐漸接受政治反對力量的存在和其活動。同時，我們也注意到反對派政治人士對執政菁英份子的逐漸妥協，並且也慢慢願意按照執政者所定下的規矩行事。由於這種政治文化價值的逐漸調適和新的政治行爲規範，才造成了1980年中期以後民主開放的風氣。

對反對力量的官方看法

　　國民黨以及支持者堅決相信唯有實施國父孫中山先生的教條才能夠「救中國，救世界」。唯有富強、康樂、民主的臺灣才能拯救大陸同胞於水深火熱之中，並且才能爲世界帶來安定與和平。[78]他們的想法如下：

　　臺灣的人民要有「革命」的精神才能達到救中國、救世界的目標。革命是否成功要靠一個道德、科學的體系做爲行動的基礎。孫中山已經擷取了中西理論的「精華」完成了此一體系，包括了他心目中傳統的道德觀和現代的科學觀。

　　孫中山學說的架構取擷於高度的物質理念和天人合一的精神世界。蔣介石以孫文學說爲基礎，在臺灣創建出一個包括憲政，地方自治，國家福利和「理想的政治境界」爲主的新國家。按照蔣介石的想法，理想的政治境界要「選賢與能，要能老吾老以及人之老，幼吾幼以及人之幼……要能路不拾遺，夜不閉戶」。這樣才能天下太

平，奉行三民主義的結果就能做到「天下為公」。[79]

　　蔣介石領導的國民黨將孫中山的理想加以實踐，讓老百姓相信這樣一來就會「驚天動地」。所有國民黨黨員和學生都要學習三民主義，並按三民主義的教義行事。一般人對這件事的看法如何呢？1979年春天有人這樣說：

> 我實踐主義的心得，是先經由內在心靈的認知，而導引了外在行為的實踐，這種認知與奉行的工作，是透過我的思想、工作、生活、智慧、精神的真知力行，但願每一個人都能背負三民主義的十字架。[80]

蔣經國總統說：

> 我們深感肩挑的擔子十分沉重，但是為了確保國家利益，必須堅定奮發，排除萬難，毅然負重，承擔苦難。[81]

　　任何任務的失敗都使得國民黨的領導人苛責自己，也嚴責手下的黨員失職，並誓言在失敗中汲取成功的教訓。正如蔣經國所信，「無論身處何種逆境，我們內在的力量，才是真正的力量。」[82]國民黨的領導人並非沒有自省的功夫，他們的確能在失敗中記取教訓。譬如政府嚴格指示維持秩序時不得激怒百姓，再三誡告安全和警察人員盡量避免造成群眾暴力，而且在處理街頭示威遊行時，盡力約束自己，不要和群眾衝突，這些都是從二二八事件中得到的寶貴教訓。因此在中壢事件中，警方一直約束自己的行為，使警民雙方所受到的傷害減到最低。而在高雄事件中，警方有效地控制群眾的暴

力，受傷的反而是警方的人。

當反對份子觸犯法律時，政府譴責他們的語氣用詞相當嚴格。暴力份子是「暴徒」，犯法者是「不法份子」，追逐權力者爲「野心份子」，那些分不清事實眞相的人是「不明是非，不辨忠奸」的人，對法律不明、對道德不顧的人是「無法無天」，那些人全在「滋事」，全是「囂張跋扈」，「歪曲事實」，搧惑群衆，威脅到臺灣存亡的安全。這類不法之徒只能煽起群衆的怒氣和恨意，是完全不道德的，對他們合理的鎮壓，用戒嚴法加以約束，在執政黨的意識中是合乎道德的行爲。

從 1960 到 1970 年中期，國民黨仍然保持以上這種不成文的看法和做法，他們相信黨已經以三民主義爲基礎，爲國家奠定了走向民主和意識形態多元化的道路。1970 年末期，政治歧異份子不斷以採取創辦雜誌的形態批評政府，來促使政府加速民主化的進程。當局在監視檢查這些刊物以決定何種言論是反動，是反政府的這一點上，越來越感困難。最後，1977 年 4 月 7 日，蔣經國在無可奈何之下說：「今後對於別有用心的人，要特別注意，假如一個人寫十篇文章，其中只有半篇不妥，就是以其他九篇半來隱藏他的罪惡」。然而，1977 年年底選舉的結果令蔣經國大爲吃驚。中壢事件的違法和全省民衆對「黨外」普遍的支持令他十分憂慮。1978 年 7 月 6 日，他用堅決的口氣說：「大家不要在公文和會議上兜圈子，必須痛下決心，到群衆中去，掌握群衆，針對著敵人，打敗敵人。」[83]那時候，蔣經國的想法仍然是：國民黨在政治上的歧異份子全是敵人，要把他們消除才能確保臺灣的安全。

1980 年，政府將反對派政治人物加以逮捕、審訊、下獄之後，黨外人士放棄了街頭示威遊行的策略。同年，康寧祥陪同一些丈夫

被關在牢裡的妻子環島巡視，同時也爲 12 月的選戰鋪路。她們的出席每次都受到群衆的同情和讚揚。此後數年，黨外雜誌發表了不少文章敦促政府召開全島性的公共政策討論會。蔣經國與其他國民黨領導人逐漸看到了一個新的政黨已現雛型。蔣經國對於國民黨與黨外人物之間的溝通也逐漸有了信心，他甚至願意訂立更爲深廣的民主規範。1983年，蔣經國已經不再視黨外的反對人物爲敵人了；一位西德的記者引用他的話說：「社會的反對者對促進進步有所助益。」[84]蔣經國對黨外的存在終於認同了。1986 年初，蔣經國終於同意國民黨代表與黨外代表正式接觸商談。

知識份子對政治反對派的看法

從菁英份子所寫的文章中，無論是支持或者反對國民黨的人，我們可以同樣看出深植在他們思想中的一些關鍵性的假定，還有他們對知識的了悟，以及因知識所延伸出來的實際行動。[85]按照某一中國式的觀念，道德對於知識的重要性，不差於推理對於科學的重要性。道德就是能「明辨是非」以及「實事求是」。也就是說，如果我能成功地分辨對和錯，而你又同意我的看法，那麼，我的看法即可取代你的看法，因爲我的「看法」所依據的標準是我們共同的期望與共同的需求。中國人不接受西方傳統中哲學性的懷疑論。因此，中國人相信在政治鬥爭中，道德知識有決定性的力量，正如摩尼敎徒在善與惡之間的掙扎。

客觀的分辨是非和英雄式地和那些反對「行善」的份子做殊死戰是分不開的。英雄人物都認爲自己在和道德淪喪的反對派作戰，他們使得我們的道德英雄受到「挫折」。對壞蛋們一定要「奮鬥」到底，從「挫折」中站起來，重建所有人都尊重的絕對標準。如果將

具有奉獻精神的自我，以及絕對的道德標準和不斷與罪惡的敵人做殊死戰的決心結合，就等於是將「大公無私」的自我與「人民」連在一起。而「人民」也得要認同時代的潮流，在英雄人物和反對他的敵人做殊死戰時，我們要向英雄表示絕對的支持。中國的菁英份子對這種具有歷史傳統性的同步調政治理想，有廣泛的認同。[86]

自由與民主不僅是國民黨內部菁英份子的觀念，亦是所有一心要和政敵們做英雄式殊死戰的中國政治人物的想法。中國的菁英份子認為「自由」指的並不是主觀界定道德標準的自由，而是有「自由」去反對那些暴君，因為暴君在阻止人民追求那種公認的，絕對的，知性的道德標準。道德的意義亦包括遵守傳統文明的美德，諸如抑止個人的私慾，溫文爾雅，喜好讀書等等。一位國民黨的支持者在描述道德與民主自由的關係時說：

> 人類所追求的最終目標不外是生活上的安定和樂利與精神上各種價值觀念的滿足，包括倫理、道德、宗教信仰以及哲學思想。[87]

菁英份子努力於文明美德的追求，用在政治上，似乎可以解釋執政者為何認為鎮壓反對份子，不僅可以和民主共存，更是走上民主道路的唯一途徑。因為這個原因，國民黨的黨員贊同查禁政治反對者出版的刊物和逮捕政治歧異份子。基於同樣的理由，反對派的菁英份子也下定決心，和邪惡的執政者做殊死戰，終其一生為達到完美的民主政體而奮鬥。

黨外較為溫和的菁英份子和國民黨內的知識份子開明派有許多共識；他們都相信「和諧互諒」。如果在原則性的問題上產生疑問時，

他們就是「見仁見智」。1960 年，胡適就強調在和國民黨打交道時「容
忍」的重要。這些開明人士都相信國家領導人需要「制衡」，同時也
要有接受批評的雅量。

　　國民黨內的開明份子對黨的領導頗有懷疑。他們一再希望黨中
央更開放，更容忍。早在 1955 年《自由中國》的社論就表示，中央
在確定政策時，應有更多的黨員參與。而且，黨內的討論應公開，
對反對政黨亦應多容忍。

　　　民主政治是絕對尊重個人價值與尊嚴的。民主的政黨不僅在
　　黨外要寬容反對的少數黨，在黨內也應寬容反對的少數黨。[88]

　　在臺灣內部與海外發行的報刊如《時報周刊》與《明報月刊》
上，開始出現知識份子敦促執政當局容忍政治反對派的文章。高雄
事件之後，甚至偏右的《中華雜誌》，在談到異議份子和其家屬時，
亦避免用嚴苛的語句，希望政府要尊重他們，處理時應偏重其缺乏
判斷力而非心存邪惡不軌之心。[89]而反對黨人士對國民黨的態度亦
較為容忍，從反對派的蘇南成的言語行為中即可窺其端倪。

「外行」人對政治反對派的看法

　　即使社會基層的人物，亦開始對政治反對派開始採取容忍的態
度。1972 年，一位筆名孤影的作者寫了一篇長文〈一個小市民的心
聲〉在《中央日報》上連載，引起一般人的共鳴。他代表了許多勞
工階級之士，他們沒有足夠的教育和金錢使其成為中產階級。許多
臺灣城市住民均屬於此一類型。孤影的看法包括：強調保有傳統價
值的現代化，尊重既有的權力金錢架構，及對國家既有的成就應該

認爲是值得驕傲的事等。他對那些向國民黨挑釁的激進知識份子和學生感到憤怒，因爲他們威脅到他所珍視的社會安定和繁榮。他們對持有異議的殷海光敎授表示尊崇。孤影支持國民黨但並不將其理想化。他的立場謙虛而低調，希望大家能夠從基層起對社會國家盡一己之力。對於改變社會形態的「潮流」，孤影卻視而不見。

　　1977 年前後，一般市民參與地方選舉已經超過了四分之一世紀。他們對只會吹牛說大話的候選人已經不再理會。只要政績良好，反對派的人一樣可以得到民衆的支持。1977 年，一位選戰觀察者表示：「選民水準提高了，謾罵適得反效果」。[90] 在新竹市長的選舉中，從頭到尾均以攻擊指責爲主的候選人到後來終於遭到失敗。[91] 黨外的許信良對選民的支持特別感激，他說：「臺灣的社會目前是太適合推行民主了」。[92] 他推崇政府提高了人民的警覺性：

　　　　國民黨在促進中國走向民主政治上是有貢獻的，因爲國民黨
　　　　不斷推行地方自治。二十幾年來，培養出選民的政治意識，
　　　　這對我國的民主政治發展，真有很大的貢獻。[93]

　　一般民衆在學校就接受了民主政治的訓練，對投下神聖的一票是非常得意的，一位 1977 年選舉中的觀察者寫道：

　　　　臺灣地區五項公職人員選舉投票，昨天恰逢風和日麗的大好
　　　　天氣，各縣市氣溫上升，加上一般公民對民主政治及地方自
　　　　治增加認識，珍視行使投票權，情況之熱烈，成爲臺灣省實
　　　　施地方自治廿七年來所少見。……各地區選民，自大清早便
　　　　扶老攜幼出門列隊投票，很多攤販放棄早市的生意不做，許

　　多工人也先投票後上工，高齡的老人則由兒孫扶持，鄭重行
　　使投票權。還有很多家庭主婦提著菜籃，和自己的先生到投
　　票所。到昨天中午以前大多數的投票所投票率，都已超過五
　　成。[94]

　　1970 年代，一般民眾對地方選舉及中央級民意代表的增額選
舉，興趣十分濃厚。臺灣的老百姓踴躍參加街頭遊行，登記的選民
出席投票的比例很高，選民對黨外候選人以及他們的主張都十分瞭
解。同時，媒體開始對選舉進行的程序加以密切注意，聘請專家，
為讀者觀眾解釋選舉進行的過程。1970 年後期到 1980 年代，媒體對
選舉和政治反對派的看法，逐漸幫助民眾明白了政治反對的真正意
義。

媒體對政治反對派的看法

　　這段時期的媒體雖然受到政府控制，但是他們對政府的批評者
所採取的態度尚算溫和與公正。報章雜誌對地方及增額選舉是非常
推崇的，即使黨外人士擊敗了國民黨候選人，媒體亦會加以讚揚。
1977 年 11 月 19 日選舉結果顯示，更多的黨外人士當選。媒體的這
種公正態度更為明顯。一位記者談到此次選舉的重要性說：

　　自選舉進入白熱化之後，筆者在臺北、桃園兩地參觀數場扣
　　人心弦的競選活動，那種場面的偉大用空前來形容絕不為過。
　　筆者有興趣的不是候選人競選言論的如何精采刺激，而是觀
　　察民眾參加政治活動的行為心態，這種普遍而熱烈的政治行
　　為，說明了民主政治的基礎已經穩固的在下層建立起來，民

　　眾對民主政治所懷抱的一個遠景，一個希望，已不是一種期
　　待，一種理想，而是一步一步的具體行動，一階一階地往前走。
　　對這樣一種令人滿意的成就，無可諱言的，中國國民黨應引
　　以爲最大的成就。特別是面對大陸的極權政治，我們是唯一
　　可以處在攻擊位置而無法使對方以同樣成就來反擊的。[95]

　　媒體知道成熟熱心的選民可以代表一個健全的民主體系。不僅
政治爭論是合法的，在競選中敗陣亦非可恥之事。媒體認爲反對派
人士的表現相當不錯，而「國民黨籍的從政黨員，在處理選舉事務中，
對國民黨籍和非國民黨籍的候選人，一樣廓然大公而毫無偏袒」。[96]
媒體認爲國民黨在提名其黨員競選時故意不提足名額，似乎是予以
黨外更多的機會，[97]也是公正的措施。對於非國民黨籍候選人得到
空前的勝利，媒體建議他們「在基本立場上，應該而且必須與立國
的主義——三民主義與國家的政策——反共復國相一致。在從政態
度上，對國民黨籍的當選人，應和而不同。」[98]
　　這種態度在 1980 年 12 月 6 日的選舉中更見普遍。這次的選舉
創下了臺灣選舉的里程碑。增選的中央級民意代表名額有立法委員
九十七席（23％），國民大會代表七十六席（6％）。立法委員部份 55％
由一般民眾投票選出，17％由婦女及職業代表團體產生，28％從海
外選出。國民代表部份 70％由一般民眾投票選出，30％由婦女及職
業團體產生。[99]
　　競選活動從 11 月 21 日即開始，12 月 6 日投票日，天氣惡劣，
投票率約爲六成半。國民黨在立法委員九十七席次中贏得五十六席，
佔 80％。國大代表七十六席中得六十三席，佔 82％。黨外人士得到
的席次雖少，但是一些黨外候選人卻能以最高票數當選。媒體以頭

版首條報告此次選舉並請專家學者做深入的剖析。國策顧問陶百川說這次選舉「是完全成功的，我願意加以讚揚」。[100]臺大教授楊國樞說選民已經能夠對政見批判分析，證明我們的選民學習很快。[101]另一位臺大教授袁頌西表示選民較富理性，選舉進行的氣氛良好。政府和媒體動用了空前的人力，在選舉社會化這點上做得相當成功。[102]政治學者胡佛表示，這次選舉最令他感動的是選民表現的冷靜，理性和熱誠。這次選舉顯示政府有實行民主政治的誠意，選民和候選人也具備了參與選舉的能力，我們民主政治的前途非常光明。[103]在此次選舉中，國民黨和黨外雙方都號稱贏得了勝利，對於大眾傳播媒體以及執政當局而言，黨外人士如果照此模式公開競爭，是可以被接受的。媒體甚至認為反對派的角色是正面的，有「療傷止痛」的效果。[104]報上甚至暗示過去黨外傾向於臺灣獨立運動的做法是錯的，將來應走向一個全新的政黨政治的道路。[105]民主是漸進的，不能再重蹈高雄事件的覆轍。[106]

一位記者將黨外當選人分為三類。[107]第一類是實力派，以康寧祥，張德銘與黃煌雄為代表，政見較溫和，對執政黨的批評應是建設性的。第二派是地域派，以地方勢力為當選的條件，如高雄余家黑派為代表。最後是所謂的孤星派，以黃天福，周清玉，許榮淑為代表，他們均是高雄事件受難者的家屬，以爭取同情票為主。這三派當選人各有特色，分別受到反國民黨人士的支持。

再看黨外人士落選者亦分為三類。第一是意識形態類，以張春男與劉峯松為代表，屢屢製造選舉糾紛，並且明白表示隨時可「翻案」的態度，其手法與實際的政治氣氛已經不合。第二是案犯家屬類，以呂洪淑女與蘇治洋為代表，蘇治洋以「政治是我蘇家第一生命，監獄是我蘇家第二故鄉」為訴求，並不能引起選民同情。第三

是事件取向類，他們故做驚世之論，或故做駭俗之事，功夫花巧但卻未能當選。

　　選民支持的政治反對派人物都是那些較為成熟的候選者，他們能夠很明確地表達自己的政治主張，也為選民提出較實際的施政方案。提議「制衡」的如康寧祥等人受到選民的歡迎，那些喜歡扮演「悲劇英雄」，活在二二八事件陰影中的候選人受到選民的唾棄。最後，以臺灣民族獨立為訴求的人，令人感到他們的目的在製造分裂，是破壞性的舉動，任何採取這種手段的人在臺灣政治市場上是站不住腳的。黨外政治人物逐漸明白唯有向選民表達明確的政治主張，才能得到選民的支持。因此，選民的政治需求變成了一種新的力量，只要黨外政治人物按照臺灣政治環境的規律行事，執政當局和選民是可以容納他們的。對於主導臺灣政局的蔣經國而言，他很清楚地知道，改變那些政治規律的時機已經來臨了。

第三部
解除戒嚴

第五章
蔣經國及其民主化的決定

在推行有限度的民主期間，國民黨逐漸失去其幫派式的特性而變成了一個巨大的，官僚式的政黨。1969年春，國民黨召開第十屆全國代表大會時的黨員人數幾乎已達一百萬。是1953年第七屆全國代表大會時黨員人數的八倍。[1] 國民黨藉由投資，收購各種企業等方法聚集了巨大的財富，已變成世界上最有錢的政黨之一。在1994年春，其黨產資財已達一千四百四十億美元。[2] 國民黨不僅主導政府的政策，對推行文化、資訊、婦女活動、青年組織及海外華僑等政策，亦同樣具有決定性的影響力。[3] 國民黨內部領導人非常重視經濟及社會的現代化，同時也能做到不過份偏袒某一特殊團體，並且也能夠做到避免貪污與營私結黨的弊病。[4]

1970年代是臺灣經濟及社會的轉捩點。1965年，美國對臺的經濟及軍事援助雖然終止，但是臺灣的資源如電力、水泥、機械、化學工業、生產事業等已經足以支持其現代化之所需。1950年政府推行的經濟政策使每家都具有儲蓄的能力，對中小企業的創建與發展，政府亦有餘力加以輔助。1959到1960年出口政策的改革，促使臺灣的市場與世界經濟合為一體。國內外對商品的需求量大增，企業界順勢增加其產品及服務的供應。快速的市場整合，激烈的市場競爭，財富的平均分配縮小了貧富之間的收入比例。農村人口向城市轉移

達到高峰，製造與服務業增加而農業生產下降。[5]

國民黨對於反對派的批評，總喜歡用臺灣經濟繁榮，社會安定，政府在全心全力推行漸進式民主體制等成就來反駁。除了黨內的開明派之外，國民黨的領導人和黨員都儘量避免談及加速民主的進程。1970年代，臺灣的安全出現了新的緊張局面。大陸的政權非但沒有墜敗，反而較前穩定，臺灣最長久的友人美國與中華人民共和國的關係，正在尋求解凍的途徑，因爲美國希望利用中國這個巨人來監視蘇聯在亞洲及太平洋區日益膨脹的勢力。國民黨至高無上的領袖蔣介石已年老體衰(蔣介石於1975年4月5日去世)。蔣經國是否有能力領導臺灣打著三民主義的旗號統一中國？外省籍爲主的國民黨又能維持當下的政治權力結構多久呢？

1980年，從外表看起來，國民黨的權力十分鞏固，外來的勢力幾乎不可能將其動搖。國民黨內的領導者似乎受到惰性的影響已呈疲軟僵化，不再願意改變其領導方式，也不想修正其歷史的使命。每年雙十國慶，臺灣都會舉行慶祝活動。每年舉行的閱兵大遊行除了展示軍力外，更使得全島喜氣洋洋，一派歌舞昇平的節日氣象。政治的權力已經和平轉移到蔣介石的兒子蔣經國手上。1975年4月28日，蔣經國成爲國民黨的黨主席，1978年3月21日，他當選爲中華民國的總統。

然而，政治反對派和執政的國民黨之間存在著十分明顯的衝突，他們之間的政治前途注定了會糾纏不清。我們先來看一看蔣經國權力的升起以及他在臺灣民主化過程中非凡的作用。

蔣經國早年的生涯

　　蔣經國於1910年3月18日生於浙江省奉化縣溪口老家豐鎬房,是蔣介石與其元配毛福梅的獨子。十六歲進入上海浦東中學就讀。[6]據蔣介石的第三任妻子陳潔如1921年初見蔣經國的描述,他是一個「守規矩,安靜且順服的男孩,只是他太緊張不安了。」[7] 她望著「他矮小的男童身材,黧黑的臉,目光急射的小眼睛,心知他的緘默不是出於無禮或無知,而是由於一種近乎恐懼的極度羞怯之感。」[8]

　　陳潔如希望蔣介石對蔣經國說話時不要那麼嚴厲,令孩子害怕。蔣介石毫不為所動。他說:

> 慣壞他而讓他對我不敬嗎? 不行,不行。一個男孩子必須學習孝順、負責和對人尊敬。他必須懂規矩。對男孩子最壞的事情,就是父母把他寵壞。我不要經國被過度縱容而以後遭受痛苦,像我從前一樣,他必須懂規矩。[9]

　　蔣介石雖然公事繁忙,極少見到兒子,但他對蔣經國的管教卻從未放鬆。正如中國其他在父親嚴格教養下成長的孩子,蔣經國內心急於得到父親的讚揚,又害怕讓父親失望。1925年,蔣經國告別上海,去了北平,進了吳稚暉辦的外語補習學校。當時滿懷革命壯志,對共產黨充滿幻想的蔣經國,爭取到蘇聯特別在莫斯科成立的孫逸仙大學唸書,於同年登上去莫斯科的火車,到蘇聯留學。

　　蔣經國在蘇聯被視為人質十二年,1937年才得到允許攜帶著俄籍妻子芬娜和長子孝文回國。在蘇聯那段日子裡他吃盡了各種苦頭;

不僅在物質生活上吃苦，最重要的是精神生活上的吃苦。蔣經國所
吃的苦，恐怕世界上很少有人能夠了解。有一次，蔣經國自己說：
「歷史上，很少有像我這樣苦的人。」[10]

　　回國後，當時二十八歲的蔣經國和他父親的關係改善了很多，
對共產黨的認識變得非常清楚。蔣經國相信無論在蘇聯或中國，共
產黨都是行不通的。回國後，他立刻被蔣介石送回老家溪口閉門讀
古書，以尋求儒家思想的根源。蔣經國反共的決心非常堅決，他發
誓要盡一己之力，幫助今日的中國青年，不要像他當年一樣受到共
產主義的蠱惑。

　　後來，蔣介石又將他派去江西擔任保安處副處長。蔣經國的正
直，勤勞，苦幹贏得了民眾的尊敬。像他的父親一樣，蔣經國成為
三民主義的忠實信徒，[11]相信人生以服務為目的：

> 因為我們是人民的公僕，就該誠懇切實來為贛南人民盡力效
> 勞，……為著要使贛南人人有工做，有飯吃，有衣穿，有屋住，
> 有書讀，我們又擬定了建設三民主義新贛南三年計劃。我們
> 是人民的公僕，就當以犧牲自己的代價來為人民造福，要認
> 為只有人民獲得快樂享受，才是我們精神上的快樂享受。[12]

　　蔣經國在贛南督導十一個縣，又兼任贛縣縣長，擬定了建設新
贛南的五大目標，規劃出新的理想政治藍圖，[13]受到老百姓的尊敬。
1943年，他父親派他擔任三民主義青年團中央幹部學校的教育長。

　　1945年，蔣經國進入父親的政治核心，利用他對蘇聯的了解和
俄文根基，替國家做了不少事情：例如陪同宋子文去莫斯科簽訂條
約，在熊式輝手下任東北的軍政長官公署特派員，和蘇聯軍方交涉

東北回歸的問題等。1945年12月30日，蔣經國去莫斯科與史大林、莫洛托夫見面。[14]1948年，蔣經國帶王昇等人去上海整頓經濟，但是任務並不成功。隨後，他即伴同父親前往西南各省巡視，並積極準備將政府撤退到臺灣的各項事宜。12月，他和蔣介石飛達臺灣。

1949～1978年間的生活

　　蔣經國四十歲時擔任中國國民黨臺灣省黨部的主任委員，並成爲中央改造委員會的十六位委員之一，後擔任國防部總政治部的主任。在軍隊中建立起嚴密的政戰系統。蔣經國的權勢一如旭日，逐漸高昇。

　　蔣經國在國民黨七中全會上被選爲中央常務委員，並成爲中國青年救國團的主任，該團吸收最爲優秀的青年學生成爲效忠的骨幹。1953年，他首次訪美，與總統艾森豪見面。1954年，他成爲國防會議的副秘書長。至此，蔣經國的權力範圍已包括了黨、政、軍方及青年團體，其影響力可說達到每一個角落。

　　然而，蔣經國的崛起並非毫無波折。前臺北市長及臺灣省主席吳國楨就經常與他對立。吳國楨指責蔣經國濫用權力，造成了對國民政府的傷害。吳國楨甚至向蔣介石本人告狀，但也都是不了了之。當時，蔣經國除了國防部總政治部主任的頭銜外，還主持「總統府機要室資料組」，所有政黨特務機構均受其指揮，因此和吳國楨這個省主席兼掌「臺灣省保安司令部」的職權有所衝突。有時候人都被抓走了還不知道是那個單位抓去的，連吳國楨這個保安司令也懵然不知，令他十分惱火。吳國楨說：「捕人必須先有犯罪證據，搜索必須經過法律手續」。[15]1952年，基隆投票選舉的前夕，蔣經國下令所

有的特務，藉戶口特檢爲名，一夜之間，逮捕了九百餘人，經過吳國楨的干預，才能迅速恢復自由。[16]吳國楨畢業於普林斯頓大學，和當時美國的政要關係良好。他雖然屢次向蔣介石進言不可放縱蔣經國，但卻沒有任何結果。[17]

　　蔣經國與吳國楨之間的衝突並沒有維持多久。1953年，吳國楨與其夫人駕車前往日月潭避隱期間，「險被暗殺」，他相信自己生命已受到威脅，因此偕同夫人前往美國定居，從此不再回臺灣。

　　另外親美的孫立人將軍亦相當反對蔣經國利用特務干政。1955年8月20日，蔣經國下令以企圖叛亂的罪名將孫立人軟禁。其他與蔣經國意見不合的將軍也一一被解除了職務。他們不是因貪汚案受審，就是被送去主持軍事學校或外放到國外去做大使。[18]人人都知道蔣介石一心一意培養蔣經國做他的接班人。但是，反對蔣介石這個安排的人個個都噤若寒蟬。

　　身爲至高無上的領袖的兒子，蔣經國受到人們的尊敬，也受到人們對他的畏懼。有人妒嫉他，有人想利用他獲取權力。他少有可以信任的同僚，也沒有能和他坦率直言的諍友。[19]在他的政治生涯中，蔣經國必須毫不留情地將阻礙他的絆腳石踢除。蔣經國很容易因爲小事而感到受傷，那些事他忘不了也原諒不了。蔣經國用人的確有一套方法，如果一個人該遷昇而沒有遷昇，該被任用卻被另外的人取代了，那人在蔣經國手下的政治生涯，可說是從此就完結了。蔣經國很謹慎地收買一些能幹又對他忠心耿耿的技術官僚，但是又避免讓人感到他在製造個人的權力與勢力，因爲他從來不讓別人營造個人的政治勢力。要有效地運用自己的權勢必須令人又敬又怕，而非令人妒恨而與之競爭。蔣經國很明白這個道理，他很懂得如何令人又敬又怕，同時也知道如何消除他的政治敵人。

蔣經國掌權

1978年3月1日，行政院長蔣經國在第六次國民大會上宣佈競選總統。他譴責美國與中共關係正常化的決定，也申斥臺獨運動的惡行。3月21日，蔣經國以獲票率98％當選爲中華民國第六屆總統。身兼國民黨主席的蔣經國，集黨政軍權於一身，終於取代了他的父親蔣介石，成爲中華民國在臺灣的第一強人。

1979年1月1日，美國與中共正式建交，蔣經國立即宣佈延期舉行年底的選舉，並下令全島軍事警戒。一些政治反對者贊同蔣經國的決定但希望選舉照常舉行：

> 對政府的苦衷，我們十分了解，美中建交中華民國仍然繼續生存，一切活動不會造成實質上的影響，我們確信，迅速恢復選舉活動可以證明政府施行憲政的決心，以及與暴政對抗到底的承諾。我們全心全意相信政府的勇氣，足以抗拒軍事統治的誘惑，在和平民主的環境下，上下一心，向憲政的路途前進，以不負全國人民的期待。[20]

12月18日，鄧小平在北京對黨員講話時提到如何對臺灣搞「統一戰線」的策略。幾天之後，蔣經國成立一個六人小組，商議國內外各種大事。12月25日，黨外政治人物在臺北舉行國是座談會，政治氣氛非常緊張，而臺灣的前途亦是一片陰霾。

反對黨深知國民黨所處的困境，因此行動更爲大膽。1979年1月22日，黨外人士在高雄大遊行，反對政府以私通共產黨的罪名去逮

捕余登發。3月12日，約四十餘名黨外人士聚集在臺北姚嘉文律師事務所，宣稱臺灣應重入聯合國並尋求在國際上的新地位。5月26日，黨外政治家同聲支援因參加余登發事件遊行的黨外縣長許信良。5月31日，康寧祥主持的《八十年代》雜誌社創刊，主要的功能在於刊登批評政府的文章。6月1日，黨外民意代表聯合辦事處總聯絡處（黨外總部）成立，該連絡處成為全島黨外活動的中心。8月16日，《美麗島》雜誌成立。8月19日，《臺灣教會公報周刊》，臺灣基督教長老會「人權宣言」發表二周年特集。9月30日，《美麗島》雜誌高雄服務處設立。10月2日，大約一萬人集合慶祝在獄中的余登發七十六歲生日。朝野對立的情勢一路上升直到12月9日高雄美麗島事件的發生。反對派一連串的行動使蔣經國大為震驚。

臺灣政府雖然度過了國內外各種危機，但是蔣經國的糖尿病已經惡化到對他生命造成了威脅。國家的前途令他憂心如焚。蔣經國健康的急速衰退使他對是否應繼續擔任國家元首不得不慎重考慮。

蔣經國內心的世界及其個性

自蔣經國從蘇聯回國後，他父親對他的事業前途就有了規劃安排。蔣經國對身為中國領導人的父親充滿了崇敬之心。他願意獻身於父親統一中國的夢想，完成孫中山先生遺志，建設一個以三民主義為根本的中國社會。蔣經國深愛他的父親，很擔心自己的表現令父親失望。從他1949年前後的日記中可以看到父子情深的證據，父親如何為兒子的安全擔心得坐立不安，以及父子兩人如何為共產黨的昌熾而憂心如焚。

1949年他們退守臺灣之後，父親對兒子更為倚重，相互的敬重

與相互的忠誠更形加強。1950年代，父親未完成的夢想逐漸變成了
兒子的夢想：重建國民黨，將臺灣轉換成反共抗俄的模範省，再者，
有一天將以三民主義統治中國大陸。

　　因此，當1975年蔣經國成為國民黨黨主席時，他所領導的是一
個八十一年，無數人為其犧牲生命的老革命黨派。他利用各種機會
讓全國上下明白這個黨的使命是什麼。1978年2月23日，他在民青兩
黨及無黨籍國大代表餐會中講話：今天我們作戰只有一個目標
──反共復國。[21]要完成這個目標，蔣經國說，人人都要有所警惕，
慎謀因應，妥籌對策。因為「敵人正在處心積慮，千方百計，利用
機會，分化我們，而我們內部亦有極少數人對於國家當前處境，未
能完全了解，有意或無意當了分化內部的工具，甚至存有與政府對
立的想法」。[22]所謂的敵人，在外是共產黨，在內是夢想成立臺灣獨
立國的臺灣民族主義者。要防備這些敵人，就要嚴格執行戒嚴法，
同時才能依照三民主義的理念，創造出完美的道德社會。在蔣經國
的思想中，嚴懲不法之徒和利用政府的力量改進社會並無不妥當之
處。

　　蔣經國經常用推行民主制度先要安定社會這個理由，來為政府
施行戒嚴法辯護。1983年5月16日，西德《明鏡周刊》記者庫斯特
(Wulf Küsta)訪問蔣經國時，問及實施戒嚴法長達三十四年，蔣經
國表示：

> 這確是一個難以兩全的困擾。一方面我們面臨的威脅和憂患
> 是事實，但另方面我們又希望在臺灣的人民能過安和樂利的
> 生活，和維持民主正常的政治運作。不過，中華民國人民維
> 護自由民主生活方式的決心並未改變，這一反共的心理基礎

> 亦從未動搖。……而世界近代史上，也從未有一自由、民主
> 的國家，像中華民國一樣如此長期遭受共產極權擴張的威脅。
> 因之，中華民國爲了防範共黨的滲透顚覆活動的陰謀，基於
> 國家安全的需要，依憲法及法律實施戒嚴。[23]

　　蔣經國只以共產黨的威脅來爲施行戒嚴法辯護，他並沒有提到
臺灣內部民族獨立運動替政府帶來的困擾。那麼，完全的民主化在
臺灣能成爲事實嗎？國民黨官方一再強調實施民主制度的原則，但
沒有明確提出民主轉型的時間表。蔣經國一再重申民主進程的重要，
這個政策又經常和統一中國的大業連在一起。1975年9月23日，他在
立法院說：

> 我們在此時此地，爲了救國救民，一定要發揮同舟共濟的精
> 神。我們堅決相信，總統蔣公所願望的──復興中華文化，
> 實行三民主義，堅守民主陣容，光復大陸國土，一定能夠在
> 我們手中完成！[24]

蔣經國認爲，要完成以上的大業，臺灣的立法機構和一般民衆都要
有尊重法律的精神：

> 人治的時代已經過去了，只有在法治的時代，建立共同的觀
> 念，共同的行爲準則，我們才能建立現代化的中華民國。行
> 政院送許多法案到立法院來，就是要完成立法的程序，因爲
> 這是法，是國民大家要共同遵守的一個標準……我們還有一
> 個重要的工作，就是教育民衆如何來守法，這個我覺得比什

　　麼都重要。我們不要依賴警察的權力，也不要依賴某一個行
　　政單位的權力，如果大家能夠共同遵守法律，我們的法治國
　　家的理想，就將更能夠很快的實現。[25]

　　民主與法治完全是靠憲法來維持。按照蔣經國的看法，「我們在
政治上的基本原則，就是一切要以中華民國的憲法為依據，建立法
治的，民主的國家」。[26]有了憲法並不能保證有一個民主法治的國家，
所有的人民還要有堅忍的精神，才能完成民主的大業。因此，國民
黨的官員應該負責任，辦理地方選舉時務必要合理合法：

　　可是為了民主，我們不得不付出若干精神上的負擔，然而，
　　這個代價是要建立真正的，民主的，法治的社會，所以，我
　　們推行民主政治選舉，需要一種容忍，但是我們不能容忍我
　　們所不能容忍的。[27]

1976年2月27日，蔣經國告訴立法院他對增額立委選舉的看法：

　　事前曾有多人提出，此時此地是否適宜改選增額立委？對此
　　問題，我們的看法是：實施民主憲政是我們全民一致的願望，
　　也是我們堅定不移的國策，凡是憲法以及憲法臨時條款規定
　　應該要辦的事情，政府一定要辦。[28]

　　這個突破性的決定受到政治反對者歡迎。執政黨中央常務委員
會議很快就通過了推薦增額候選人的名單。[29]
　　蔣經國於1978年3月成為總統之後，他談到改進臺灣的民主政體

對統一中國的重要。他終於構思出用和平的方式將臺灣的民主化的
經驗傳至大陸。1980年10月10日，他在國慶祝詞上說：「因為我們大
家都正致力於反共復國的偉大事業，也都抱持著一個崇高的理想，
要把三民主義的民主憲政與自由，安和樂利的生活方式帶回大陸，
以與全國同胞共享。」[30]

　　如此，蔣經國已相信，如果臺灣能成為中國歷史上第一個真正
的民主社會，在政治上會成為一股強大的力量，可以開闢出一條進
入大陸的道路。在他答復黨外立法委員康寧祥的質詢時，蔣經國強
調：「我們永不放棄我們的目標——實行民主政治。」[31]他提醒康寧
祥，由於臺灣在國際上的孤立以及社會的分裂，要實現政治的理想
是困難的。「我們執政黨——中國國民黨既要顧到我們的政治理想，
永不放棄我們的政治理想，但也要顧到今天國際的以及國家的現實
問題。」[32]蔣經國又談到他一直認為的民主應該漸進的老主張：

　　　　過去三十年來，我們開始在臺灣省推行民主政治，一年一年
　　　有不同的情況，一年比一年有進步，但是民主政治的推行是
　　　需要時間的，只要執政黨有決心推行民主政治，我們就要在
　　　推行民主政治的過程中間不斷的來求改進。……當然，在法
　　　規及制度方面，我們還是不合理想，要進一步的求改進，所
　　　以學習民主政治，政府要學習，民眾也要學習，當選的議員
　　　先生們也要學習，大家共同要學習民主政治。[33]

　　蔣經國認為施行民主的步驟，應該漸進而非急就的主張，並不
能令黨外政治人物完全信服。但是，他的主意早就打定了：第一，
臺灣民主的成功實例可以建設「一個民有，民治，民享的中國。」[34]

第二，在民主體制下，所有的政治黨派均按照 1947 年制訂的憲法競
爭。最後，只要國民黨黨員顯示完美的道德德性，國民黨即會受到
民眾的支持並保持權力於不墜。[35] 他一再強調黨員應該培養本身的
道德修養。他在 1984 年黨內工作座談會上說：

> 我們要做的事太多，做多了，難免有錯；錯了沒有關係，只
> 怕錯了不承認錯。很多錯誤的發生，就是錯在「自私」兩個
> 字。我覺得，敵人不可怕，困難也不可怕，可怕的就是同志
> 沒有向上的心，沒有大公無私的心，只要有向上的心，有大
> 公無私的心，成功就必然到來。今天，我要再重述過去所講
> 過的話，我們工作幹部同志，今後一定要努力做到「親近民
> 眾」，「深入基層」，「團結合作」，與「勤儉樸實」。[36]

　　蔣經國一再強調，國民黨黨員只要能夠「奉獻自己」，「犧牲個
人的享受」，還要不斷加強自己「為民服務」的精神，就可以贏取民
眾的支持。尤其在選舉之中，國民黨黨員更要在選民前證明其美德，
大公無私，服務民眾，以建立完美的民主體系。

> 選舉是民主的實現，民主的進步必須透過選舉。我們所追求
> 的是真民主，不是假民主，是要中國真正成為總理所希望的
> 民主共和國。基於此，本黨同志參加競選，首先要切記，我
> 們的目的是為民服務，不是為個人的權利和名位打算；我們
> 的理想是奉獻，把自己奉獻給民眾，奉獻給黨，奉獻給國家，
> 這才是民主的基本。[37]

　　蔣經國儒家式的民主作風使其對黨員人格的要求很高，希望他
們具有至高的美德，他自己立身處世，也是以「平淡，平凡，平實」
爲基本原則，坦坦蕩蕩，符合儒家道德觀的要求。[38]

　　在他儒家風範爲治國之本的背後，蔣經國有他精明、無情、強
硬、獨斷獨行的一面。[39]很多人談到他，都會強調他在蘇聯受到的
苦難，[40]並將其成就歌功頌德一番。[41]並誇大其優點，隱瞞其缺點。
對蔣經國本人的眞面目，我們所知有限。和他親近的朋友不多。親
近的友人如魏景蒙等對他們與蔣經國的交往亦諱忌極深。

　　我們知道蔣經國除了熱中於政務與工作之外，他還喜歡深入群
衆，與老百姓長談。他的現實主義政治觀使他了解到他絕不可能再
返回一元化權威的政治體系。[42]蔣經國喜歡環島旅行，和百姓交朋
友，熱心關切他們的生活。他喜歡讀書。1981 年，嚴重的糖尿病造
成他視力的極度衰弱，他最喜愛的兩件事情已無法再做了。蔣經國
的生活簡單而樸實，他希望部屬也過同樣簡樸的生活。在 1972 年石
油危機時，他拒絕開用冷氣機並將整個辦公大樓的冷氣關掉。他辦
公室中沒有任何豪華的家具和字畫裝飾，只有幾張家人的照片。他
的桌子收拾得十分整潔。

　　早在 1960 年代，蔣經國就主張政府官員應多聘用本省人，也了
解臺灣的政治一定要多元化。國民黨要如何應付臺灣未來多元化的
政局呢？他開始在黨、政、軍方面分別選擇優秀的本省籍幹部加以
拔擢。蔣經國用人可謂「天威難測」，常有出人意外的安排，令人難
以捉摸。[43]他對部屬是剛柔並濟，賞罰分明，深深掌握了「殺貴大，
賞貴小」的儒家政論精義。[44]

　　處理國家的治安問題，蔣經國也能發揮出高度的政治藝術
——擴大爭取面，縮小打擊面。[45]以中壢事件爲例，他並不深究肇

事民眾，採取和為貴的低姿態。但對高雄事件，在「眾人皆曰可」的氣氛下，他下令迅速逮捕了黨外領袖，科以重刑，使美麗島政團的勢力在瞬息間瓦解。[46]蔣經國用人，最重要的是權力平衡，對名實兼具的實權人物，他不會長期加以重用，也不會將權力集中在一個人的身上。從早期將救國團系統與政戰系統分別交給李煥，王昇兩人以造成對立之勢即可看出端倪。[47]蔣經國對於權力的收放，始終採取明快的決策。譬如在中壢事件之後，他完全解除了李煥的職務，並解除「劉少康辦公室」，命王昇出使巴拉圭等。[48]蔣經國用人，固然考慮到才德兼具，但他並不斤斤計較部屬的私德，只要不貪污枉法，至於「寡人有疾」，有個「紅粉知己」，他是不怎麼計較的。[49]

只要認為正確無誤的事，蔣經國會不顧別人的批評而勇往直前。1974 年黨內外對他決心花大錢從事十大建設工程，頗多微詞，他說：「今日不做，明日將會後悔莫及」，[50]因此下令立即著手進行。在工作煩累挫折重重之時，他也會抱怨政治生涯是「人類活動中最骯髒的行業」。[51]他喜歡講真話的人，魏景蒙生前一直是蔣經國的摯友，原因無他，坦誠無心機而已。[52]這個孤獨的強人，這個令人又敬又怕的人，終於將臺灣帶上了真正民主政治的道路。

蔣經國行動的計劃

1983 年大選之後，只要不組織新黨，只要行動不觸犯社會安寧，蔣經國對黨外的活動是十分容忍的。他仍舊下令查禁言論過份激烈的雜誌，但對不存心顛覆政府的黨外人物，並不加以逮捕。[53]他已經明瞭臺灣的民主化是世界大勢之所趨，但是對黨外政治反對派在民主體制下的方向及作為，卻充滿了隱憂；如果他們能夠遵守憲法，

同意中國的統一，與國民黨共同尋求建國復國的夢想，一切都不會有問題。但是他們曖昧不明的企圖實在令蔣經國擔心萬分。事到如今，蔣經國知道建立臺灣的民主——政治改革，解除戒嚴——已經勢在必行，而且也是國民黨統一中國的唯一途徑。在他生命的末期，蔣經國認為將臺灣全盤民主化是值得一試的目標。

1984 年，國民大會毫無異議地選蔣經國連任總統並兼任國民黨黨主席。然而，如果他的健康情形繼續衰弱下去，使他無法做完第二任總統任期時，誰是他的繼承人呢？

早於1978年，蔣經國選擇技術官僚孫運璿為行政院長，他們兩人變成非常親密的朋友。[54] 他們共同排除萬難完成了十大建設。[55] 他們兩人同樣是實用主義者，敢做敢當，同樣主張漸進式的民主程序。蔣經國在外交內政上逐漸倚重孫運璿。

孫運璿是東北人，1934 年畢業於哈爾濱工業大學電機工程系，隨即進入隴海鐵路連雲港的發電廠工作。抗戰時，先後擔任青海和甘肅發電廠的工程處主任。1949 年他奉派到臺灣，接收臺灣電力公司，對臺灣戰後電力的復建貢獻很大。他曾經應聘於世界銀行，擔任奈及利亞全國電力公司總經理，三年內使該國的發電量增加了80%。回臺灣後，蔣經國聘他為經合會的顧問。孫運璿性情溫和，誠懇篤實，是一個典型的「少說多做」的官員。[56] 他成為最有人緣的行政院長。黨外立法委員費希平稱讚他說：「在合法的權限內，孫院長已做了最大的發揮，其他的問題，不是他不願做，而是做不到。」[57] 他是一位連反對派人士都尊敬的國民黨官員。

1983 年，許多人一致認為蔣經國已經選定孫運璿為他的副總統搭檔，並且成為他的繼承人。[58] 孫運璿主持陸軍軍官學校的畢業典禮，會見每一位外國來訪的官員，還到陽明山黨員訓練所演講。一

位觀察家認爲：「從這一年高層人事變動和活動的跡象來看，孫運璿無疑已是內定的接班人選」。[59]

在政治圈內，外表和實際並不常是一回事。雖然從外表上看起來，蔣經國在一手培植孫運璿成爲他的繼承人。但是，1984 年 3 月 21 日預定的第七屆總統選舉日漸逼近，蔣經國仍然沒有提出誰是他的副總統候選人。戒嚴法一定要解除，處理反對黨派的法規一定要修改。繼任的人一定要有足夠的能力一方面抗拒共產黨的威脅，另方面要能處理島內臺灣民族主義份子企圖奪權的難題。蔣經國所選的繼承人，最理想的是一位本省籍人士，既能得到國民黨黨內要員的尊重，也能得到民間菁英份子的支持。基於這些原因，似乎沒有一位外省籍官員，在年齡，精力和經驗上，足以成爲蔣經國的競選伙伴。蔣經國知道首先得說服黨內元老，本省籍人士是他理想的繼承人。但是全部是外省籍的黨內元老，較爲偏向於同樣的外省籍人士接班。1984 年 3 月 21 日逼近，各種流言也跟着熱烈地流傳。[60]

許多黨國元老表示對孫運璿的贊同。[61]孫運璿在其日記上寫道：「外傳余將被選爲副總統，余對名利完全看穿」。他對自己的健康情形表示擔憂：「擔任行政院長六年來，深感身心交瘁，必須用新人行新政，方能保持革新之衝力也」。[62]二月初，蔣經國在辦公室接見孫運璿，暗示他將繼任行政院長。「又要辛苦你六年了」，蔣經國說。[63]對這個消息，孫運璿即使心中暗自失望，他也從來沒有表露在外。其實，蔣經國心中已經決定了誰是他的繼承者了。

2 月 14 日，在國民黨二中全會上，國大代表安瑞麟上臺發言，批評孫運璿「光說不做，不該做的都做，該做的一樣都沒做好」，[64]坦率的發言，引起熱烈掌聲，使孫院長十分受窘。十天之後，孫運璿仍然感到萬分的屈辱，又忘了服用每日必服的高血壓藥。在他去

機場迎接由美國探親歸來的夫人後，中風倒地，經開刀後變成了癱瘓。

　　如果蔣經國已決定不將權力交給孫運璿，他心中的接班人是誰？國民黨內夠資格成為副總統候選人的人年齡均已超過七十。由於蔣經國可能隨時去世，繼承他的人，健康是最關鍵性的因素。該人選除了要具備蔣經國的政治技巧之外，還要能夠處理臺灣本土民族主義的問題。一位敏銳的政論家說：

> 任何要接蔣經國權力班子的人，必須以其意識形態上的信賴感，政治上的靈敏和行政能力，但在實際上，影響接班問題最微妙的因素是省籍問題。[65]

　　從1984年2月起，蔣經國不斷與黨國元老，接近的朋友顧問，專家學者請教接班人的問題，但是從未將其內心的想法透露出來。[66] 2月14日，在黨二中全會上，蔣經國被提名為總統候選人。在提名副總統人選時，蔣經國親自主持會議，在大家屏息靜候他的決定時，他提名李登輝為他的競選伙伴。[67] 全場在愕然中，禮貌性的鼓掌表示贊成，心中卻不免對蔣經國的選擇大惑而不解。他怎麼會如此信任李登輝？怎麼會提名他為接班人？

　　從1970年代，蔣經國就認識了當時是臺灣大學教授的李登輝。蔣經國在農業援助非洲各國等問題上常向李登輝請教，兩人相處十分融洽。李登輝也經常陪伴蔣經國下鄉巡視。經過嚴密的考量後，蔣經國於1978年指派李登輝為臺北市市長。蔣經國認為李登輝是個極優秀的官員：謙虛，刻苦，富有創意，能提拔人才，沒有個人野心，獨子去世後亦沒有家天下的顧慮。他特別欣賞李登輝的忠誠坦

率，以及受過二十年日式教育的嚴格訓練。1984 年 5 月 20 日，蔣經國和李登輝就任中華民國的正副總統。

　　1984 年 3 月之後，統治臺灣的是一位衰老病弱，掌握大權的總統，以及一位本省籍，六十歲，身體狀況極佳但沒有實權的副總統。執政黨仍然以三民主義統一中國爲其使命，並無意與同情臺灣民族主義的反對派政治領袖分享政權。黨外活動表現出幾項重大的缺陷，譬如分離意識濃厚，又缺乏具有吸引力的政治理想等。[68] 1986 年，一位觀察家認爲「民主瓶頸」的突破，仍然操之於國民黨之手。[69]

> 如何達到「解嚴」與「返憲」的途徑，使政治民主化，自由化，是唯一的單行道，這個道理，國民黨內各實力派，由於本身的見識與利益，未必能夠了解。蔣經國從這條路上邁步，阻力與壓力不是來自外在的，而係內部的⋯⋯。[70]

　　最後，此位觀察家說：「目前民主瓶頸似乎突破在望，決定性的主要源頭，絕對是在老K內部，而非黨外制衡聯合陣線。」[71]

　　1984 年 3 月 21 日，就職後第二天，蔣總統親自到李副總統辦公室，談了四十分鐘的話。蔣經國告訴李登輝他決定要大幅改革政治體制，並希望李登輝了解一旦他去世後，李登輝可以繼續完成他政治革新的意願。爲了保證李登輝可以完成他交代的任務，蔣經國要李登輝熟悉政府各部門的作業情形。[72] 從那天起，李副總統不僅每日定時與蔣總統會談商議大小政事，並且輪流拜會政府各部會，認識每一部門的主管並熟悉每一部會的作業。[73]

　　蔣經國除了告訴李登輝一人他的改革方案外，他並沒有和其他黨內要員商議。[74] 蔣經國是至高無上的政治領袖，只有他有權力使

臺灣的政治全面革新。他在對外的演講中繼續強調臺灣的民主化，是從內到外影響中國大陸的力量。對蔣經國而言，臺灣的全盤民主化只是時間問題。時間的快慢卻取決於他拔擢的副總統李登輝，多快可以學會駕馭政府官員與處理政務的技術。

制約式政治核心的新壓力

1980 到 1986 年春天，國民黨遭到內外交攻的壓力。美國一再表示希望國民黨政府改善人權的問題。1984 年 5 月 31 日，美國民主黨眾議員索拉茲 (Stephen Solarz) 在國會提出議案，促使臺北解除戒嚴法，改善人權，釋放政治犯。[75] 6 月 23 日，共和黨參議員伯爾 (Claiborn Pell) 亦做了同樣的呼籲。來自華盛頓的壓力日益加強。

同樣，大陸中共也給臺北壓力，希望就其「一個中國，兩個制度」的提議相互溝通。北京並與華盛頓取得協議限制臺灣在美國的軍購。

國民黨最大的壓力仍然來自黨外人士不眠不休希望組黨的訴求。1980 年之前，在地方選舉中，黨外候選人無法很清楚地與其他獨立競選人劃清界線；他們沒有明確的身份立場。從 1980 到 1983 年，黨外候選人的得票數，已從全部選票總數的 8% 增加到 16%。其他獨立競選者的得票數從 18% 降到 10%，國民黨候選人的得票數僅由 73% 降到 72%。[76] 即使如此，1980 及 1983 年黨外贏得的立法委員席次只有六位 (全部立法委員席次 1980 年是 406 位，1983 年是 368 位)。事實上，1983 年選戰中，黨外名人如康寧祥，張德銘，黃煌雄等均遭到敗北。這個教訓逼使黨外政治人物承認他們給選民的信息並不明確。黨外有限的政治資源在選戰中不夠分配，歧見不足

以吸引民衆等均是黨外失敗的原因。[77]

　　然而，黨外很快就做到了敗部復活。1984年元月，黨外代表向內政部長林洋港申請組織「公共政策研究會」但遭到拒絕。3月11日，黨外的費希平、陳水扁及林正杰籌組「黨外公職人員公共政策研究會」（後改名爲黨外公共政策會）。[78]並上書國民黨秘書長蔣彥士，希望雙方展開溝通的對話，並表示黨外的目的並不是反國民黨，而是要做國民黨的諍友，從不同的角度，研究問題，提供國民黨參考。對吳伯雄在立法院表示，由黨外公職人員所組之「黨外公共政策研究會」是非法組織[79]實不表贊同。國民黨人士最初得知這個組織時，對其企圖實不放心，因此打算將其關閉。在收到這封信後，他們的憂慮總算放下了。「公政會」得以繼續生存下來。[80]一位黨外作家寫道：

> 根據現有關於嚴禁「黨外公政會」成立的消息，國民黨當局已做出讓步。表示將依據刑法第153條，而非引用戒嚴法或叛亂罪來阻止公政會設立分會。如公政會放棄設分會，可允許黨外民意代表以「黨外」名義懸掛聯合服務處的招牌。[81]

　　爲了維持現狀，國民黨當局寧可用妥協的態度來解決問題。1984年秋，黨外組織了「臺灣人權促進會」，聯合了「黨外編輯者作家聯誼會」，於12月10日集會慶祝國際人權日。1985年4月27日，尤清當選爲第二屆「黨外公共政策研究會」會長。爲了抗議警備總部從1月到12月間查禁了90%的黨外雜誌，黨外人士四十多名於5月6日非法在臺北市議會、立法院、監察院分別示威抗議。[82]5月16日，十四名黨外臺灣省議會議員（佔全議員數之五分之一）表示

如果當局不依憲法處理省政，他們將集體辭職抗議。8 月 23 日，黨外公政會召開大會。9 月 1 日，以黨外公政會，編聯會爲主的「黨外選舉後援會」成立，開始籌募基金，支援黨外活動。同時亦開會提名 1985 年 11 月競選省議員，臺北、高雄市議員及縣市長的候選人。此次選舉中，當選的 191 名候選人中，國民黨籍的佔 146 席（76%），黨外贏了 34 席（18%），其他爲無黨派自由人士。高雄市議會中，黨外議員由六名增加到十名，臺北由八名增加到十二名。由於他們不斷的奮鬥和不屈的勇氣，黨外已成爲臺灣政治生涯中一股強大的勢力。

　　1985 年，監獄中的政治犯不斷由獄中向外傳遞消息。四十七歲的黃華從二十五歲起，幾乎一輩子都在監牢中度過。在綠島軍人監獄坐第三次牢的黃華，每天僅飲 500 c.c.牛奶及果汁，他呼籲黨外早日組織新黨，並且釋放美麗島受刑人。這兩個目標如果在一年內不能實現的話，他將什麼都不吃，水也不喝。[83] 和黃華同在一起坐牢的施明德從 1985 年 4 月 1 日開始絕食。國民黨有關方面於 4 月 27 日將他送到臺北三軍總醫院隔離監視，體重由六十三公斤降到不足四十六公斤，講話已有困難。施明德並且寫好遺書，在 7 月 1 日全面斷食來臨前夕，他對黨外發出最後呼籲：「立即成立『民主黨』，我是發起人之一！」[84]

　　在這樣的政治氣氛之下，黨外人士加倍努力促成組黨的實現。1985 年 12 月 26 日，「黨外公政會」策劃在其他城市設立分會。1986 年 3 月 10 日，黨外公政會在高雄設立兩處分會。組黨的決心更爲堅決。

　　國民黨這個「制約式政治核心」受到的另一股壓力來自西方的自由思潮。經過十幾年的沉積，已深入許多中國知識份子及社會菁

英份子心中。廿世紀以來，許多進步的國家早已民主化。民主體系早已落實於憲法，國家的政府及國內每一個政黨莫不依法行事。憲法中對國家元首的選舉和政府的運作均有明文規定，對選拔代表民意的政治人物，亦有一定的合法程序。多政黨合法競爭與新聞自由已被公認爲每一個民主政體最基本的條件。

　這些民主的基本概念不斷出現在學者專家的文章中。譬如陶百川，他曾擔任監察院委員以及總統府國策顧問。他一直主張當局應准許人民依法組織政黨。[85]陶百川肯定國民黨安定社會的成就，但警告國民黨不得一黨專政：

> 臺灣民主政治的前途，多半將取決於國民黨。因爲國民黨勢將繼續執政，而且是「一黨獨大」。……在一黨的領導下，政治安定，社會進步是好的。但是，一黨獨大太久了，權力難免被濫用，利益難免被久佔，新生力量不易出頭，保守成習，機能老化，進步維艱，因此必須要有救濟的辦法。[86]

　1982年陶百川已認爲臺灣的政局已進入死巷，唯一的出路就是以公平合法的程序選舉高素質的民意代表，這樣，社會才能培養「爭衡」而非僅僅「制衡」的機能和力量，這才是救治一黨獨大的重要藥石。[87]因此，陶百川極力勸說國民黨開始實施眞正的政黨政治，打破一黨獨大的局面。1983年，陶百川認爲黨外已具備政黨的雛型，發揮了提名，徵召，輔選的功能。[88]

　支持國民黨的專家學者在討論臺灣民主發展時，很多人認爲中華民國民主的進程，並不理想完美。臺灣在鼓吹經濟繁榮，社會穩定方面絕無問題，但在推行自由民主的標準上，的確遜色。而且，

沒有任何政府官員，能夠對一黨獨大實非民主體制的實現，提出任
何辯解。[89]

國民黨對要求多黨政治和新聞自由的訴求，已經沒有任何託詞
了，難道黨內高階層的領導人完全無動於衷嗎？蔣經國以及其親近
的人對此政治變化當然一清二楚。[90]但是他們依舊維持官方民主應
以漸進的手法完成的主張，並且相信唯有賢德有為之士才能治理國
家這種儒家思想的看法。他們懷疑群眾大聲喧嚷，批評時政究竟有
多大的好處。何況，國民黨並不擔心民眾的反對，因為據 80 年代當
時的民意調查，對政府政績的贊同支持者比率，高得驚人。[91]

蔣經國及一些官員對於政府若不積極進行民主改革，黨外政治
家會採取何種反彈措施並不那麼擔憂。國家安全局在國內黨外組織
以及國外臺獨組織中均埋有暗樁，因此對其活動瞭如指掌。情治單
位每週都向蔣經國詳細報告那些組織的動向。[92]然而，蔣經國十分
清楚民眾對民主的進程，已有了更為積極的想法。當然，他偶而也
會對這種想法是對是錯產生懷疑。1986 年 4 月，陶百川與蔣經國有
一次懇切的晤談，陶百川從談話中體會到蔣經國對政黨政治並不很
樂觀，因此他才主張因勢利導，循序漸進。[93]

1986 年初，開明的學者專家就民主化應如何進行舉行了數次探
討。在執政黨三中全會前夕，袁頌西認為執政黨今天的困局是由於
國家分裂的內亂造成。國家安全雖然重要，執政黨也要體認民眾求
變求新的心理。因此，政府在用人政策上也要求新求變，要有新人、
新觀念、新政策。[94]

楊國樞希望執政黨進步，在兩方面加強轉變：

　　一個是真正做到黨內的民主化，另一個是慢慢做到黨的多元

化。三中全會的議程和行政工作，向來都是由上而下，不是
由下而上，這一點從選舉也看得出來。這樣一來，就慢慢會
僵化老化。黨員散在各個角落，其實就是民眾，他們最能了
解民眾的需求，綜合他們的反應，可以當做黨的決策，這就
能防止黨的僵化。[95]

　　憲法專家胡佛提出他的看法：一個社會總要有一些基本的共
識，高層次的共識，就是憲法。[96]現在執政黨講以三民主義統一中
國，但是拿什麼來統合整合黨內，黨外以及多元化的社會？那就是
憲法，如果不勵行憲法，就沒有其他利器了。
　　雖然黨外及黨內開明派人士都在催促蔣經國加速民主化的腳
步，但是由於兩件意外事件的發生，使政府陷入危機，也使蔣經國
無法採取立即的改革行動。
　　第一件是江南事件，正在書寫爭議頗多的蔣經國傳記的記者作
家江南，突於1984年10月15日在美國舊金山近郊的寓所被人槍
殺，對政府不利的指責及謠言泛濫流傳於海內外，美國聯邦調查局
也加入偵查。1985年2月27日，國府逮捕了三名竹聯幫的首領並加
以問罪。3月26日，國府又逮捕了三名情報局的官員，罪名是指使
竹聯幫份子行兇。4月19日，軍事法庭判國防部情報局長汪希苓無
期徒刑，胡儀敏副局長及第三處副處長陳虎門兩年半徒刑。[97]許多
人認為主持其事的人其實是更高階層的人士，甚至是蔣經國本人也
說不定。這件醜聞使蔣經國受到極大的打擊，使他沒有心情也沒精
力從事重大的政治改革。1985年2月9日，蔣經國政府剛剛走出江
南案件的陰影，「十信」又宣佈破產，無數小市民的終身積蓄在一夜
之間損失殆盡。這件醜聞暴露了政府及國民黨某些官員與商界人物

不正當勾結營利的事實。

　　十信案的遠因早在 50 年代就形成了。當時蔡萬春和他的兩個兄弟蔡萬霖和蔡萬財共同開創了國泰企業王國。[98] 1977 年底，國泰集團已有了二十四家企業，總資產額已達十億美元。蔡家利用十信付高利息吸收民間的儲蓄資金，然後分別投資於國泰集團的企業。這個策略大大擴展了國泰的財富。然而，等到第二代的蔡辰洲接手十信之後，他貸款的手筆更是大膽。到了 1985 年，十信的庫存已空，無法支付利息。更糟糕的是有些投資於十信的政府官員，爲了擔心十信倒賬，居然給立法院施加壓力，希望修改銀行法，逼使財政部允許投資信用合作社動用更多的短期基金，並擴大投資的特權來拯救十信的毀滅。[99]可是，十信在立法院還沒有來得及採取任何行動就已經宣告破產了。因此，整個 1985 年，國民黨政府都在彌補這些醜聞帶來的傷害，使蔣經國無暇從事大幅的政治改革。[100]

蔣經國終於開始從事政治改革

　　1986 年 3 月 29 日，國民黨三中全會開幕，蔣經國表示中國必須統一於三民主義之下，而且，一個眞正民主自由的中國才能有助於世界和平[101]。他強調在政治上要秉持天下爲公的精神，把中華民國憲法帶回大陸，全面推行民主憲政，切實做到國是取決於民，以民意爲先的決心。更要做到政權歸屬於全民，以達到法律之前，人人平等的目標。[102]

　　3月31日，國民黨改選中常委。三十一名中常委中二十七人蟬聯，四名爲新任，其中十四名爲臺灣本省籍，比例由39%上昇到45%。[103]蔣經國在會後立即召見秘書長馬樹禮，指示他召集一個十

二人小組，研究從事政治改革的程序。[104] 4月9日，小組成員確定。[105] 蔣經國終於採取了全面民主化的行動。雖然不可預料的意外事件延誤了他預定在1984到1985年之間發動的政治改革，但是1986年3月之後，蔣經國個人決定發動全面民主化的時機，總算已經來臨。[106]

第六章
政治衝突與戒嚴法的解除

1986 年 3 月 15 日，反對派立法委員費希平在立法院質問行政院院長俞國華：臺灣既無戰爭狀態，爲什麼還要戒嚴呢？(費希平東北人，北京大學畢業，愛國主義者，抗日戰爭時打過游擊。到臺灣後曾替國民黨做事，於 70 年代脫離國民黨加入反對派陣容，鼓吹臺灣應加速全面民主化)。[1] 俞院長答覆：

> 這是表面的看法，事實上，中共對我們的統戰愈來愈猖狂，同時一再揚言不排除武力犯我。因此我們與中共之間的實質性戰爭狀態，從行憲以來就沒有停止過，而且愈來愈激烈；決不能因爲沒聽見炮聲就自行解除武裝。因此，目前不是我們解除戒嚴的時機。[2]

有關戒嚴法的爭論無休止地進行著，政府高層人士極力爲其辯護；批評者繼續嗤之以鼻，而大部份民間團體對反對派的意見表示支持。

1986 年左右居住在臺灣的人，由於經濟空前的繁榮和社會的安和樂利，他們從未感受到戒嚴法是一個問題。城市的道路上擠滿了進口的豪華轎車。市中心矗立起摩天的大廈。現代化的百貨公司塞

滿了吸引人的商品,大小的服飾店展示著從日本和歐美進口的時裝。小康的中產階級興起,爲數非少的人富裕起來造成了經濟的蓬勃。國民一年所得從 1975 年的 964 美元增加到 3,992 美元。人民的儲蓄亦由 26%增加到 38%。[3] 製造及服務業佔人力資源的 83%,從事漁農林業的人力由 1975 年的 30%降到 17%。家庭收入分配在食物、飲料、煙酒的比例由 47%降到 37%。利率由 13%降到穩定的 9%。由於美國施加的壓力,臺幣和美金的兌換率由 1975 年的 35 元增加到 1986 年的 38 元。臺灣的進口市場亦逐漸對外開放。

1980 年代,南韓和菲律賓經常看到群衆在街頭示威,在臺灣,這類活動尚屬罕見。城市中的犯罪率雖有增加,但是和西方國家比起來,並不算一回事。一些民間機構表示對農民、殘疾者、退伍軍人、宗教團體及環保的關心。在這個新的民權社會中,這些民間機構爲民衆及政府提供來自各方的資訊。新的信息潮湧而來,出國旅遊的人增多了,國外的觀光客成群結隊來到臺灣。臺灣修建了新的國際機場,南北高速公路,新的港口設施及倉庫設備。

在政治反對人士公開要求政府廢除戒嚴法,施行眞民主的訴求中,行政院兪國華院長的聲辯聽起來並不令人信服。一個如臺灣這般繁榮安定的社會,的確並不需要什麼戒嚴法。人民支持政府,奉公守法,反對共產主義,遵奉三民主義。黨外人士認爲解除戒嚴,組織一個制衡國民黨的正式政黨的時機,已經完全成熟了。按照反對人士的想法,既然當局不一定會立即解嚴,他們有必要冒著被逮捕或監禁的危險,盡快組織一個新的政黨。

反對人士無論是激進派或者是溫和派均有強烈的組黨欲望。年輕一代的反對人士更熱中於走向街頭示威遊行。從 1986 年春天到 1987 年 7 月 15 日解嚴期間,臺灣的政治形勢緊張而多變。如果朝野

雙方有一方不遵守法律行事，不盡量避免過於偏激的言行，臺灣民主的轉型極可能走入邪道偏鋒。

第一個反對的政黨

當國民黨領導階層組織委員會商討如何將其「制約式政治核心」，按照1947年所訂的憲法，和平轉變成爲一個「公僕式的政治核心」，同時，「黨外」反對派的領導階層亦積極商討如何組成一個新的政黨。1986年5月1日，許信良、謝聰敏、林水泉在紐約成立「臺灣民主黨」。這個消息給臺灣本島的黨外人士帶來莫大的振奮。[4] 在電話中，許信良和謝聰敏向黨外領導人表示，他們希望在年底之前將該黨搬回臺灣。他們的目的是要帶動黨外朋友在島內全面展開組黨的工作。由於除林水泉外，其他兩人均爲臺灣的「通緝犯」，通緝犯回國「投案」，國民黨沒有理由拒絕他們入境。他們的算盤是回臺後即使被逮捕，組黨的心願總算能有個初步的定型。[5]他們表示並不會計較職位，只願擔任新黨的黨員。

5月12日，康寧祥主持的《八十年代》雜誌社宣佈鄭南榕及其他多位黨外人士起草組黨宣言，組黨目的包括：總統直選，重選所有的中央民意代表，解除戒嚴法，釋放所有政治犯以及廢除所有組黨的約束及實施全面的新聞自由。[6] 黨外人士很明顯地會知國民黨，組織新政黨只是遲早的事而已。

5月7日，在每週一次的中常委聚會中，蔣經國強調國民黨和民間各階層菁英份子溝通以維持社會的和諧是有必要的。[7] 蔣經國很清楚黨外組黨的意願，要和政治反對派坐下來好好談是不可避免的事。他授意黨內的開明人士胡佛、楊國樞、李鴻禧、陶百川等人，

在立法院保守派的梁肅戎委員召集下，於 1986 年 5 月 10 日與黨外人士會談。蔣經國希望他們扮演「白臉」的角色，達成黨外放棄組黨的目的。[8] 雙方商談了數小時，梁肅戎希望黨外遵守中華民國憲法，不要組黨。雙方同意解除戒嚴法並廢除臨時條款。黨外人士表示如果黨外「公政會」需要登記立案，執政的國民黨也應該同樣登記立案，因爲其性質同爲政治結社。[9] 雙方並同意在磋商期間，要共同爲政治和諧而努力。但是訂於 5 月 24 日及 6 月 7 日的另兩次溝通，卻未能順利進行。

同時，1986 年 5 月 10 日，黨外以陳水扁爲主的年輕激進份子，不理會溝通的進行，宣佈成立黨外公政會臺北分會。同一天，警備總部下令康寧祥的《八十年代》雜誌停刊一年。5 月 19 日，約兩百餘名黨外人士，手持標語，身佩綠色彩帶，集結在龍山寺，準備遊行至總統府請願。但治安單位派出千餘名警察，團團圍住龍山寺，經過十二小時的僵持，群眾才和平地解散。[10] 這種走上街頭示威的方式，在臺北尙屬首次。此後，一直到 1988 年，臺北街頭示威已屢見不鮮。黨外激進派爲了爭取主流的地位，以「不妥協」的強硬態度自我標榜，絕不失去「抗議」的立場，並喊出「不驚死，打不死，打死無退」的口號。[11]

政府的反應是查禁了《蓬萊島》雜誌以及逮捕了陳水扁等三人並判爲期八月的監禁。黨外亦不甘示弱，發起「三君子」的「坐監惜別會」，籌募了不少訴訟經費。此時黨外運動者已經建立起一套價值標準——能走到群眾前面，大聲呼喊激昂慷慨的口號，才算是眞正的英雄好漢。[12] 1986 年 6 月 13 日，康寧祥及林正杰成立「公政會臺北分會」，並提出五年內令臺灣完全民主化的時間表——1987年成立新黨，1988 年解除戒嚴並行憲，1989 年全面改選，1990 年總

統直選，1990年臺海和平。8月10日，黨外人士在臺北市金華國中舉辦組黨說明會，康寧祥認爲該年是組黨最佳時機，爲了組黨，他不惜付出坐牢的代價。[13] 1986年9月3日，臺北地方法院以「誹謗罪」判處林正杰一年六個月徒刑。黨外就此展開了一連串的示威遊行。[14]

9月時，黨外人士一致同意在年底之前應組新黨。9月19日，參與和國民黨溝通的七位黨外民意代表康寧祥、尤清、費希平、謝長廷、江鵬堅、張俊雄、游錫堃邀請黨外代表討論溝通事宜，會中決議由尤清等人組成小組，進一步研究黨名、黨綱及黨章，[15] 並由十六人簽署成爲新黨的發起人。9月28日，全國黨外後援會定期召開，當時出席者一百餘人，決議：「爲推動民主政治發起組織新黨，並廣泛徵求發起人，至於黨名，黨章及黨綱，再由全體發起人集會研討。」[16] 至此，新黨的籌組已有了眉目。但是，誰都沒有想到當天下午新黨即意外的誕生了。原來，下午五時左右，再度召開新黨發起人會時，擬準備參加年底立法委員選舉的朱高正，突然提出乾脆就今天宣佈新黨成立的主張。他說「今天推薦的人統統是新黨的候選人，他們站在第一線，如果新黨因案遭受迫害，全體候選人就拒絕參加選舉，讓國民黨承受空前的國際壓力」。[17] 全場人士一致起立鼓掌。主席於是宣佈「民主進步黨」正式成立。會後並在圓山飯店舉行記者會公開此一消息。謝長廷擔任發言人，他說：「民主進步黨」是開放性的一般民主政黨，和海外的「臺灣民主黨」並無關係，任何國人如認同該黨政綱願意加入，並無排除限制之必要。黨名不冠以「中國」或「臺灣」的字樣，主要是爲了避免「中國結」與「臺灣結」之間的糾纏爭辯。[18]

然而，緊接在報上公佈的民意調查卻顯示，此時此地出現新黨，

不贊成者居於多數（45.7%），令人驚訝的是有 46%接受調查的人，
沒有表示任何意見。這批人的反應可能是對政治毫無興趣，或者由
於恐懼而不敢說話。[19]另外一份報紙評論「民主進步黨」雖然沒有
強調其臺獨的立場，但臺獨的色彩相當濃厚，如果中共藉此機會以
武力威脅臺灣，則對國家安全相當不利。[20] 10 月 1 日，臺北市議員
張建邦極力指責此一新黨：

> 在民主政治的體制中，組黨必須提出遠大的計畫，政治人物
> 應心胸開闊，方能號召天下有志之士加入其行列。但靜觀此
> 次無黨籍人士的組黨行動，卻未提出任何主張，顯得相當空
> 泛。[21]

　　政府對組黨的行爲並沒有採取任何行動。新黨亦沒有任何積極
的作法，顯示其領導人仍然害怕任何時候均會被政府當局加以逮捕。
　　1993 年 12 月 2 日，國民黨李登輝主席在中常會上，特別宣讀了
他在 1986 年 9 月 30 日，向蔣經國報告的談話紀要：

> 我向蔣經國報告黨外公政會在圓山大飯店宣佈組黨，因其行
> 爲並未構成違法事件，但在現階段必須注意其動向。
> 蔣經國先生表示，此時此地，不能以憤怒的態度，輕率採取
> 激烈的行動，引起社會的不安。應採取溫和的態度，以人民、
> 國家安定爲念，處理事情。[22]

　　在另一段李登輝與蔣經國的談話紀要中，李登輝寫道：

> 總統（蔣經國）又表示，有關十二人小組事，因嚴（家淦）
> 先生住院，請本人（李登輝）主持會議，並對組黨問題，在
> 不違反國策憲法規定，研究組黨可行性，暫時秘密進行。[23]

國民黨為了推行民主，必須從事某些改革已經勢在必行。

蔣經國指示國民黨及有關政府部門，不得對民進黨採取任何報復行為。李副總統深知蔣經國決定容忍與另一反對黨並存的心意。李登輝在談話紀要中寫道：

> 聽了總統的指示，認為總統實在是位了不起的領袖。他再次
> 強調，黨追求民主的基本方針，原則不能因客觀情形的變化
> 而改變，必須維持下去。黨員的團結，工作能力提高都是重
> 要的事情。[24]

新成立的民進黨人士了解到他們不會再受到逮捕，因此繼續每日例行的聚會。11 月 16 日，民進黨宣佈選出江鵬堅為首任黨主席。1983 年，江鵬堅當選為立法委員之後曾形容自己是「笨鳥先飛」。被選為黨主席後，江鵬堅表示民進黨將是一個公開、寬容、為人民服務的真正民主政黨。並且認為該黨高水準的道德標準和主動積極的辦事態度，一定會受到大眾的支持。[25]

民進黨的目標及組織如何？直到 1988 年 4 月 16 到 18 日，在高雄舉行全國代表大會時才草擬了包括十一條的黨綱及三十三條的會員手冊、委員會職責、政黨組織及違規處罰條例等。[26] 與會人士熱烈討論是否應該把「臺獨主張」列入黨綱。[27] 4 月 17 日，他們最後同意臺獨主張將不列入黨綱。[28]

　　民進黨的主張中包括五項「基本建議」和十項「具體建議」。簡
言之，該黨主張民主自由，指責政府在過去三十五年中，既不遵守
憲法又侵犯人權。[29]該黨並申明下列主張：一個強而有力的內閣，
一個行使徹底制衡權力集中的制度，健全的政黨政治，集會，新聞
的自由，守法的精神，「中立而負責的行政制度」以及能夠監視政府
行使緊急措施的方法。[30]其他主張尚包括該黨應如何增進民眾的福
利，改善教育制度，允許臺灣民眾自決臺灣的前途，發展外交關係，
與中共建立和平對等的地位，改善臺灣自由，人權的現況，裁減軍
備，促進雙語教育，加強對臺灣本地歷史文化的研究，並告知民眾
二二八事件的眞相，並將 2 月 28 日訂爲和平日，以縮短臺灣人與外
省人之間的歧見等細節。[31]該黨希望藉由提昇臺灣的本土意識與擴
展國際關係，取得民眾的支持，以達成其民主及民族主義的目標。

　　民進黨只差那麼一步就主張與大陸脫離關係，自訂憲法並有自
己的國號和國旗了。其他的主張如民主、自由、民族主義及社會福
利政策的加強上均受到一般民眾的歡迎。

　　至於在政黨組織方面，民進黨和它長期反對的國民黨卻十分相
似，都有一個中央委員會成爲行政及決策的最高機構。黨員每三年
選舉黨主席及中央委員。中央委員會設正副秘書長，下設七個部門
負責執行黨的政策，吸收新黨員，爭取民意支持等。

執政黨試圖改革政治現況

　　1986 年 9、10 月間，蔣經國很清楚黨外人士的企圖，他不動聲
色並敦促黨內六個改革委員會加強工作。[32]民進黨成立之後，國民
黨內一些人催促蔣經國將黨外領袖們逮捕途監。[33]他拒絕了這些建

議。反之，他於 10 月 2 日宣佈，政府在研訂國家安全法後，會儘速解除戒嚴令。[34] 10 月 5 日，民進黨成立一週後，蔣經國在國民黨中常會中表示：時代在變，環境在變，潮流也在變。因應這些變遷，執政黨必須以新的觀念，新的作法，在民主憲政的基礎上，推動革新措施。[35] 10 月 7 日，蔣經國接見華盛頓郵報發行人Katherine C. Graham時說，中華民國決定解除戒嚴法，但是由於中共武力恐嚇並未解除，所以要另頒國家安全法以保證國家社會的安定。[36]

國民黨內部對民進黨的非法成立，以及其可能主張成立「臺灣共和國」的企圖十分擔憂。蔣經國認爲推行民主，須有嚴正的法治，以保證社會的安和。他在 12 月 10 日舉行的中常會上說：

> 越要推動民主憲政向前發展，就越要有嚴正的法治精神做基礎，更需要黨的同志實踐法治的規範，做社會大眾的標尺，然後民主憲政才不會落空。[37]

同時，國民黨改革小組繼續研究如何解除戒嚴及組黨合法化。9 月，小組建議擬定國家安全法以代替戒嚴法，並建議擬定法律以監管政黨的登記及活動。

正當學者專家打破禁忌討論戒嚴法令時，[38] 政府於 10 月 23 日正式宣佈將以國安法代替戒嚴法。[39] 國安法第一草案首先送到國防部審核通過，再送到內政部修正，最後送到立法院完成立法程序。

國民黨對國安法的進行十分關切，蔣經國親自指示希望其儘速通過。[40] 1986 年 11 月底，國民黨終於通過國安法草案，並送到監察院查核，並宣佈將在立法院公開討論以徵信於民。[41] 1987 年初，國安法送到立法院，但受到民進黨的全力反對，認爲政府可能藉由

國家安全的理由限制個人的自由。3 月 12 日，八名民進黨立委與三名支持國安法的政府首長，就立法政策作了熱切的辯論。究竟國安法有無立法的必要？應將單獨立法或是分散立法？[42]

選舉開始

1986 年 12 月 6 日，在解嚴問題如火如荼進行中，臺灣有一次重要的選舉，增選立法委員及國民大會代表。對臺灣的民主進程而言，這是一次最大的考驗；考驗選民對新成立的反對黨支持的程度與新黨的前途。[43]如果反對黨得票夠多，國民黨可能因勢加速其民主改革的速度；反之，如果民眾對反對黨反應冷淡，國民黨保守份子可能會減緩民主化的速度，並且還可能開倒車。

1986 年 11 月 14 日，正是選戰開始之時，七位「民主進步黨海外組織代表團」的團員，由美國搭機到達桃園中正機場。由於其中四位未獲簽證，全部轉機離去。[44]11 月 30 日，傳言許信良將從東京飛往臺灣參加 12 月的選舉。當日，數千名群眾蜂湧前往桃園機場，治安機關派出大批憲警維持秩序，與民眾發生衝突。三十輛警車遭到破壞，亦有不少人受傷。[45]在確定許信良未搭機入境後，民眾才散去。

桃園機場暴動事件令臺灣老百姓十分吃驚。國民黨主控的報紙立即攻擊民進黨組織群眾，使用暴力以達成其政治目的。許多報紙並聲稱民進黨聲望一路下降，因為人民感到民進黨是個主張使用暴力的政黨。然而康寧祥等人立即舉辦機場事件說明會，播放民進黨自己拍攝的現場錄影帶，說明群眾並未肇亂，打人的是當地的憲警人員。[46]

　8月初民進黨即開始籌備12月6日的選舉。11月7日，民進黨公佈了黨章及黨綱草案。反對中共一黨專政與任何形式的極權專制，不採暴力革命手段從事政治活動，各政黨應和平共存，公平競爭，共同為臺灣的安定與繁榮而努力，臺灣的前途應由臺灣全體住民，以自由、自主、普遍、公正而平等的方式共同決定。[47] 11月15日，增額中央民意代表候選人登記完成。11月21日，候選人開始展開競選活動。[48]

　這是第一次由反對黨支持的候選人，公開與國民黨候選人競爭。民進黨候選人以連線方式，增加自辦政見會場次，壯大聲勢，著力在選民較多的臺北縣板橋等六個縣市。[49] 11月底，兩黨壁壘分明，相互攻擊。「黨外指黨內壟斷資源制度僵硬化，黨內指黨外政治絕物製造恐懼感」。[50]民進黨選擇綠色代表其和平、安定、繁榮的宗旨。臺北市國民黨候選人簡又新說：打著綠色旗幟，意圖製造社會的分離意識，以激進的手段，破壞社會秩序，形成綠色恐怖。[51]民進黨候選人康寧祥反擊國民黨從未讓本省人擔任更多內閣職務，謝長廷亦批評政府四十年來壟斷社會政治資源，使許多制度僵化腐化。[52]

　選舉前數日，雙方競選熱度升高，對壘態勢明朗。國民黨資金充裕，長期培養的人脈也很可靠。民進黨知道自己的弱點在組織尚不健全，只好儘力爭取選民的好感。各候選人唇槍舌劍，文宣海報攻守交鋒，地方派系力量動員，以及各種社會關係凝聚離散，真是目不暇接。[53]到了最後衝刺時更是兩黨互揭瘡疤，以桃園機場事件，爭做文章，[54]互罵加上內鬥，使這次選舉更形熱烈，而賄選買票之說亦時有所聞。

　12月6日，選民投票十分安寧，沒有發生暴力事件。這次選舉經過了數月空前龐大的動員[55]，由於投票率相當高，選舉結果對執

政黨頗爲有利。而民進黨透過選舉的動員，亦建立起某種程度的組織基礎及加深了社會對它的認識，也很有收穫。[56] 得票結果顯示：

表七　1986 年 12 月 6 日中央民意代表增選結果

增額立委、國代各黨當選席次統計表					青年黨	民社黨	無黨籍
		國民黨		民進黨			
立委 73 席	當選席次	59		12	0	0	2
	席次占有率	80.82%		16.44%	0	0	2.47%
	參選人數	提名報准	自行參選	推　薦	自行參選	2	1	22
		75	16	19	2			
	當選人數	59	0	12	0			
國代 84 席	當選席次	68		11	0	1	4
	席次占有率	80.95%		13.10%	0	1.19%	4.76%
	參選人數	提名報准	自行參選	推　薦	自行參選	3	2	32
		83	19	25	5			
	當選人數	68	0	11	0	0	1	4

區域立委、國代各黨得票率示意表　註：得票數以中央選委會公布者爲準									
	國民黨		民進黨		青年黨		民社黨		無黨籍	
	得票數	得票率	得票數	得票率	得票數	得票率	得票數	得票率	得票數	得票率
立委	4,391,870	66.30%	1,641,487	24.781%	4275	0.36%	1180	0.012%	484,810	7.32%
國代	3,932,600	60.20%	1,450,967	22.21%	9938	0.15%	2650	0.04%	666,460	10.20%

資料來源：《中國時報》，1986 年 12 月 7 日，頁 1。

增額立委選舉，民進黨得票數約佔總投票數的四分之一。國民

黨得票約佔總數的三分之二。增額國代選舉，民進黨得票約五分之一強，國民黨得票五分之三。這個結果是否顯示出民進黨比「黨外」時期有所突破呢？以立委選舉來看，1983 年的選舉，國民黨在九十八席次中贏了八十三席(84.6%)，1986年為80.8%；黨外在1983年只贏了六席(6.1%)，1986年增加到16.7%。[57] 進步十分明顯。國代選舉中，1980年的結果顯示(1983年無資料)，國民黨贏的席次為80.2%，1986年為81.0%，其餘黨派及黨外加起來贏得的席次為18.4%，1986 年民進黨得的席次為 13%；很明顯可看出民進黨在國大代表的競爭中並不出色。

按照臺灣大學主持的選民調查，選民對國民黨喜愛的程度，1983年為 37.4%，1986 年為 44.5%。[58] 對黨外的喜好，1983 年為 7.1%，1986 年為 8.9%。這些結果顯示忠心支持黨外的人從 1983 年到 1986年並沒有什麼變化。

許多人認為 1986 年的選舉是當年臺灣政治變遷的高潮：執政黨推動的政治改革已有了具體的承諾與行動，黨外擬定的組織化目標亦達到初步的完成。[59] 綜合而言，黨外候選人未能提出強而有力的共同訴求政見，而部份黨外候選人行為激烈，焚燒執政黨黨旗，誣衊國家元首等舉動亦不得人心。[60] 1986 年年底的選舉過程雖然激烈，但是選舉的結果並無戲劇性的變化，顯示出臺灣社會相當穩定，是臺灣地區最彌足珍貴的資產。[61]

政治衝突走向街頭

在立法院中，少數 (11 人) 民進黨籍的委員，與多數 (195 人)的執政黨籍委員之間，在國安法草案的爭執中，顯得壁壘分明。民

進黨立委認爲沒有必要另設國家安全法來代替戒嚴法，並且揚言必要時將發起街頭運動來進行對抗。[62]民進黨委員大言不慚的威脅令許多國民黨委員十分意外，因爲他們認爲能與民進黨委員公開討論這個議題，已經夠容忍公平了。一些國民黨委員禁不住大爲憤怒，揚言將以大多數的優勢，迅速通過議案。但許多國民黨委員仍主張相互讓步，以代表民意。

一些學者專家亦認爲國安法有其制定的必要，[63]理由是中共從未放棄犯臺的企圖，解嚴後的安全的確需要保障，而心理上的安全亦很需要。但是胡佛、李鴻禧等人卻反對制定國安法，認爲沒有必要。呂亞力則表示目前的草案應加修正，應擬出一個更爲「理想，名實相符」的法案。康寧祥代表反對派的意見表示政府根本就應該放棄戒嚴法以及任何國安法的念頭，重拾 1947 年憲法的眞精神。康寧祥認爲國安法將會限制人民的權利及自由。

早在 1980 年代，臺灣民間就開始組織團體，敦促政府及增強人民對消費品，環境污染及服務業素質的注意。[64] 1982 年，爲山地同胞及婦權請願的團體增多。街頭示威的次數每年均有增加：1983 年 175 次；1984 年 204 次；1985 年 274 次；1986 年增加到 337 次；1987 年加倍到 734 次。[65] 1986 年，宗教團體開始示威；1987 年勞工、農人、退伍軍人、教師、殘障人士的組織紛紛走上街頭，其中以民進黨的街頭和平示威最爲普遍，因爲他們相信政治權力核心最容易受到示威的壓力。1987 年春天，學者對民進黨不斷舉行街頭示威的手段已產生了怨怒，紛紛爲文指責，並警告民進黨不可耽迷於街頭群衆運動，刺激中共藉鎮壓內亂爲由，出兵臺灣。[66]

1987 年 3 月 29 日，民進黨宣佈將於 4 月 19 日發起群衆到總統府前抗議國安法的制定，[67]形勢十分緊張。由十四個以「愛國」自

許的團體所組成的「反共愛國陣線」宣佈當天將出動三千「愛國鐵衛軍」來保衛總統府。但民進黨卻宣佈「四一九」行動延期。但陳水扁等人卻表示，「如果政府不在 5 月 19 日前宣佈解嚴，他們仍將發動大規模群眾說明會，並於 5 月 24 日上午 10 時前往總統府示威抗議」。[68]

同時，政府為了改善當前的政治氣氛，消除「四一九」帶來的社會陰影，宣佈釋放繫獄八年的黨外領袖黃信介和張俊宏。[69]執政黨負責溝通的梁肅戎與民進黨主席江鵬堅及民進黨立法院黨團總召集人費希平進行會商，以尋求避免街頭衝突發生的方法，但沒有多大結果。[70]梁肅戎表示：「執政黨一直希望朝野關係能正常化，如果彼此均能在法律的規範下互相競爭，國家前途自然能夠益趨光明。」[71]

民進黨的謝長廷談舉辦「五一九」行動的動機是要政府「無條件解除戒嚴，反對制定國安法。」[72] 19 日清晨，從總統府到民進黨示威遊行的集合地國父紀念館間，全被警察及情治單位佈下的刺網、鋼架、拒馬等所封鎖。[73]

「五一九」行動，可能是臺北市動員最多軍警來「鎮暴」的一次行動。但是由於民進黨姿態不高，相當有節制，事前雙方又曾充分交換過意見，整個衝突氣氛在事前即已降低（其經過詳盡情形，請參閱《新新聞》週刊第 11 期，1987 年 5 月 25～31 日），最後以不流血收場。而雙方也各自認為取得了勝利：民進黨宣稱已達到示威及斥責戒嚴不合法的目的；當局以能平鎮暴亂，以免造成在國際上的難堪而洋洋自得。重要的是經過此一事件之後，朝野雙方對自己以及對方均加深了認識：民進黨組織雖不健全，但其領導者及黨員大都有責任感，而且也願意避免暴力衝突。政府方面也展現出其優良的鎮暴設備，以及在不犯眾怒的原則下疏導群眾的技巧。

　　執政黨對「五一九」行動的和平結束十分欣慰。[74]內政部警政署發言人陳立中表示，希望今後社會大眾能以理性的合法方式來表達意見，不要再有這種妨害社會秩序的街頭聚眾遊行。[75]民進黨中常委謝長廷也表示，「五一九」活動帶給臺北市民許多不便，他感到抱歉。[76]另一民進黨立法委員朱高正一向反對街頭運動，但是「黨員應服從黨意」，他仍在示威現場中堅持到底，但是在演講中，他依然表示以街頭運動爲主的政治競爭並不可取。[77]

　　然而，並不是每一個民進黨人都同意朱高正的想法。1988 年，臺灣全省有 1,172 次街頭示威，其中四十三次超過一千人。[78] 1989年後，由於每次示威都造成交通壅塞，商店生意大損。而政治社團的成立亦獲得合法化，因此示威運動的次數大幅降低。

通過國安法

　　國民黨籍立法委員對「五一九」行動並不重視，他們全心致力於國安法的通過。1987 年 1 月 5 日，四十七票中以三十八贊成票通過了國安法草案第一條條文。[79]次日，對第二條條文的內容，朝野雙方立委又展開了激烈的辯爭。

　　國安法草案第二條原規定人民集會、結社，不得違背憲法或反共國策，或主張分離意識。後修改爲不得違背憲法或「主張共產主義，或主張分裂國土」，以資明確。但是民進黨立委先後發言表示反對，並主張予以刪除。在部分立委激烈衝突中，第二條終獲修正通過。[80] 6 月 8 日，國安法第三、四兩條文，審查通過，明確規定人民出入境的限制。[81]

　　6 月 10 日，早上八時左右在民進黨的發動下，百餘名民眾聚集

在立法院大門口示威抗議，反對制定國安法，與在現場的「反共愛
國陣線」人士發生衝突，一些民眾又想衝入立法院，被警方攔阻。
他們高喊著「衝啊！衝啊！」趕到立法院的謝長廷即用擴音器向群眾
演說，要大家冷靜，作和平的抗議，不要製造暴力。[82]衝突一直持
續到下午6時半，群眾方漸漸散去。

　　6月12日，反對制定國安法的民進黨，與支持制定國安法的「反
共愛國陣線」人士在立法院門前，再度產生暴力衝突。[83]造成警方
和民眾多人受傷的局面。[84]雙方堅持到夜晚七時左右，民進黨方面
的康寧祥、費希平、姚嘉文等人出面勸導群眾回家，但卻沒有多少
人聽他們的話。[85]臺北市警察局副局長王化榛雖盡一切努力，希望
將群眾驅散，和平解決街頭暴力事件，但也沒有成功。最後，王化
榛只好說：只要你們離開現場，我願向雙方道歉。[86]

　　「民進黨」與「反共愛國陣線」的人馬對峙到午夜時分仍然互
不相讓。康寧祥等人亦數度想引導民眾離開但未能成功。凌晨一時，
王化榛再度用麥克風喊話，並拿出電擊棒等器械，強迫驅散民眾。[87]
一直到二時三十分，這場歷時十四小時的對峙終告結束。

　　「六一二」衝突比高雄事件更為激烈持久，但警方大部份時候
都在勸導疏通，並沒有使用消防水管等器械。6月13日，行政院俞
國華發表鄭重聲明說：

　　　政府屬行民主憲政，不遺餘力。年來更積極採取多項措施，
　　　推動政治革新，期以容忍導向理性，以開放邁向民主。而今
　　　少數人士，罔顧政府之苦心，反而目無法紀，一再以身試法，
　　　嚴重危害社會之安寧，影響國家之安全，深感痛心。[88]

即使如此，國民黨當局對民進黨人士仍沒有採取任何行動。這次衝突令人不禁要問，臺灣是否能夠不自我毀滅而達到民主的目標？

國安法草案條文的爭議，自3月初送到立法院審查，經歷十五次聯席會議不斷討論，並在審查第二條及第九條時，爆發民進黨籍立委退席等爭執，[89]為立法院近年來審查法案所罕見。

爭執最多的國安法第九條條文如下：

戒嚴時期戒嚴地域內，經軍事審判機關審判之非現役軍人刑事案件，於解嚴後依左列規定處理：

㈠軍事審判尚未終結者，偵查中案件移送該管檢察官偵查，審判中案件移送該管法院審判。

㈡刑事裁判已確定者，不得向該管法院上訴或抗告。但有再審或非常上訴之原因者，得依法聲請再審或非常上訴。

㈢刑事裁判尚未執行或執行中者，移送該管檢察官指揮執行。

爭執的重點在於民進黨立委因堅決主張刪除該條文，和執政黨的立場相差懸殊，互不讓步。最後，由於國安法在立法院已得到全體執政黨、青年黨、民社黨及無黨無派委員的支持，執政黨決定採取嚴正的態度，使國安法如期完成立法程序。[90]「國家安全法」終於在6月23日三讀通過。[91]

6月24日，國民黨蔣經國主席在該黨中央常會上表示對國安法的通過十分欣慰，由於這個法案的通過，使我們國家邁進一個新的時代。他說：

> 我們維護國家安全的決心不變；我們推動民主憲政的誠心不變；我們以三民主義統一中國的信心也不變，唯有如此，民眾的福祉才有保障，國家的前途才有希望。[92]

　　蔣經國對民進黨反對的情緒相當諒解，爲了療傷，也爲了促進社會和諧，他指示行政院下令國防部，每一件非現役軍人的案件，均要逐案仔細調查研究，盡量給他們減刑並恢復公權。[93]民進黨尤清等人主張釋放所有非現役軍人的政治犯並恢復他們的公權。

　　1987 年 7 月 14 日，蔣經國總統宣告臺灣地區於 7 月 15 日零時起解嚴。[94]同時，行政院長俞國華也發佈命令，宣佈「動員戡亂時期國家安全法」亦自 15 日起施行。

　　臺灣民主憲政，進入到一個嶄新的階段。

第四部
政治衝突與政黨間的片面妥協

第七章
解嚴後第一次選舉

1986 年春至 1987 年末之間，臺灣的政壇上，不斷發生餘波盪漾的「地震」事件。某政論家扼要地指出：

> 整體社會都在「解構」中，所有以前怯於表達的聲音，均可昂揚站起來，爲自己找尋新的「歷史位置」。政治團體、社區團體均紛紛成立，切割屬於它的社會資源。「反」成爲 1987 年的最佳標籤。政治反對派、學生、退伍軍人、婦女、勞工、司機、社會居民、商人……凡是能被想到的人群，莫不紛紛加入這個「反」的行列。[1]

臺灣已經不再是個「一元支配」的社會，它即將轉變成爲一個「多元跳躍」的社會。[2] 新政黨的成立，國民黨對反對派的寬厚，戒嚴法的解除，新聞查禁的取消以及街頭示威遊行的增加，使得國民黨這個「制約式政治核心」開始解體，逐漸形成爲一個對民眾需求更爲敏感，對政治黨派更爲寬容的「公僕式政治核心」。在這樣的關鍵時刻，政治進程的突破，是否可以促使臺灣民主化「寧靜革命」的完成？或者會逆轉局勢，再造成強人當政的集權局面？

在臺灣一連串民主化的政策之中，蔣經國扮演著推動者和設計

師的角色。他的改革計劃，遭受到國民黨黨內不少的批評、牽制和
抵抗。民進黨初建時，政府情治單位建議蔣經國將其查禁，但是蔣
經國並未加以理會。[3] 國安法草案原爲四十多條，被蔣經國簡縮到
只剩下十一條。[4]「人團法」把政黨納入規範，也是蔣經國親自決
定的。

在這個動亂不安的時刻，蔣經國十分憂慮在自己有生之年，已
不能爲臺灣的民主政治打下深厚的根基。[5] 他畢生最大的夢想，莫
過於改變歷史的軌跡，使中國在民主繁榮中走向統一。[6]

1987 年 7 月 15 日解嚴後，到 1988 年元月 1 日，嚴厲的報章雜
誌審查制度終於解體。報紙增加了篇幅並自由刊載各類型的文章。
新報社紛紛成立。1986 年 10 月，執政黨決心修正人民團體組織法並
由內政部主持其事。[7] 研修「人團法」的專案小組召集人內政部政
務次長鄭水枝對此加以說明。[8] 1987 年初，此法案送交行政院審查，
並於 1987 年 12 月 5 日送到立法院三讀通過。[9]

蔣經國更下令成立專案小組，研究年老的中央級民意代表全面
退職的辦法。1987 年的蔣經國病情已經十分嚴重，他希望在有限的
歲月中，能將阻礙臺灣民主進程的障礙一一消除。

蔣經國之死

按照郝柏村的回憶，蔣經國晚年的身體，比一般人想像的差很
多。[10] 1987 年，他的視力退化到幾近盲瞎，大部份時間都躺在床上。
蔣經國已經絕少出門了，僅僅來回於總統府與大直官邸之間。即使
如此，蔣經國的腦筋卻相當清楚，記憶力也極好。[11] 能和他直接接
觸的人並不多，大概只有沈昌煥、汪道淵、俞國華、郝柏村等人。

1988 年 1 月 13 日上午，國民黨秘書長李煥和副秘書長馬英九謁見蔣經國。蔣經國向他們表示，中央民意代表強迫退職辦法的擬定進行得太慢，令他十分憂慮。[12]

同日下午 6 時 50 分，國民黨就發出緊急通知召開臨時中常會。主席俞國華沉重而嚴肅地宣佈蔣經國已於下午 3 時 50 分去世。[13]下午 8 時零 8 分，副總統李登輝在司法院長林洋港的見證下，宣誓接任中華民國總統。這是有史以來第一位臺灣省籍人士擔當此一職位。

民進黨的朱高正在聽到蔣經國去世的消息時，痛哭失聲，悲傷逾恆。他後來說：「蔣經國是一個值得尊敬的國家元首。」[14]他稱讚蔣經國是一個能自我節制的國家元首，能不斷求新求變，推動經濟的發展和政治的改進。四十多年來，國民黨中央黨部第一次收到彼岸中國共產黨中央的來電，表示對其黨主席去世的弔唁。

令人欣慰的是全國人民對蔣經國的去世表現得鎮靜而莊肅。1月14日至15日，在臺北舉行的一千戶電話民意調查中，接近七成的民眾認為李登輝可以順利擔任總統的職務；另外兩成的人表示不清楚；7.8%顯示對李登輝的能力和領導力有某種程度的懷疑。[15]對蔣經國去世後臺灣的前途，69.5%的人表示樂觀或很樂觀；不樂觀的只有 3.8%；不能確定的只有 16.9%。[16]對於臺灣將來的政治走向，在大專畢業以上的高教育水準民眾中，抱持比較樂觀看法的人有41.6%；只有 29.9%的人認為「不確定」。[17]由此我們可以看出，臺灣社會多年來最重要的改變，倒不是政治改革的本身，而是政治改革所帶來的開明氣氛，使政治最高領導人政權的轉移更加容易，再也不會像過去那樣對社會造成劇烈的影響了。[18]

蔣經國去世後，臺灣的民眾雖然鎮定樂觀，但是臺灣的領導人卻面臨著一個危險而未知的前途。自從美國宣佈一個中國的政策後，

在國際上，臺灣日形孤立。雖然蔣經國已於 1987 年宣佈兩岸可互相訪問探親，但是中臺雙方緊張的氣氛並未緩減。臺灣如何在國際上獲得起碼的理解與支持？怎樣進一步改善與大陸的關係？[19] 又怎樣進一步推行政治改革與政治多元化？這都是新任的總統李登輝要面臨的挑戰。這位臺灣的新領導者是何許人呢？

李登輝權力的昇起

　　1984 年 3 月 22 日李登輝就任中華民國第七屆副總統時，他一生之中從來沒有參加過任何選舉。他晉升之速是臺灣政壇上少見的例子。

　　李登輝出生於 1923 年 1 月 15 日，童年在臺北三芝鄉埔坪村度過。他的祖先是閩西的客家人。[20] 中學畢業後，李登輝有幸進入師範大學前身——臺北高等學校就讀，班上的中國學生只有四位。[21] 1943 年，李登輝前往日本就讀於京都帝大。他目睹了日本的行政效率和都市建設，對明治維新很仰慕，也養成了忠心負責，重視團隊精神的優良工作習慣，這些都是蔣經國賞識他的原因。

　　二十三歲的李登輝由日本轉回臺灣大學就讀，二十六歲畢業後成為母校助教。1951 年，他得到愛荷華州立大學獎學金到美國研究農業經濟。1953 年回國，在臺大擔任講師。1957 年成功地進入農復會，從技佐，技正升任為農業經濟組組長。1965 年，李登輝獲得洛克菲勒獎學金到康乃爾大學攻讀博士學位。他的論文榮獲 1969 年美國農業學會的全美傑出論文獎。

　　李登輝完整的教育和行政經驗很快受到當局的矚目。1972 年 6 月 2 日，他在紐西蘭參加一項會議時，獲知蔣經國已延攬他入閣，

成為行政院政務委員。[22]他常陪蔣經國全島巡視，交了不少朋友。1978年，蔣經國指派他為臺北市長，使許多人大為驚訝不解。他的成功可歸於他凡事肯用心，有果斷，講條理，能協調各方不同的意見。[23]蔣經國對他沒有特殊的政治背景以及沉重的人事包袱十分欣賞。

1979年，李登輝首次當選國民黨中央常務委員。[24]1981年，擢升為省主席。1983年，李登輝的獨子因癌病去世，這個悲劇，使他變得更為淡泊無私，也使蔣經國相信他會成為一個以國為重的接班人。[25]一年後，蔣經國決定選李登輝為他的伙伴，競選正副總統。[26]到此為止，李登輝的權力可說是一人之下，萬人之上了。

李登輝就任國民黨主席

蔣經國去世後的第三天，國民黨秘書長李煥找來黨內三名副秘書長，共同討論繼任的黨主席問題。[27]由於顧慮到政局的安定和一元領導有必要維持，黨內多數人都贊成李登輝兼代黨主席，並決定於1月20日的中常會上，由俞國華領銜提案，通過任命。但是在中常會前夕，李煥意外接到蔣夫人宋美齡的親筆信函，希望國民黨採取集體領導的模式。這一轉變，令李煥大感為難。他只好以時間換取空間，決定中常會延到27日再舉行。

到了26日晚上，經國先生的三子蔣孝勇一通電話打給俞國華，要他不可以在中常會上提出由李登輝代理黨主席提案，並強調這是老夫人的意思。

一向被視為蔣家家臣的俞國華，一時慌了手腳，連夜與李煥連繫，也想不出什麼良策來對付這個局面。由李登輝兼代主席是不容

更改的現實，但老夫人的命令也難於抗違。此一難局，令國民黨黨
內的高級領導人非常困擾。

　　27日上午，中常會準時召開，表面上一切如常。等到上午9時，
原定由俞國華提出由李登輝代理主席的議案仍未見蹤影。使得深爲
蔣經國寵信，而又最知蔣經國心意的宋楚瑜大爲緊張。最後，宋楚
瑜實在按捺不住了，在會場後座，突然舉手要求發言。以副秘書長
職位列席的宋楚瑜，依例不應該主動開口說話，他突如其來的舉動，
使全體與會人員吃了一驚。

　　發言的宋楚瑜神情嚴肅，卻掩不住內心的激動。他表示這個代
主席的議案不提出，對黨、對國家所造成的傷害將一天大過一天，
多拖一天，就越對不起蔣經國先生一天。

　　說完話，宋楚瑜轉身離開會場，留下全場一片錯愕。

　　主席臺上的余紀忠立即巧妙趁勢邀集同志發言支持代理主席
案。經此風波，中常會在上午10時多，終於通過由李登輝兼代國民
黨主席的提案。這次由蔣夫人干預造成的政治危機，終於平安渡過。
數日後，宋楚瑜陪同新任的代理黨主席李登輝，前往士林官邸謁見
蔣夫人表示修好。

　　蔣家主持臺灣的政局已有四十年。蔣經國去世前，已經明智地
決定今後的總統不得由姓蔣的家人擔任。[28]臺灣政治的權力如此順
利轉到臺灣本省籍人士的手中，使許多政治觀察家感到不可思議。
在全國人民的注目下，甫得實權的李登輝採取了一連串行動。首先，
他盡量表達對蔣經國的哀思和對黨國大老的尊敬，他分別接見或親
自拜訪各院會及軍事首長，向他們請益國事。他又召開軍事會議並
到前線巡視部隊。[29]第二步，他開始下鄉巡訪，替自己塑造成一個
平民政治領袖的形象。李登輝對逝去領袖的尊敬和對黨國元老的禮

遇以及平易近人的風格，很快贏取了從上到下的人心。每個人都認
爲蔣經國深具眼光，後繼有人。

　　然而，臺灣面臨的困境仍然沒有紓解。日益興熾的「大陸」熱，
令民衆要求政府放棄「不接觸不來往」的政策；政府要決定是否應
出席在北京召開的亞洲運動會；年邁的中央民意代表全面退職的方
案仍然困擾著國民黨。1988 年 6 月 1 日，李登輝以李煥取代不得人
心的兪國華爲行政院長。並延長郝柏村參謀總長的任期一年。李登
輝的許多措施，在他上任短短的第一年內，就爲他累積了大量的政
治籌碼。[30]

　　同時，李登輝更計劃擴大全國性選舉以代替退職的民意代表。
在蔣經國去世一週年紀念會上，李登輝誓言將繼續蔣經國以三民主
義統一中國的使命。民衆對李登輝就職一週年的表現尚稱滿意，而
大部份老國大代表對李登輝 1990 年 3 月將競選第八屆總統均表示
支持。[31]反而是民進黨人士，對於李登輝一手安排的內閣人選,指爲
外行領導內行。他們也認爲李登輝在一些重大的決策上有所錯失。[32]
1988 年 7 月 8 日，在國民黨十三全會上，李登輝被正式任命爲黨主
席。[33]至此，一個嶄新的臺灣政治市場即告開放形成。

開展一個嶄新的政治市場

　　臺灣早已有了一個活潑繁盛的經濟市場。大大小小的公司企業
在國內外經濟圈內十分活躍。政府除了制定政策之外，個人或家族
在此經濟市場上競爭是完全自由的。臺灣還有一個尚爲開放的思想
市場(見第三章)，除了馬列社會主義思想外，其他各類中西思潮均
可自由競爭。目前在臺灣唯一缺乏的，就是一個施行民主制度不可

缺少的多元化政治市場。

在多元化政治市場上，政府容許屬於不同政黨的人（或團體）
自由競爭以獲取權力。政治團體以滿足選民的需求來推銷其提名的
候選人，經過選舉的程序成為各級民意代表或國家元首。選民依據
自己的理念或私人的利益選擇候選人。當選後的代表或政治領袖以
本身賦與的權力，通過法律分配利益，以滿足選民的需求。這種政
治市場的運作，在保證個人自由，個人權利以及保證新聞自由的條
件下，政黨之間可以公平競爭。在健康開放的社會結構下產生的民
主體制，應該可以滿足選民的需求，也可以依法制衡政府，更可以
定期經由公開自由的選舉，替換新的國家領導階層。

1989 年，臺灣政治市場發展迅速，但全盤民主仍被視為一種理
想。沒有憲法就談不上民主。1947 年制定的憲法，在 1949 年即遭凍
結。當前首要之務就是廢除臨時條款，再來就要修改憲法，以適合
臺灣局勢的架構。而修憲的第一步就要使老邁的中央民意代表退職。
而國民黨擬定的退職方案能否受到民進黨的支持呢？

國民黨和民進黨從來沒有合作改進臺灣政治的經驗。他們多年
來互不信任，甚至不彼此溝通。而省籍之間的鴻溝，很可能因為對
臺灣前途的爭論而加深。資深中央民意代表以何種方式退職？修憲
以何種程序完成？成為國民黨與民進黨爭論的焦點。

再者，國民黨內年輕及自由派的人士極贊同快速的民主化，而
保守派的人卻仍然希望維持現狀；因為他們擔心民進黨的最終目的
就是要臺灣離開中國大陸而獨立。1989 年夏天，兩黨內部同時出現
了不同的分裂意見。

民進黨內部以黃信介、張俊宏、許榮淑為主的「美麗島系」，受
到地方各重要公職人員的支持，[34]此派系強調議會路線，想透過縣

市長選舉來發展「地方包圍中央」的策略。另一派系是「新潮流系」，以邱義仁、林濁水、李逸洋等人為主，他們主張走群眾路線，認為臺獨乃是臺灣社會問題解決的根本之道，所以必須積極提倡臺獨。

在國民黨方面，李勝峰、郁慕明、趙少康等年輕又受過高等教育並居住在臺北市的外省籍黨員，組成了「新國民黨連線」。[35]他們本來的目的是為 1989 年年底的選舉製造聲勢，此外並沒有其他意圖。[36]但是，這個組織的名稱對一些忠貞於國民黨的人是無法接受的，他們立刻懷疑這批人在打主意成立一個新的政黨。

1989 年選舉為各方矚目的原因，主要因為這是臺灣在新的法規下舉辦的第一次縣市長選舉。開放報禁，人民集會結社的放鬆，民間團體包括政黨組織法的修改，以及新的選舉罷免法的擬訂，[37]均為 1989 年的選舉帶來極大的活力。

開始熱烈的辯爭

1989 年 11 月初, 民進黨知名人士林義雄全島巡迴演講, 鼓吹臺獨。[38] 11 月 22 日，從美國潛回臺灣的異議份子郭倍宏出現在臺北的遊行隊伍中，並混入群眾以逃過警察的追捕。[39]同時，媒體亦就重寫 1947 年憲法及建立臺灣共和國的利弊加以公開討論，[40]可說打破了一切政治的禁忌。

贊成臺獨的人認為，中共忙於「四個現代化」以及壓鎮國內民主訴求，已經夠多事情可做了,他們決不會因為臺獨而冒險動武。[41]何況臺獨可以使人民感到臺灣的前途操在自己手中，新的民意機構可以促使軍費的縮減，幫助臺灣經濟的發展。而且，制定一套新的憲法更能代表臺灣的現況。在 1947 年憲法的約束下，臺灣像「小孩

穿大鞋」[42]一般可笑。再者，新的臺灣國還可以加入聯合國，躋身
於國際舞臺。

反對者聲稱中華民國政體制度存在的目的就是要將共產主義從
中國大陸連根拔除。更改國名以及重制憲法完全有違此一偉大使命。
何況目前中共正處於內憂外患之中，對消滅共產黨的歷史時機大爲
有利。他們認爲中華民國政府有足夠的能力主導國家的前途。反之，
臺灣的獨立將會遭到中共海軍的封鎖，孤立臺灣，造成臺灣經濟的
癱瘓。最後，中共一定會阻撓臺灣進入聯合國，使臺灣無法在國際
上立足。[43]

臺獨的爭議加上放逐在外的異議份子，紛紛回到臺灣助長選舉
聲勢，使原本熱鬧的選情更加沸騰。國外對臺灣這次選舉亦表示有
興趣。代表美國的參議員索拉茲帶團親臨臺灣觀察選情。到了 11 月
25 日，來自全世界 105 名記者已湧至臺灣，而選舉當日來臺採訪新
聞的記者更多。

這次選舉在其他方面亦有重大的意義。首先，國民黨中常委決
定於 6 月 22 日到 7 月 22 日之間舉行初選，勝利者可獲得黨方的提
名，這是國民黨九十五年來第一次舉行初選，意義非凡。[44]其他政
黨很快就效做國民黨的做法，舉辦黨內初選。再者，這次選舉將決
定臺灣全面民主化的轉型是否和平穩定。最後，這次選舉的結果將
看出臺灣的民意，是滿意於目前的政體結構呢？還是偏向於臺灣民
族主義以臺獨爲訴求的目標。由於此次選舉意義重大，競選時雙方
採用的策略正如一場小型的戰爭。政黨規劃選舉方案就像進行軍事
演習，動員戰力籌劃戰略，用以攻擊敵人，擄掠戰利品。

戰利品

　　選舉的戰利品就是佔據有權有勢的政壇席次。臺灣紛紛成立的政黨已達四十個，衆多的候選人爭奪的席次包括：六十九名候選人爭奪十六席縣議員及五名市長的席次；302 名候選人爭奪 101 席立法委員；148 名候選者爭取七十三個臺灣省議員席次；203 人競爭九十九名臺北市、高雄市及山地議員。

　　國民黨和民進黨出來競選的人，遠超過黨提名的候選人數，因爲深具勢力的地方派系和家族宗親會等團體，自己推選出一些候選人加入選戰。[45] 每一黨派，每一宗族均視此次選舉是未來政黨及家族建立草根勢力的關鍵。在立法院 101 名空缺中，民進黨只需要再爭取到二十席即可提出法案，這將是反對黨最大的勝利。如果民進黨能贏取較多的選票，他們在省級及中央的政治權力亦會隨之增加。不過，在當時的局面下，誰都不再有時間去考慮長期的政治革新；臺灣政壇上的活躍份子，全在摩拳擦掌，投入此次選舉。

備戰

　　在 1989 年 7 月 15 日之前，國民黨和民進黨均完成了黨內初選候選人登記。國民黨有正式黨員兩百萬人，登記的候選人有 557 名；民進黨黨員一萬七千人，完成初選登記的候選人爲 204 人。[46] 因爲競爭的人太多，兩黨黨內初選的情況十分激烈，使得黨內派系之間爆發出空前的衝突。黨內初選失敗的人，如果堅持要違紀競選，黨方應該如何處理，使得朝野兩黨一樣困擾。[47]

　　不過, 7 月的初選的確提高了國民黨的士氣。[48]由於過去的權威
體制和保守色彩, 使許多國民黨員怯於公開自己的黨員身份。但是
此次初選, 使整個黨的氣氛活絡了起來, 一改過去國民黨死氣沉沉
的形象。

　　民進黨的初選不但引發了政治風波, 更引起內部的分裂。一心
要爭取連任的朱高正希望能得到民進黨的提名, 但是黨內主張臺灣
獨立建國的「新潮流系」卻推出黃爾璇與之競爭, 使朱高正大爲不
滿。[49]主張爭取中小企業界的支持, 以制訂社會福利政策, 解決環
境問題, 重建社會秩序等爲主[50]的「美麗島系」中心人物張俊宏、
林文郎、徐明德等全都支持朱高正。

　　朱高正指責「新潮流系」是民主的「惡性腫瘤」, 並聲稱有意退
黨和退出選舉。[51]可是朱高正已經得到許多企業家的支持, 他們說
如果朱高正退選, 他們在金錢上不再支持民進黨。一些對「新潮流
系」不滿的人士亦支持朱高正來減低「新潮流系」在黨內的勢力。
最後, 民進黨決定支持朱高正但不提名他。朱高正贏得初選, 代表
雲林縣競選立法委員。

　　民進黨的政策是以「地方包圍中央」, 希望得到 35％的選票, [52]
並盡全力爭奪二十一個縣市長中十席以上的戰果。[53]當選者即可組
成聯盟, 運用地方行政自主權抵制國民黨主持的中央政府。因此,
民進黨盡量在主要縣市推出具有聲望的候選人, 與國民黨提名的候
選人競爭。不管如何, 民進黨決定採取議會路線, 以選舉取得政權,
放棄以暴力進行革命, 對於臺灣的民主政治可說是一大福音。[54]

　　面對民進黨的全力出擊, 國民黨的策略是加強統合地方派系。[55]
對不遵從黨方分配參選的黨員, 由高層人士出面勸退。除了中央黨
部秘書長宋楚瑜親自出馬外, 甚至動員到李登輝的父親李金龍私人

的關係進行勸退。[56]

　　同時，在 9 月初，民進黨全體縣市長候選人，在板橋舉行誓師聯盟大會，不斷數落著國民黨多年來的罪狀——從國宅漏水到二二八事件。[57]這次選舉像一陣強風，將平日蟄伏的組織派系、政黨恩怨，全都吹到檯面上來。

戰爭代價

　　11 月底全島選戰進入白熱化。候選人之間相互攻訐，彼此羞辱，各種謠言滿天飛舞，競選人走訪選民，贈送各式禮品以收買人心。

　　媒體對此次選舉做了空前未有的詳細報導。譬如形容宜蘭縣縣長民進黨候選人游錫堃是滿身刺青的大流氓。憤怒的游錫堃終於忍不住拉開上衣說：「你看我身上有沒有刺青？」[58]

　　新竹縣縣長選戰中，國民黨候選人傅忠雄要民進黨候選人范振宗「打開天窗說亮話」。他說范振宗有張「媒人嘴」，脾氣是「晴時多雲偶陣雨」，只為「房事」打拼。[59]范振宗卻諷刺傅忠雄被國民黨空飄回來，不知降落何處，乾脆回臺中繼續當黨工算了。在臺北縣，國民黨候選人臺大教授李錫錕影射尤清是親日份子，將來選民有事時是否要搭機赴日請示？尤清卻認為李錫錕雖是教授，卻沒有行政經驗[60]未必能成為好縣長。

　　高雄市立法委員競爭中，艷名四播的許曉丹，以上身赤裸，手握鮮花代表愛與和平的海報，令選民瞠目結舌。[61]另一候選人林宏宗又以一幅「一條對兩點」的有色海報卯上許曉丹，被許曉丹稱為「下流的公金牛」。[62]

　　一些候選人甚至購買國外大學的文憑以提高自己的社會地位。[63]

另一些人拉攏知名的學人和知識份子連署以提高身價。約 160 名臺大及中央研究院的學者簽名支持尤清選臺北縣縣長。[64] 還有候選人請了舞龍舞獅的人在競選總部前表演以求帶來好運。[65]

有錢的候選人大張宴席，據說臺北縣國民黨縣長、縣議員候選人從 11 月 17 日到 26 日之間就擺了七千桌酒席。[66] 民進黨雖然大聲抗議，他們自己也擺了兩千桌。每一縣市的情況全是一樣。

大多數立法委員候選人均向企業商界募款應付選戰龐大的開銷。一位有財團支持的候選人說，他過去找立委辦事，小事要十萬元，大事要五十萬或一百萬元，等於是幫助他們清還選舉時欠下的債務。[67] 企業界人士及一些老闆表示這位候選人說的話一點也不假。[68] 代表商業團體參加立法委員競選的人不少，他們被稱之為「金牛」。[69] 一位來臺觀察選舉的美國人得知一位候選人要花一百萬美元來競選時，還大大嚇了一跳。[70] 11 月 28 日，報告違法的事件已達176 件，但是只有十九件遭到起訴。

暴力事件亦不斷發生。在桃園縣、國民黨核准參選立委的楊敏盛和自行參選的蕭永豐遭到恐嚇勒索，他們家中也遭到爆炸破壞。[71] 彰化縣區域立委候選人陳湧源遭歹徒狙擊受到重傷幾乎不治身亡。[72] 這些事件促使候選人不得不身穿防彈衣競選。[73]

情感與理智的掙扎

這次選舉主要的爭論是什麼？民進黨提出一些較廣泛的有關政經改革的綱領。他們呼籲選民幫他們突破得票 30%的極限，可使民進黨的候選人得到更多的政權。[74] 該黨宣揚臺灣人民的自決，全面革新國會，直選高雄、臺北市長以及直選臺灣省主席和總統。[75] 他

們亦主張地方與中央財政的平等，減稅，公營企業私營化以及將外
滙用在人民福利上。民進黨還提出全民健康保險的計劃，增加環保
經費，最後，他們主張司法獨立，終結一切政治迫害。

　　國民黨的策略是不斷提醒選民，國民黨四十年治理臺灣的成就，
就是國泰民安的保證。執政黨是一個成熟、穩定、經驗豐富的能人
政府，一定會帶臺灣走上光明的未來。

　　有兩位知名的候選人代表雙方的政黨侃侃而談。[76]國民黨南投
縣縣長吳敦義認為雖然蔣家用戒嚴法統治了臺灣四十年，當然產生
了許多政治上的禁忌。但是現在已經事過境遷，那些禁忌也完全不
存在了。如果今天尚能舉辦和平自由的選舉，就代表這四十年來國
民黨領導的成功。吳敦義亦承認國民黨的領導有它的缺失，說臺北
「治安不安，環保不保，交通不通」，[77]很多現在的「過」，都是過
去長期累積的「功」得來的。他希望選民不要拿歐美先進國家來和
國民黨比，要平心靜氣來看國民黨的功過。國民黨至少有幾項很大
的成就：第一，人民教育普及而公平，靠個人努力，無論貧富，均
有機會成功；第二，防止軍人干政；第三，用穩定健康的方式使農
業資本轉換為工業資本。而國民黨最大的缺點是一切向錢看，人民
生活的品質並沒有可貴的進步。他又談到國民黨要有贏的準備，也
要有輸的準備。對國家整個資源的分配亦要重新考慮。對幾百億的
外滙存底，應該建立一個可靠的，為全民所共信的監理制度，不可
用私人的名義存款。[78]國民黨有四十年良好的執政基礎，壞也壞不
到那裡去，很多人對它是「恨鐵不成鋼」，但是鐵至少不會很軟吧！[79]
吳敦義最後的結論是從政局的穩定，執政黨四十來既有功勞，又有
苦勞的觀點來看，他希望選民給國民黨信任與鼓勵，也給國民黨鞭
策，監督，讓它繼續進步。

民進黨立法委員候選人朱高正承認國民黨執政的成就。但是由
於太過強調國家安全，忽略人民基本的權利保障，在戒嚴體制下，
造成了許多政治犯。[80]再者，經濟發展也不均衡，農業人口下降造
成都市人口負擔，使公共設施不足。而大學都集中在臺北地區很不
應該，應該遷一些到中南部。臺灣爲什麼沒有軍人干政？因爲蔣家
就是軍人的大頭，怎麼會干政？而國防經費更應有效納入國會的監
督。[81]因此，朱高正認爲民進黨不應該只把自己定在監督，制衡的
層面，應該要求執政，像高雄縣的余陳月瑛縣長，宜蘭縣的陳定南
都不錯，都可以執政。所以他鼓勵大家眼睛閉著，只要有民進黨候
選人就儘量投給他。選民如果關心國民黨，也要投票給民進黨，這
是唯一的出路。[82]

這次選舉有不少的女性候選人。[83]民進黨的余陳月瑛競選高雄
縣長；吳德美靠夫家朱家的勢力選高雄市立委；嘉義許家班有張文
英，張博雅分別競選市長和立委。屬於政治受難者家屬的候選人包
括角逐彰化縣長的周清玉，選臺中市長的許榮淑；自焚的鄭南榕之
妻葉菊蘭選臺北市立委；參選省議員的有臺北的周慧瑛和因爲施明
德整型而入獄的張溫鷹；曾因叛亂罪坐牢的蘇東啓之妻蘇洪月嬌參
選雲林縣的立法委員；選高雄市議員的有美麗島事件受刑人林弘宣
之妻林黎琤等。其他女性候選人多半是外省籍的眷村子弟，受軍系
和黨部的支持。譬如臺中的沈智慧競選立委。其餘尚有桃園縣的朱
鳳芝，高雄縣的蕭金蘭，屏東縣的王素筠等均出來競選各項公職。

9月初的民意調查顯示,87%的人知道年底將舉行縣市長選舉。
支持國民黨的佔28%，支持民進黨的佔4%。[84]但是，支持國民黨
籍候選人的只佔13%，支持民進黨籍候選人的佔7%。[85]

在一次臺灣地區民眾對民進黨態度的問卷調查中，被訪問的

1,880 人，有 1,680 人回答。認爲民進黨兩年多來的表現愈來愈好的佔 7.9%，時好時壞的佔 24.5%，愈來愈差的佔 23.9%。問到在民進黨與國民黨之間，比較喜歡那一個政黨時，喜歡民進黨的是 8.9%，喜歡國民黨的有 30.4%，都不錯的佔 25.7%，都不喜歡的佔 13.5%，不知道的有 21.7%。[86] 由此看來，中間有一大部份人仍然模稜兩可，拿不定主意。在未來的選舉中，這一大群猶疑份子影響選舉的結果甚巨。

　　選舉日快到了，各種民意調查顯示大約一半的選民根本不想去投票。[87] 只有 10% 的人喜歡去參加政見發表會。[88] 媒體因此預測此次選舉投票率會出奇的低。[89] 11 月 30 日及 12 月 1 日，競選活動更加活躍，候選人四處拜訪選民。某些民進黨人士聲稱他們截攔了一輛卡車，裝滿國民黨贈送給選民的肥皂及日用品等。[90] 而賭風蔓延全省，選舉結果會帶來很大的采頭。[91] 選舉前一日(12 月 1 日)，一項民意調查顯示多數民眾仍然不能決定應如何投票。每一百個選民中，只有二十五人已決定如何投票，另外二十人在競選初期就已經決定投票給何人；十五人在投票前一天會決定；其他有十人說在投票日當天才會決定；其餘的人根本沒興趣去投票。[92]

選舉結果

　　投票所於 12 月 2 日上午 8 時開門，下午 5 時關閉。合法的選民有一千兩百六十萬人。治安單位嚴重警告民眾不得有暴力行爲，[93] 並在投票所秘密裝置了錄影機。[94] 臺北高等法院的檢察官下令在重要的警察局駐守司法人員。出人意料的是選民的投票率比預期的高，約爲 72%，爲十年來最高的一次。[95]

由於臺南縣長選舉開票速度緩慢，國民黨與民進黨兩黨候選人均自稱獲得勝利。支持民進黨候選人李宗藩的選民包圍縣府抗議，發生暴動滋擾事件，連縣府牌匾都被甩在地上。[96]等到報紙刊載國民黨候選人李雅樵蟬聯，民進黨人大譁，又衝入縣府搗毀家具器材。[97]

12月3日，選舉結果揭曉。縣市長選舉中，國民黨贏取了十四席，民進黨六席，無黨派一席，可說是非國民黨人士贏得最多席次的一次選舉。國民黨在立法委員選舉中贏得七十二席，民進黨二十一席。在縣市議員選舉中，國民黨贏了101席，民進黨三十八席。[98]以選票計算，國民黨在縣市長選舉中得票率為52.7%，民進黨38.6%，其他黨派為8.7%。[99]臺北縣和臺南縣兩黨候選人得票最為接近。[100]選舉結果及得票數見表八。

然而，媒體卻認為國民黨遭受到嚴重的挫敗。[101]國民黨高階層的人為了沒有贏到一貫的70%票數而感到羞愧。執政黨秘書長宋楚瑜表示將徹底檢討黨務結構和人事。[102]他懷著傷感又激動的心情，到縣長選戰遭到挫敗的臺北縣，新竹縣慰問落選同志，希望大家記取教訓，但是卻不能洩氣，應建立旺盛的企圖心，捲土重來。[103]在選舉失利的一片低氣壓中，國民黨召開例行的中常會，主席李登輝以「坦然」的態度面對這項結果。[104]總之，這次選舉在國民黨內部造成了許多批評檢討以及一片不滿的聲浪。許多執政黨的人認為應該接受民進黨為正式合法和國民黨公平競爭的政黨。[105]許多民眾都在擔心國家的政治前途：國民黨是否會變成「賄賂」黨？民進黨是否會成為「暴力」黨？[106]這次選舉可以看出人人對金錢的崇拜，沒有人再去談什麼政治理想或三民主義了。一些知識份子和社會菁英認為執政黨必須設法增進社會一般的道德水準，改革國民黨內部使其成為國家的楷模。這些菁英份子的關心和渴望，依然反應出中國

知識份子對民主仍舊抱持著不現實的，烏托邦式的觀點——對臺灣真正民主化後第一次選舉，他們不去讚揚選民的熱情、守法、和諧、也忽略了主辦單位的敬業勤奮，反而去擔憂臺灣政治演變進程的黑暗面。

　　選舉後，國民黨和民進黨雙方都靜下心來，檢討過去，計劃未

表八　1989年12月2日大選結果

	國民黨	民進黨	其他政黨	總計
縣市長				
縣長	3,271,314	2,551,352	451,029	6,273,695
市長	586,110	273,764	186,722	1,046,596
總數	3,857,424	2,825,116	637,751	7,320,291
得票率	52.69%	38.58%	8.73%	100.00%
立法委員				
地區	4,519,629	2,334,597	833,495	7,687,721
職業團體	920,229	279,619	229,725	1,429,573
總數	5,439,858	2,614,216	1,063,220	9,117,294
得票率	59.67%	28.67%	11.66%	100.00%
臺灣省議員				
總數	4,566,033	1,868,609	876,943	7,311,585
得票率	62.45%	25.56%	11.99%	100.00%
市長				
臺北市	824,038	275,569	80,276	1,179,883
高雄市	407,667	136,513	64,265	608,445
總數	1,231,705	412,082	144,541	1,788,328
得票率	68.87%	23.05%	8.08%	100.00%
總計得票數	15,095,020	7,720,023	2,722,455	25,357,498
總計得票率	59.11%	30.23%	10.66%	100.00%

資料來源：《世界日報》，1989年12月3日，頁8。

來。民進黨秘書長張俊宏表示，今後國民黨對待民進黨的態度，應該是把它當做共同治理臺灣的平等政黨，而不是視之為寇讎。[107]民進黨「地方包圍中央」的策略，在奪得七縣市首長後已見成效。如果民進黨能在地方上普遍執政，有效展開聯盟行動，建立地方上的全面領導，即能開展臺灣政治的變革。譬如實現省長民選，主導地方行政的人事任用權，以及自由運用稅收的款項等。[108]

臺灣解嚴後第一次多黨競爭的地方選舉順利完成了。Shelley Rigger的研究指出，地方勢力為了本身利益的緣故，有放棄國民黨反向支持民進黨的趨勢。[109]國民黨在臺北縣長，臺南和高雄縣長的失利就是很明顯的例子。1989年選舉還有另外的特色：譬如新的政治人物脫穎而出；候選人所花的金錢比以往多了很多；老的政治禁忌全盤打破等……。臺灣人民對臺灣的前途有了自由選擇的機會，但是他們並沒有選擇臺灣民族主義的臺獨主張。大多數投票給民進黨候選人的原因，是為了要制衡監督國民黨成為更好的執政黨。[110]選擇民進黨的另一個原因是選民相信民進黨人會成為較好的公僕，更能照顧到民眾的利益。然而，大多數人民仍然投票給執政黨，因為他們相信政府為人民服務的能力。臺灣選民不喜歡偏向極端的候選人。甚至來自美國的觀察家都同意，這次選舉使臺灣的民主化向前邁進了一大步。

第八章
民主的第一個危機

1990 年開始，國民黨對李登輝的領導一般尚感滿意，而民眾對執政黨的支持也達七成左右。多數社會菁英份子感到反對黨的競爭是健康的，因爲它的存在可以促使執政黨表現更好。街頭示威已成爲家常便飯，媒體的實地採訪比過去更精釆生動。雖然在 1989 年年底的選舉中，「臺灣獨立」這個議題被人討論得火熱，但是一般民衆並不特別支持這個想法。

但是，許多外省籍的國民黨領導人士，十分懷疑該黨在一位臺灣省籍的主席領導之下，是否仍然把統一中國當做最重要的使命。同時，反對黨在中央政府首長民選這個議題上，和執政黨的溝通並不順暢。總統府的權力依舊強大，在修憲這個問題上，朝野雙方的看法依然相距頗遠。

要將代表民意的權力由七十歲以上老一輩人的手中，轉到年輕一代人的身上，其緊張的程度，並不低於要求國民黨在獨大了四十年之後，再來重新適應政治結構的變動。蔣經國很少和人討論他對於臺灣民主化的構想，除了用「大公無私」這類空洞的理想來粉飾民主的概念之外，其他的步驟大家全不清楚。李登輝也沒有向國民黨內人士以及一般老百姓提出臺灣發展民主的藍圖。1986 到 1988年間，蔣經國推行具有突破性的民主進程，就像一道承受各方壓力

的堤壩，隨時都有崩潰的危險，而泛濫的洪水，將把各種渣滓衝捲進臺灣每一個政治機構。自從 1987 年後，城市暴力事件不斷增加。1988 年 5 月 20 日，「雲林農民權益促進會」號召全省農民，由林國華指揮領導，隨從者四千餘人，浩浩蕩蕩向國民黨中央發動示威請願，最後演出了十年來最大的一次街頭流血事件，暴亂持續了十七個小時，有六十多人被捕，無數警民受傷。

在這種政治氣氛之下，朝野雙方對如何取代老邁的中央民意代表，產生了極大的爭議。民進黨希望速戰速決；老國代儘快退職，政府首長全部民選。然而仍受保守派勢力操縱的國民黨，卻贊成穩紮穩打，讓老民意代表慢慢退職，修憲的步驟也一步一步慢慢來，並主張正副總統仍由國民大會間接選出。

這兩個政黨的路線絕對是相互排斥的。政治觀察家預測，1990 年舉行的總統及副總統選舉，將使朝野兩黨的緊張程度戲劇性地提高，並會產生尖銳的衝突。而這種衝突可能造成執政黨本身的分裂，甚至帶來島內的政治危機。許多人認為，危機一旦發生，政府動員軍力鎮壓並非不可能之事。由此可見臺灣的民主是多麼的脆弱。

由於街頭示威頻繁，一般民眾擔憂臺獨主張可能導致中共領導人以武力侵襲臺灣，以謀求中國的統一。在國民大會預定選出第八屆總統和副總統時，這些疑慮和爭議，無疑會提出來成為兩黨爭論的熱門話題。同時，國民黨領導階層的外省籍黨員，極欲尋找一位信得過的外省籍人士來做副總統，以平衡李登輝日益高漲的權力。各種跡象均顯示臺灣社會在初嚐民主的滋味後，很可能遭遇到第一次危機。

中華民國總統選舉制度

如果臺灣人民不能直接投票選出國家最高領導者總統及副總統，臺灣的民主範圍不管增進了多少，仍然有它的極限。按照1947年制定的憲法，總統由國民大會代表每六年一次投票選出。從1948年到1984年，第一屆國民大會由外省籍代表控制，共選出七屆總統

表九　國民大會歷次會議情況一覽表

代表總數	出席人數	出席%	總統	得票數	%	副總統	得票數	總%	國民黨主席
第一次會議（1948年3月9日～5月1日，南京）									
3,045	2,841	93.30	蔣介石	2,430	88.88	李宗仁	1,438	51.55	蔣介石
第二次會議（1954年2月19日～3月25日，臺北）									
3,045	1,578	51.82	蔣介石	1,507	95.62	陳誠	1,417	90.25	蔣介石
第三次會議（1960年2月20日～3月25日，臺北）									
1,576	1,521	96.51	蔣介石	1,481	98.08	陳誠	1,381	91.76	蔣介石
第四次會議（1966年2月19日～3月25日，臺北）									
1,488	1,446	97.18	蔣介石	1,405	98.46	嚴家淦	782	54.92	蔣介石
第五次會議（1972年2月20日～3月25日，臺北）									
1,374	1,344	97.82	蔣介石	1,308	99.93	嚴家淦	1,095	83.78	蔣介石及蔣經國
第六次會議（1978年2月19日～3月25日，臺北）									
1,248	1,220	97.36	蔣經國	1,184	98.34	謝東閔	941	79.14	蔣經國
第七次會議（1984年2月19日～3月25日，臺北）									
1,064	1,036	97.39	蔣經國	1,012	99.02	李登輝	873	87.30	蔣經國及李登輝

資料來源：《國民大會統計彙報1984》，頁8～9，15～16；及《第一屆國民大會第六次會議會務統計1978》，頁13；《及中華民國年鑑(1985)》，頁162～165。

表十　歷屆國民大會代表資歷統計

		1973	1978	1983	1984	1985	1987	1988
總數		1,411	1,263	1,085	1,067	1,018	964	917
	男	1,203	1,068	902	885	842	795	755
	女	208	195	183	182	176	169	162
年齡								
40 以下		24	–	8	7	6	10	9
40～49		24	–	35	34	34	43	37
50～59		250	–	33	32	30	33	37
60～69		701	–	231	193	167	106	9
70～79		345	–	546	520	479	463	422
80～89		63	–	213	257	278	282	289
89 以上		3	–	19	24	24	27	33
黨籍								
國民黨		1,182	1,084	933	918	883	830	788
青年黨		75	62	53	52	48	46	43
民社黨		44	37	31	30	25	25	24
其他		110	80	68	67	62	63	62
居住地								
臺灣		1,294	1,152	994	976	930	880	837
海外		117	111	91	91	88	84	80
教育程度								
留學		229	203	159	153	142	148	139
大學		709	646	585	577	553	529	503
專校		159	147	116	116	112	102	99
高中		69	58	57	56	56	45	44
軍校		182	154	119	117	109	97	92
警校		20	19	16	15	14	14	13
訓練班		17	16	13	13	13	13	11
自學		25	20	20	20	19	16	16

資料來源:《國民大會統計彙報(1984)》, 頁 35～38;《第一屆國民大會第六次
　　會議統計(1978)》, 頁 136～38;《中華民國年鑑(1973, 1983～1985,
　　1987～1988)》。

和副總統。(見表九)。1948 年國民大會選出蔣介石和李宗仁爲正副總統後，國大代表人數減少了很多，但是他們對蔣家的支持從未動搖。

　　中華民國總統身兼執政的國民黨黨主席，他的權限實在非常巨大。尤其是 1948 年憲法凍結之後，總統既是軍隊的最高統帥也是行政及黨務的最高元首，可操縱整個國家軍事行政人員的任命權。[1]甚至對國家的立法亦有極大的影響力。從蔣介石到蔣經國再到李登輝，憲法中雖有標明對總統的監督權，但從來也沒有產生過效力。

　　然而，這種情形在解嚴後已產生了極大的變化。反對派重要人物如黃信介、姚嘉文等人的釋放使民進黨的主力大增。他們當下的目標直指向總統的直選。二十多年來，黨外人士對國民大會的衰老蹣跚及無能百般攻訐羞辱。1950 年後由於年老病逝，國大代表人數大幅下降(表十)。1969 年，國民黨開始舉辦增額中央民意代表選舉，到 1988 年，有八十二名在臺選出的代表 (多半是國民黨員) 加入國民大會。1990 年國大八次會議，國大總額爲 753 人，總統及副總統當選所需的票數要超過總額半數，被確定爲 377 票。[2]大多數國民黨籍的代表對李登輝的表現尚稱滿意，所以，他們對於選一位臺灣人爲總統並不介意，但是，國大代表會選誰當副總統呢？

國民黨提名正副總統候選人

　　1986 年後，臺灣政壇出現了不少政黨，但是由於無法得到國民大會的支持，他們並沒有提名正副總統的候選人。1990 年初，要求老國代退職的聲浪洶湧不斷，以新血代替老邁的國民大會勢在必行。但是當此關鍵時刻，誰是副總統候選人卻成爲衆目所矚的焦點。

　　李登輝相當受到民衆的歡迎，贊同他的人高達80%。至於副總統的候選人，見仁見智，衆說紛紜，行政院長李煥頗爲一般人看好。[3] 李煥一直協助蔣經國拔擢人才，在黨內外的人緣不錯，甚至反對黨都認爲他採取中庸之道是令人尊敬的。其他如宋楚瑜，陳履安，錢復等人亦被人提及可以成爲副總統候選人。在諸多猜測中，最引人注目的人選卻是蔣緯國。

　　1989 年底，謠傳蔣緯國有意競選副總統。1990 年初，新的謠言是說李登輝對蔣緯國旣沒有興趣，對李煥也不會考慮。[4] 二月初，蔣緯國在美國對總統選舉發表觀感說：國大代表若要推他當副總統候選人是國大代表的自由意志，他雖不從事競選，但將接受「黨命，憲命及天命」，[5] 並且否認蔣經國曾說過「蔣家人不再任總統，副總統」的話，引起國內輿論極端的不滿。

　　2 月 11 日之前，誰是李登輝的競選伙伴仍然引起各方的爭論，李登輝內定的李元簇更引起不同的意見。[6] 上午 11 時，在國民黨中央委員會上，委員們對總統提名選舉的辦法，又產生了分歧。依照慣例，中央委員都以起立表示贊成，坐下表示不贊成的方式，進行表決。然而某些委員表示，希望這次總統候選人的提名，採用舉手或無記名投票的方式，以示愼重。行政院長李煥支持總統人選以無記名投票產生，同意他的有包括兪國華、林洋港在內的七十人。[7] 國民黨秘書長宋楚瑜卻表示，他的立場是希望依據蔣經國先生時代的傳統辦法，以起立方式提名總統候選人。但是，由於最近有一些藉機「破壞黨內團結的運作」出現，令人憂慮，所以他贊成以負責任的舉手方式表決提名人選。[8] 另一與會者張豫生卻反對宋楚瑜的意見。他說國民黨已變成一小撮人把持的黨，所謂「破壞黨內團結的運作」又指何人？如果有勇氣，爲什麼不秘密投票？[9] 直到下午

一時卅分，才由 180 位中央委員以舉手表決通過提名辦法：支持無記名投票者七十人；贊成起立者有九十九人，確定以起立方式推舉總統候選人，並通過以舉手方式選出副總統候選人。[10]幾經波折，執政黨終於推舉出李登輝，李元簇為國民黨的總統及副總統候選人。

李元簇，湖南平江縣人，先後獲中央政治學校法學士，西德波昂大學法學博士，曾任軍法處長，教育部部長，司法行政部部長等要職，他勤慎廉正，性格平和，是一個「沒有聲音，很肯做事」的正人君子。許多人尚不了解李登輝選擇李元簇為其競選伙伴的最大原因，是他需要一位憲法及法律的專家為其輔弼。[11]李登輝需要借助李元簇的專長從事臺灣憲法的改革以完成臺灣民主化的歷程。

許多國民黨的高階層人士感到李登輝以迅雷不及掩耳的手法，不經任何人同意就提名李元簇十分不滿。尤其是行政院長李煥和國防部長郝柏村心中非常不悅，因為李登輝並未與他們商量，讓他們對黨主席的想法、做法，完全不明不白。外省籍的領導人已經感到李登輝似乎羽翼已豐，再難掌握。因此，李煥與郝柏村的擁護者開始動員國民大會代表，企圖另外選一組候選人與國民黨正式的提名人對抗。黨內擁李登輝派的人士得知這個消息後大為震怒，這是從 1949 年以來國民黨內部首次的大分裂。

反對聲浪的升高

國民黨提出總統及副總統候選人之後，站在李煥這一邊的人士馬上展開行動，發起國大代表連署，支持林洋港及蔣緯國為正副總統候選人。[12]林蔣的搭配不但能平衡省籍的矛盾，許多懷舊的老國大代表更可藉此表達對蔣家的忠誠以及滿足其統一中國的夢想。因

此，林蔣的搭配得到不少國大代表的支持。

擁蔣派的國大代表滕傑很快就找到了推舉正副總統所需要的一百人連署簽名。[13] 滕傑表示李登輝選李元簇爲副手就是要當家作主，要搞獨裁，只有林蔣的搭配才是眞正的民主。就連林蔣本人算在內，也不應該有人出來反對他們兩人競選總統和副總統。[14]

中華民國有史以來，被提名爲總統候選人之後，才遭受到嚴酷批評的，李登輝是第一人，而且批評他的聲音不來自黨外而來自國民黨黨內。2月13日，國民黨黨員張豫生很痛心地公開表示，黨工把持權力，一手遮天，任用自己的人馬黨同伐異，重要政策的形成，只有少數幾個「自己人」知道，其他同志全蒙在鼓裡，太不民主了。[15] 他認爲黨主席和黨秘書長應該爲這可悲的形勢負責。

兩星期後，新國民黨連線立委李勝峰表示中央委員起立投票，是在權力社會監督下「亮票」，全部是廢票，不合民主程序。[16] 他指責李登輝二年來的獨裁是黨內團結最大的疑慮，希望他「不是強人不要硬當強人」。[17]

同日，趙少康亦表示國民黨內部對總統副總統的提名，不但實質上不民主，程序上亦不民主。他說蔣經國去世時，郝柏村曾率三軍宣誓效忠李登輝、李煥、蔣緯國等也表示支持他，現在這些支持他的人都採取與他對立的立場，[18] 顯然李登輝的領導大有疑問。

批評李登輝的人將李登輝及其支持者宋楚瑜和中央委員等人劃歸於「主流派」，由李煥、郝柏村等人爲首的另一些中央委員歸於「非主流派」。雖然這兩派在意識形態上的分野並不十分明顯，但是國民黨內的保守份子，黨國元老及許多年輕的黨員，以及新連線的成員逐漸傾向於「非主流派」並反對以李登輝爲主的「主流派」。這種分裂直接影響到國民大會，並且對選舉程序的進行造成威脅。

　　3月2日，資深國大代表滕傑表示林洋港和蔣緯國已經同意出馬競選總統及副總統，而他亦收集到一百人以上的提名所需的連署簽名。[19]國民大會瀰漫着一片擁護林蔣爲第八屆總統副總統的氣氛，令國民黨內部及民進黨全感到極度的不安，他們擔心萬一林蔣當選，臺灣將走回保守的老路線，開民主的倒車。民進黨國大代表及立法委員決心與國民黨的中央民意代表做殊死戰，奮力阻止林蔣的搭配並籌劃街頭示威遊行，以達到其嚇阻的目的。

新的緊張情勢

　　中華民國第八任總統選舉，國民大會於2月19日上午10時召開大會。國大代表719人前往陽明山中山樓報到，展開三十五天的議程。[20]國大秘書長何宜武提名九十四歲的薛岳爲大會主席，民進黨籍的代表立即表示抗議，並且以質疑薛岳的合法性以及不願與老代表同時宣誓爲抗爭的理由，進行議程的干擾。大會方面只好動用警察，將肇事的民進黨代表黃昭輝、蘇嘉全、蔡式淵三人強行驅逐出場。但是，留在會場中的民進黨國代，仍然繼續呼口號抗議，會場秩序大亂。中午，在總統邀請全體國代的午宴上，以黃昭輝帶頭的民進黨國大，當着李登輝的面，連續掀翻了七桌酒席，湯水翻落一地，代表紛紛走避，餐會只好草草結束。[21]

　　由此可見，政治反對派已經開始採取暴力取勝的走向。反對人士認爲現階段的民主程序旣不完整，進度又太慢，他們在國民大會佔的席次太少，根本起不了什麼作用。因此，他們只好以暴力行爲來引起一般民眾的關注，共同來和不民主的執政黨抗爭。民進黨打算以羞辱與暴力雙管齊下來引起群眾的公憤。國民大會揭幕當日的

全武行，對於外省籍爲主的中央民意代表而言，眞像從他們劈面打
下來一陣棒喝。以民進黨爲主的反對人士已經不惜冒被逮捕的危險，
下定決心一定要使老邁的外省籍代表退職，只便臺灣能走上徹底民
選官員的民主之路。

兩極化與妥協化

2月19日國民大會揭幕日發生的暴力事件，引起臺灣島內熱烈
地議論。許多人把黃昭輝等人視爲英雄人物，認爲他們是民主的勇
士。另外一些人卻爲他們動武的行爲大爲震驚，心中懷疑這類囂張
事件代表着眞正的民主。許多代表認爲李登輝作爲總統的表現實在
懦弱無能，他們認眞考慮是否應投票支持林蔣搭檔。2月19日發生
的事使國民黨內部的分裂更爲兩極化。

李登輝明白他的被提名在國民大會遭受到嚴重的挑戰，而民進
黨日趨暴力的傾向，更使得他的政績受到外界嚴厲的批評。李登輝
非得採取行動以中止國民黨內部的權力鬥爭不可。3月2日，李登輝
請出謝東閔、陳立夫、黃少谷、袁守謙、倪文亞、李國鼎、蔣彥士
和辜振甫八位黨國元老會談，[22]首先表示自己在選擇副總統候選人
時有不夠周到之處。大老們對李登輝提出多項批評建議，對他兩年
來的領導作風頗有微辭。但是經過與李登輝溝通之後，大家均同意
黨內整合工作十分重要，並答應出面與黨內非主流派人士協調。[23]

3月3日下午4時，李登輝邀請八元老至官邸，針對正副總統選
舉引發的黨內派系對抗，徵詢化解黨內紛爭的意見，[24]並希望大老
們勸退林洋港與蔣緯國。八元老決定以三大理由勸退林蔣：㈠連署
「林蔣」搭檔的國大代表此舉是違反黨紀的行爲；㈡儘管「林蔣」

宣稱他們是候選而不競選，但若因此造成黨的分裂，則將成爲「歷史罪人」，並會遭黨紀處分；㈢執政黨既然已推舉李登輝與李元簇爲國民黨正副總統候選人，再無推翻最高決策之理，黨內同志都應盡全力輔選。[25]同日，林洋港與蔣緯國連袂出席將近二百位國大代表爲其「助選」的餐會，會中充滿「反主流」的叫陣，不斷喊出「中華民國萬歲」，「蔣緯國萬歲」等口號。[26]

3月5日，蔣彥士中午邀集李煥、郝柏村、謝東閔、黃少谷等人在臺北賓館舉行整合餐會，轉達李登輝穩定政局，探討黨內整合的期望。[27]經過四個半小時的「攤牌」會商，大老與非主流代表達到了四項共識：希望未來在非體制的決策過程中，要建立㈠集體領導；㈡共同諮商模式；㈢要求李登輝公開就憲政體制之走向予以定位；㈣對統一中國的大陸政策再予澄清。[28]非主流派並提出兩大要求：㈠希望李登輝當選總統後不再兼任黨主席；㈡替換宋楚瑜爲黨的秘書長。[29]

回應「賓館會議」的共識，李登輝於3月7日公開發表國是談話。他表示黨主席與國家元首是否由一人兼任，應衡酌利弊，廣徵意見，獲致共識。至於對他領導風格的批評與建議，他一定誠心接受，做爲日後改進的參考。他表示自己無時無刻不以光復國土，完成統一大業爲職志，積極策劃，全力推進……。[30]

李登輝對政局整合的努力並沒有得到預期的效果。[31]民進黨的朱高正表示李登輝的所做所爲毫不具體，民眾無法從他的談話中看出未來明確的方向。趙少康則直指李登輝談話的內容「與大家的期望有很大的差距」。李登輝是否具備政治家的遠見和胸襟，大家仍不確定。[32]郝柏村表示，身爲國民黨黨員，在黨內他決定支持民主憲政這一派，身爲國防部長，他遵守政府的決定，不牽涉於任何派系

之爭中。³³

李登輝的談話既未獲正面迴響，林、蔣的組合也沒有退選或不
候選的跡象。奉命從中斡旋的蔣彥士心情十分沉重，但是他仍然積
極奔走，與陳立夫、謝東閔、黃少谷等大老溝通意見，準備舉行第
二次的整合會議。³⁴整合的關鍵在於「國家元首不能兼黨魁」這一
個問題。此一要求是非主流派人士的「讓步底線」，但李登輝是否接
受，實難斷言。而臺灣一些商界人士亦開始積極勸阻林洋港出面競
選總統。³⁵

3月9日，國大代表連署支持林洋港、蔣緯國出馬競選正副總統
倒數計時，國民黨主流和非主流兩派人馬積極備戰。李登輝首次對
黨內兩組人馬爭執不休的形勢表示自己的看法：他表示黨內出現兩
組競選人馬在民主國家並不少見，只要能團結和諧，無損國家利益，
他是無所謂的。³⁶國民黨內部的爭執使許多政府高層官員感到灰心
失望。經濟部政務次長王建煊就因為感到臺灣法治紊亂，公權力不
彰，內心極為苦悶，毅然決定掛冠求去，不再留戀擔任了二十八年
的公職。³⁷這種心態是許多中國知識份子所共有的，亦是墨子刻教
授所說的「儒家式的困境」——由於感覺道德淪喪而造成自身的失
落感，更由於對外在環境越來越灰心失望，因而造成自身的極度焦
慮的心態。³⁸

蔣彥士等人多日的辛勤斡旋，終於突破了持續膠著的政局，有
了正面的結果——林洋港於3月9日宣佈無條件辭選，使總統的選
情單純化很多。³⁹第二日，蔣緯國亦宣佈不再競選副總統。⁴⁰李登
輝邀見了林蔣二人，並表示自己對他們的感激。然而支持林蔣的國
大代表仍然不棄初衷，表示要支持林蔣搭檔到底。⁴¹執政黨黨內協
調的成功，為李登輝、李元簇在國民大會中鋪上順利當選之路。

　　然而，國民黨內部的鬥爭之巨是前所未見的，這使得國民黨內高階層的人事關係以及士氣大受損傷。一向合作無間的李登輝和李煥心存芥蒂，無法再共事。李煥不久即辭去職務，從此結束了他的政治生涯。許多高階層的幹部亦因為局勢變化過速，無法適應，提早退休。外省籍的黨員已經失去了在國民黨內部的勢力，他們已無法控制臺灣籍的總統兼黨魁的想法和做法了。外省人能影響政府政策的日子已經逐漸消失。時至如今，國民黨的對手只剩下反對黨和反對黨的支持者而已。

風雨飄搖的危機

　　國民黨內部的紛爭雖然已獲解決，但國民大會朝野的衝突卻方興未艾。民進黨國代於 2 月 19 日開幕當天，就因抗爭而未宣誓，後雖經數次補行宣誓，但又因改變誓詞，被宣佈無效。國民大會主席團多次就此事展開討論，認為依法民進黨籍國代不能行使其職權。[42]並且調派大量憲警在陽明山中山樓會場出入口部署，阻絕未完成宣誓的國代進入會場。[43]主席團認為，民進黨國代將誓詞內容「中華民國人民」改為「臺灣人民」，將年制改為西曆均使得誓詞無效，[44]因此毅然做了停止其使用國大代表職權的決定，引起民進黨代表的極大憤慨。[45]

　　在民進黨國代無法與會，無黨籍國代退席抗議下，國民大會第一審查委員會僅花了二十四分鐘，就通過了修訂臨時條款的條文，內容包括國大代表可維持行使創制複決兩權，增額代表任期從二年延長到九年，國代可每年自行集會一次，而出席費亦由原預算的五萬二千元提高到二十二萬元。[46]此項臨時條款修正條文一旦獲大會

通過，國大職權將大幅擴張，因而可能觸發憲政危機，引起了各界的質疑。[47]臺大政治系教授胡佛認為，國民大會自行延長任期及每年定期集會的作法完全違憲，根本是利用違憲的臨時條款來做更違法的事情。[48]不過，由於這兩項議案並未經國民大會全體代表大會正式通過，學者專家認為仍有挽救的餘地。[49]

事到如此，民進黨即決定選擇其最擅長的政治技巧，再走群眾路線。3月14日上午，由黨主席黃信介率領的民進黨立法院黨團，臺北市議會黨團及各地民眾，護送民進黨國大代表進入中山樓行使職權，但遭到鎮暴部隊以人牆阻擋於中山樓外的牌樓下。民進黨國代以席地靜坐以為抗議。[50]

憤怒的國民黨人看到事情的演變已經到了難以收拾的地步，大聲疾呼李登輝拿出魄力來中止此行憲的鬧劇。[51]16日上午，黃信介與民進黨代表等十四人，又至總統府請願，與憲警衝突，並遭到強制架離現場的結果。[52]

各界不滿國大作為，群起聲討的行動越來越烈。北部幾所大學學生開始集結在中正紀念堂前靜坐示威。[53]被激怒的教授學生積極展開跨校性的結合行動，同時發動「靜坐、罷課、罷免、抗稅」等抗議行動。[54]從16日開始在中正紀念堂外靜坐抗議的學生，到19日已增加到數百名，儘管天氣寒冷，他們仍然決定靜坐到25日總統選舉為止。[55]這是臺灣四十餘年來首次動員了超過兩萬名以上學生的學生運動。臺灣學生受到大陸六四天安門事件的刺激，也決定以行動來抗議國民大會的作為。臺灣政府對集結的學生除了勸告外，並沒有採取任何驅散的行動。

媒體對國民大會違逆民意的所作所為，展開全面指責，全國各界亦同聲批判聲討，立法院亦決定正式加以嚴厲譴責。省市議會紛

紛發表聲明大加撻伐。[56]而民意調查顯示民眾已經感到國民大會殘存的民意基礎已經越來越薄弱了[57]。臺灣整個政局已陷於風雨飄搖的危機之中。

解除危機

　　3 月 17 日，星期六下午，仍有萬名以上學生聚集在中正紀念堂靜坐抗議。李登輝透過三家電視臺發表「國是談話」，相信國大代表在最後討論時，一定會尊重民意反應，重予考慮。而政府一定會尊重國人公意，加速改革，並且他希望民進黨的國代遵守法律，維護議事秩序。[58]李登輝的談話並未能安撫在中正紀念堂抗議的學生，其中有十餘名學生開始絕食。南北各校響應，教授加入行列，民眾捐助物資。3 月 18 日，聚集在中正紀念堂外的學生已達三萬人。[59]標語旗幟滿天飛揚，在臺灣歷史上從未見過如此盛況。示威現場的秩序良好，政府除勸慰外仍然沒有採取任何干預行動。

　　此時國民大會審查會修訂臨時條款擴張國大職權引起的各方訾議，令大會十分震驚，使得許多代表見風轉舵，表示自己並不贊成修正條款。執政黨也表示從未同意國大擴權。19 日，政府有關人士透露，當局考慮在近期召開「國是會議」，集思廣益，共謀國家建立共識，以籌劃國家建設方策。[60]同時，為了平息社會對國民大會強烈不滿所引發的政治風暴，大會決定將審查會通過的臨時條款翻案取消。[61]為了安撫學生的情緒，李登輝親自手書口信，請教育部長轉達給學生。[62]同時派李煥、李元簇、蔣彥士及宋楚瑜連夜研商召開國是會議的時間表及議程，向中常會提出報告。[63]

　　3 月 21 日，李登輝當選為中華民國第八任總統。在出席國代 668

人中，獲得 641 票，得票率高達 95.96%。⁶⁴當晚李登輝在總統府接
見在中正紀念堂靜坐的五十位學生代表，表示政府了解學生所提各
項改革的訴求，也有決心與誠意儘速的解決。⁶⁵ 22 日，李元簇當選
為副總統，出席 644 位國代中獲 602 票，得票率 93.48%，⁶⁶創行憲
以來副總統選舉得票率最高的紀錄。

　　臺灣的憲政危機到此可謂有驚無險度過。民進黨制衡國民大會
獲得成功，使他們對加速臺灣民主化的進程更有信心。然而只要憲
法繼續凍結，臨時條款繼續存在，老國大代表立法委員繼續控制國
會，反對黨仍然沒有合法的工具與國民黨競爭中央級的政治實權。
國民黨與民進黨還沒有展開官方的接觸，如果國民黨沒有意願提供
修憲的空間，民進黨領導的反對勢力是否能夠在法律的架構下進行
憲法的修改呢？在修憲的過程中一定會暴露出「省籍問題」和「臺
灣獨立」的民族主義難題。臺灣的菁英份子對政治權力的運作仍然
不能達成共識。國民黨和民進黨黨內的派系之爭，使臺灣的菁英份
子更形分裂。在這種情勢之下，如果派系衝突走向街頭，引發大規
模示威造成社會不安，對臺灣脆弱的民主體制肯定會造成極大的傷
害。

　　新任總統面臨的最大難題是如何消除政治菁英份子之間的歧
見，合理合法解決修憲的問題。換句話說，如何使他們同心協力，
共商修憲大事，為實現民意代表退職，中央政府首長選舉等民主體
制鋪路。菁英份子對政治改革的支持亦牽涉到全民對中國統一政策
的共識，這些問題不能順利解決，執政黨可能失去其統治臺灣的根
基。

第九章
達成片面政治妥協

1990 年 3 月的政治風暴雖然引起了政治菁英份子間的爭執，但一般民眾對憲政改革並未動搖其信心。在一次民意調查中，知識份子有 86.4% 認為臺灣正處於憲政危機之中，但一般民眾持有相同看法的只有 47.3%。[1] 為了重建社會菁英份子對政府政策的信任，以及對政府施行改革的信心，李登輝於 1990 年 3 月 21 日授命蔣彥士籌劃召開決定國家命運的「國是會議」。[2] 4 月 2 日，國是會議召集人蔣彥士表示國是會議的召開，是為全國著想，並不是為一個政黨，或一個小的政治團體著想，也不是為了政治協商的理由才召開這個會議。[3]

然而，社會菁英份子對李登輝召開國是會議的意圖卻是疑慮極深；這種心態反應出歷來折磨著中國知識份子對政府不信任的政治文化。有些人相信李登輝此舉是在推銷臺灣獨立，背棄國民黨反共復國的使命。另一些人認為他在討好外省籍的權勢團體以發展自己的勢力。這種懷疑和不信任的心態，其實是中國人對其領袖人物的普遍態度。國是會議的關鍵在李登輝是否能夠吸引臺灣政壇及學術界主要人物的支持，由於中國知識份子在傳統上就對執政者缺乏信任，而朝野雙方又沒有建立起溝通的管道，李登輝在此時召開這樣的會議是相當冒險的，萬一會議開出來的效果不佳，甚至因各種原

因使會議流產，對李登輝的信譽及權威而言，都會造成莫大的損傷。

國是會議

3 月 28 日，蔣彥士擬出國是會議籌備委員之名單，送交李登輝審核後發表。二十五名被邀請的人中（見表十一），[4] 大部分的人年齡均在六十以下，國民黨籍的委員大多數是開明派人士，委員中至少有一半不是國民黨員，而是代表其他政黨，以及學術、工商、民意等界的人士。李登輝下令特設專門信箱，任人對籌備會投遞各種意見。[5] 3月29日政府設置國是會議電話熱線，供人提供建議。[6] 4 月 8 日，政府公佈行政院將撥款兩千萬元做為召開國是會議的經費。

3 月 24 日，蔣彥士宣佈國是會議籌備委員會將於 4 月 4 日召開首次會議，但後來延至 4 月 14 日上午 10 時在臺北賓館召開。[7] 李登輝總統蒞會致詞，希望藉此次會議通盤檢討憲政體制與統一途徑。他勉勵出席的二十四位籌備委員（辜振甫在美無法出席）能以謀國之至誠，拋開黨派私見，以國家生存與全民福祉為著眼點，耐心協調，周詳策劃，使歷史性的國是會議能順利召開。此次籌備會的主要議題包括國是會議初步規劃，研議議題等等。

在 5 月 5 日舉行的籌備委員會議上，通過國是會議出席人推薦辦法；出席人數定為 120 人，除由總統遴選二十人外，籌備委員二十五人為當然的出席人，其餘由二十五位籌備委員另推薦五十個名額，各界推薦另二十五人交由蔣彥士等七人組成的小組進行資格審查。[8] 18 日完成審查，19 日送籌備會議討論。

籌備期間，李登輝一再表示國是會議「絕無預設立場或預設結

表十一　國是會議籌備委員名單

姓　名	現　　　　　　　　　　　　　　　　　　　　職	黨　籍
王玉雲	國策顧問	國民黨
王惕吾	聯合報系董事長	國民黨
田弘茂	學者，威斯康辛大學教授	無黨派
丘宏達	學者，馬利蘭大學教授	國民黨
呂亞力	學者，臺灣大學教授	無黨派
余紀忠	中國時報董事長	國民黨
宋楚瑜	國民黨祕書長	國民黨
吳豐山	國大代表，自立早報發行人	無黨派
施啓揚	行政院副院長	國民黨
胡　佛	學者，臺灣大學教授	國民黨
高玉樹	總統府資政	無黨派
陳永興	企業家，民進黨中常委	民進黨
陳長文	律師，國民黨法律顧問	國民黨
陶百川	學者，國策顧問	國民黨
康寧祥	政治家，首都早報發行人	民進黨
黃石城	公職人員	無黨派
黃信介	政治家，民進黨主席	民進黨
黃越欽	學者，政大教授	無黨派
張京育	政治大學校長	國民黨
張俊宏	政治家，民進黨祕書長	民進黨
張博雅	衛生署長，立法委員	無黨派
辜振甫	企業家，國民黨中常委	國民黨
蔡鴻文	國策顧問	國民黨
蔣彥士	總統府資政	國民黨
謝深山	勞工團體立法委員	國民黨

資料來源：見註釋 4。

論，與會者可盡情發言」。他又說：「民意是政治的根本」，他將一本民意爲依歸的原則。將來國是會議的結論，將作爲日後決策及憲政改革的主要參考依據。[9] 蔣彦士亦一再強調國是會議的目的是在廣徵民意。[10] 即使如此，專家學者對李登輝的誠意仍然疑慮頗深。

5月14日，李登輝約見九位大學校長，重申國是會議無預設立場，而憲政改革希望在兩年內達成的意願。[11] 6月23日，總統府發言人邱進益強調：「國是會議如有結論，不會是國民黨的案子。[12]而李登輝亦沒有替國是會議預設底線。」

但是，一般民眾和媒體仍然懷疑李登輝企圖用國是會議來達成其政治目的。4月29日，李登輝對外表示，憲法不宜變動，應採附加條款的修訂方式。使得外界對他預設立場的態度，更加疑慮。但是蔣彦士爲李登輝解釋說，那只是李總統個人的意見，表達個人意見是可以的。[13]

6月24日，國是會議議程確定，由各界繳上來的與會者名單共150人（後來出席者130人）（表十二）。[14]第二天，蔣彦士宣佈國是會議結束之後，將成立一個類似「憲政諮詢委員會」的常設機構，以持續推動憲政改革工作。[15]知識份子到此爲止，仍然對政府的做法半信半疑。

知識份子對召開國是會議的反應

許多反對黨人士以及國民黨黨內的開明人士一致希望廢除臨時條款，結束戡亂時期，並且強制執行老民意代表退職的計劃。[16]但是一些激進人士卻希望整個重建臺灣的政體。以陳芳明爲例，他希望此次國是會議「是要改變政治體質的一次準備會議，也是要改造

表十二　國是會議出席者背景統計

	人數	百分比
國民黨保守派	34	26
國民黨開明派	15	12
學者，知識分子	22	17
商界人士	4	3
民進黨員	13	10
前異議分子及政治犯	12	9
媒體代表	7	5
宗教團體代表	3	2
國大代表	10	8
無黨派人士	5	4
其他	5	4
總計	130	100

資料來源：作者取自開幕式出席名單。全部出席者名單請見《國是會議總結報
　　　　　告》，第一輯 (1990)，頁1～2，未出版。

國家性格的一次藍圖會議」。陳芳明認為召開此次會議，若只是為了
紓解國民黨的危機，那麼整個臺灣社會的悶局與困境，仍然存在，
是沒有出路的。[17]另一些知識份子擔憂如果國是會議失敗，對真正
的政治改革會造成莫大的損害。政治大學政治系副教授張明貴認為
國是會議不具法律地位，其決議亦無法律效力或拘束力。[18]另外一
位學者楊泰順表示「有人甚至擔心，國是會議如果不能產生具體的
結果，國民黨必將失去人心」。[19]
　　一些知識份子主張國是會議除了討論應如何將憲政改革定位之
外，更應該討論統獨的問題與臺灣對大陸的政策。他們一致認為應
該落實在人民基本權力上談問題，因此會議主題應放在民主體制的
建立以及人權的保障上。[20]海外學者如陳文彥等認為這種國是會議，

是由「一位沒有民意基礎的總統及其指派的籌備委員組成，既不是經由立法程序產生，也不是經由臺灣人民推選，怎麼有權利坐下來討論、主導、影響島內二千萬人未來的政治前途呢?」[21]

6月之後，有些知識份子經過慎重的研究討論，開始對此次會議寄予某種期望。譬如陳哲明在一篇文章中表示，國是會議最好的一個結果是「開出一個共識」，[22]真正的改革工作，還得等到會後再依這個「共識」來具體落實。然而，在大會開幕前數日退出拒絕出席的憲法專家胡佛教授[23]說:「我不知道一個會開出來的結果是什麼，國是會議結果可能和憲政改革無關，最後變成政治鬥爭，政治角力的場所。」[24]他又說:「像踢足球，現在球場裡有好幾個球門，你不知道腳下的球要踢向那裡。」[25]

另一位退出國是會議的學者李鴻禧認為國是會議的召開是因為政府受到民眾和學生的壓力，不是由國民黨自動自發提出來的。他並且對國民黨排斥在野黨，尤其排斥「新潮流系」人士提出質疑。[26]社會學者楊國樞亦退出國是會議，他認為自己不能起多大作用，像是點綴，像花瓶一樣，實質上沒有多大作用。[27]他說:「在兩黨大力動員下，幾乎參加國是會議的人都分成兩類，中間的人很少，等於是以黨為單位在競爭。」[28]

不但開明派學者對此次會議心存懷疑，反對黨的領導人亦同樣疑慮叢生。民進黨中常會議表示國是會議的參加名額，應以去年(1989)大選政黨得票比例分配。[29]民進黨考慮自己成立國是會議籌備研究小組，研擬具體的討論內容。該黨中常委陳永興認為，「民進黨不管能不能參加國是會議，對於民進黨來說，都是一次有別於議會和街頭抗爭的成長機會，應該充分做好事前準備工作，以展現自己的主張和對憲政改革時間表的看法」。[30]

從開始起，民進黨即耽心國民黨會一手把持國是會議，李登輝亦無誠意施行政治改革。1990年3月29日，蔣彥士前往黃信介家中訪談溝通，就國是會議籌備事宜進行對話。對於籌備委員以「社會公正人士」爲主一事，民進黨陳永興提出質疑，公正的標準是什麼？[31] 蔣彥士認爲此次先期溝通氣氛融洽，雙方都認爲召開國是會議是正確的，黃信介亦表示希望「會議成功」。這次會談爲李登輝以國家元首身份正式邀請在野黨主席黃信介等人於4月2日見面晤談鋪下了坦途。這是朝野雙方政治溝通，冰釋前嫌的一大突破。

李登輝與黃信介均來自樸實的鄉村，首次以黨魁身份正式晤談十分融洽。黃信介表示對李登輝「開明的作風與卓越的領導」深爲敬佩。[32] 他並且向李登輝提出備忘錄，內容包括：㈠憲政體制改革之具體時間表；㈡政黨政治的徹底落實；㈢政治案件全面平反；㈣維護治安，有效保障人民生命財產安全，落實社會福利制度；以及，㈤關於國是會議的籌備，希望籌備委員依選票比例爲原則。[33] 李登輝與黃信介的會談，使國是會議的歧見消解了大半，民進黨不再堅持籌備委員的比例。兩黨彼此尊重接納，有助於改善臺灣的政治氣氛，展開了朝野隨時進行溝通的途徑。[34]

但是，民進黨人士對黃信介主席與李登輝的晤談以及參加國是會議仍然意見各異。4月3日，民進黨前主席姚嘉文表示，他對李黃二人的會晤「還算高興，但不完全滿意」。他認爲李登輝在中央民代全面退職的時間表上，以及何時終止動員戡亂時期等問題上，答案均很模糊，和民進黨的目的距離頗遠。[35] 其他的民進黨人士如吳乃仁等，都認爲李登輝的答覆直接明白，超出他們事前的預期。[36] 4月3日，蔣彥士邀請張俊宏、陳永興、吳乃仁、張俊雄四位民進黨人士參加籌備會議。[37] 但正式籌委會名單公布時卻沒有「新潮流系」的

吳乃仁。[38] 令人十分意外，也令民進黨十分不滿。[39] 後經多次商談，民進黨於 4 月 9 日舉行的臨時中央執行委員會決議，確定受李登輝總統邀請的黃信介、張俊宏、陳永興與康寧祥四人以黨代表身份參加籌備會。[40]

　　民進黨內對於該不該參加國是會議展開了熱烈的爭論。多數黨內人士認爲至少應該參加籌備會再提出抗爭的原則問題，讓社會了解責任的歸屬在於國民黨。如果就此退出，民進黨會承受社會的指責，沒有誠意與政府合作。中常委陳永興甚至說不惜退黨也要參加國是會議。他表示「民進黨如果退出國是會議這個戰場實在是很可惜的事」。他同時說：未來無論黃信介等民進黨人士是否退出，他仍堅決參加，如無人諒解，他不惜退黨。[41] 吳乃仁批評陳永興說他「太天眞了」，不懂政治力的運作。民進黨秘書長張俊宏也表示，「退出國是會議若於事無補，還不如守住戰場繼續抗爭」。[42] 而民進黨內兩大派系——美麗島與新潮流——亦用是否參加國是會議這個題目來抗議郝柏村軍人組閣。在這點上民進黨內又產生了嚴重的歧見，派系鬥爭有蓄勢全面展開的趨勢。5 月 15 日，黃信介很感慨的表示，民進黨已經是個「弱勢團體」了，如果新潮流系專從事黨內鬥爭，將李總統提名郝柏村組閣與參加國是會議混在一起實在不智。如果黨內派系意見再繼續紛歧下去，對民進黨的損傷極大，民進黨也許會因此而分裂成兩個黨也說不定。[43] 在經過兩個多月的擾攘之後，民進黨在 6 月 2 日的中央執行委員會中，以十六票對六票通過了正式推派代表參加國是會議，解除了民進黨黨內一觸即發的派系鬥爭。

　　決定參加國是會議之後，民進黨立即展開討論研討，提出「民主大憲章」，作爲臺灣政治的藍圖。[44] 同時，國民黨國是會議研究小組對此次會議的定位問題，展開了討論——此次會議類屬於 1936 年

的「盧山會議」？還是 1946 年的「政治協商會議」？或是一次全新不同狀況的會議？[45]有人認爲開「盧山會議」時，全民一致抗日，當時國民黨主導一切，共識極爲凝聚而單純，而「政治協商會議」則處於制憲前夕，國共兩黨內爭，情況混亂，目前要開的國是會議較類似後者，但當前的形勢顯然比上述兩次會議均爲複雜，可說是一次全新不同背景的會議。

行政院長郝柏村表示，國是會議只是個諮詢性質的會議，不是一個法定會議，所以國是會議的結論，必須經憲政體制採納，國是會議本身並無「強制性」，也沒有「拘束性」。[46]對於外界不滿國是會議出席代表名單過多的保守派學者，籌委會召集人蔣彥士不以爲然，他表示：「什麼叫保守？連國民黨黨內也有不同的看法，黨內有些是開明派，有些是改革派，這是不用擔憂的，難道國是會議全部邀請反對人士參加才具有改革誠意嗎？」[47]

和民進黨一樣，國民黨內部對國是會議的意見亦是歧見紛紜，各有說辭。6 月底，一項國民黨內部的調查顯示黨員對此次會議的看法差異頗大。[48] 750 份送出的問卷，回收 126 份，九成以上的受訪者認爲國是會議開會前黨內應先達成共識，並且強烈主張以國家統一爲會議方針；傾向廢止臨時條款，小幅修憲者佔絕大多數。在大陸政策方面，半數以上的人認爲目前政策太保守，不夠明確。

6 月 19 日，國民黨確定參與國是會議的四大基本立場：㈠增訂修憲條文；㈡終止戡亂時期；㈢維護現行體制但增訂閣揆得報請總統解散國會權；㈣地方制度另訂專法。[49]

不少工商界的知名人士亦受邀參加國是會議。但臺塑的王永慶拒絕出席，他說他從前也參加過由政府主辦的經濟改革會議，並且有一些「受騙」的經歷。[50]王永慶的感受代表許多臺灣工商界的人

士，他們對此次國是會議是否能帶來滿意的政治改革結果，心存相當大的懷疑。

統領雜誌總主筆陳文龍認爲所謂「國是」會議與「國事」會議不同，既是「國是」則必須基於大多數國民意志與願望的抉擇，應該是公意昇華的決策，應該是超越黨派利益的檢驗，應該是具有眞正代表性人物的組合。[51] 他懇切希望此一會議不會流爲政治大拜拜，成爲搪塞政治改革的擋箭牌。「青年中國黨」的副主席謝學賢認爲在這樣的會議中，最好是每一個人講出心中想講的話，不可能達成什麼共識。[52]

5月13日，三十多位學者在「全國無黨籍民選公職人員聯誼會」舉辦的「國是會議建言座談會」上發表意見，多數認爲局部修憲已經不敷臺灣政治改革的需要了，並且主張制定基本法，直接進行第二屆立法委員的選舉。[53]

4月22日，長老敎會向李登輝提出如下三項建議：廢除臨時條款，制定基本法，釋放所有政治犯。[54] 並表示如果李總統不理會他們的建議，敎會會設法抵制國是會議的召開。同時，二十餘個在野黨，決定自行召開「在野黨」國是會議，對四十五個在野黨只選出三位代表極表不滿，認爲國是會議是國民黨與民進黨的「分贓會議」。[55] 被選出的三位代表中，中國青年黨的宣以文以國是會議沒有揭示「國家統一，回歸憲法」爲理由，公開宣佈退出。民社黨代表王世憲因黨內意見及健康問題準備棄權。剩下的謝學賢認爲參加會議時雖然不見得能表達意見，但不去參加又怎能了解會議的意見？[56] 因此決定代表「少數民族」參加會議。

6月中旬，社會大衆對國是會議的懷疑與批評仍然存在，令人懷疑國是會議是否能如期召開。由於國是代表的名單不斷膨脹，其中

不乏極保守的右派人士，因此無黨籍的代表吳豐山及民進黨主席黃信介等均表示，如果國是會議沒有令人滿意的改革共識，他們將不惜退出會議。[57] 民進黨代主席陳永興也表示，一旦國民黨以多數壓倒少數，改革成果和人民期待有落差時，民進黨和無黨籍代表將會退出會議，並且自行邀請各界代表性人士，舉辦民間國是會議。[58] 對國是會議結果，一般學者均不表樂觀，考試委員王作榮認爲這是個「大家發言但不必有結論」的會，所以是一個沒有成功也沒有失敗的會議。[59]

一波未平一波又起，應邀回國參加國是會議的海外代表吳澧培、王桂榮、楊黃美幸、張富美四人，在得知民主運動海外組織成員陳昭南在獲得駐外單位簽證合法入境下又被收押一事，召開記者會，表示不惜退出國是會議以示嚴重抗議。[60] 他們約定與蔣彥士會面，希望蔣彥士能安排他們會見李登輝，針對國是會議約束力、海外黑名單、政治犯復權問題等當面請敎李總統。[61]

李登輝甚至邀請從 1949 年即流亡在外的政治異議份子彭明敏回國參加國是會議。海外的知名學者田弘茂首先推薦邀請彭明敏回國參加國是會議，但彭明敏表示如不主動撤銷對他的通緝，他不準備回國與會。[62] 無黨籍的代表吳豐山也受託以總統私人代表身份赴美邀彭明敏返臺。黃信介亦趁赴美之便拜訪彭明敏，向他說明國是會議的來龍去脈，和最近臺灣政局的變動，更懇切希望他回國參加會議。在彭明敏與作家李敖來往的書信之中，他談到如果他返臺，入境的程序應如下：㈠抵臺時，高檢署最高負責人及所謂「承辦檢察官」在機場與他會面；㈡會面時互不握手；㈢他自動出示護照或駕照證明身份；㈣高檢署最高負責人代表政府對通緝他二十餘年的決定正式道歉；㈤他接受道歉，並保證對此不再追究也不要求補償；

㈥步入機場時他會向記者證實已接受政府及高檢署的道歉；㈦上述程序全部現場錄影錄音。[63]

對於彭明敏要求道歉一事，臺灣高檢署表示啼笑皆非。政府亦表示對彭明敏被通緝一事愛莫能助，不可能接受他的條件。彭明敏因此正式宣佈不回國參加國是會議。兩年後，彭明敏回國定居，1995年，他加入民進黨，1996年初他成為民進黨總統候選人，競逐中華民國第九屆總統的選舉。

國是會議開始

1990年6月28日上午8時30分，國是會議於臺北圓山飯店正式召開。當司儀宣佈向「國旗及國父遺像行三鞠躬禮」時，許信良卻挺立身軀，拒絕行禮。[64]李登輝在開幕式中指出此次會議是以「健全憲政體制」與「謀求國家統一」為兩大目標。[65]被邀的150名代表中，有136名報到。[66]未報到的十四名人士中，確知有包括胡佛，楊國樞，彭明敏等八位知名人士不會出席。[67]

全體出席代表分為五組，針對國會改革，地方制度，中央政府體制，憲法含臨時條款修訂方式，大陸政策及兩岸關係等五大議題，做為期三天的分組討論。7月1日休會，整理分組會議記錄，並提出分組結論。7月2日至4日上午，安排全體會議，共同討論分組討論之結果。4日下午3時至5時由李登輝總統主持總結報告，隨後舉行閉幕式，晚間由李登輝宴請全體出席人員。

在臺灣的歷史上，從來沒有如此眾多不同政見的人士，同聚一堂，討論政治改革和臺灣的前景。一開始，朝野人士針對國是會議的結論是否應動用表決即產生了不同意見。在野人士多要求應以表

決方式決定結論，以示對社會及歷史負責。國民黨方面則認爲國是會議應察納各方意見，不宜以強制表決作成結論。[68]

總統府發言人，國是會議籌備委員會副秘書長邱進益於開幕當日，代表李登輝，公開澄清國是會議已有「預設底線」的傳言。[69]當晚，由民進黨、無黨籍、自由派、法政學者和海外臺灣人代表所組成的改革派，在圓山飯店306號房舉行記者會，表示對首日國是會議的失望。[70]吳豐山指當權派拖延改革心態要不得；張俊宏認爲國是會議不應被定位爲總統的諮商會議；姚嘉文批評議事規則未定案；謝長廷認爲主席團有意讓國是會議流於淸談；張富美建議媒體做民意調查；許信良指全民有權利也有責任監督；呂秀蓮則直指國民黨無誠意，宣佈退出。[71]

雖然對憲政改革的見解，朝野雙方的見解南轅北轍，但是在開幕日當晚的餐會中，媒體和電視照出來的卻是一幅相見歡的圖畫；行政院郝柏村院長與許信良幾度乾杯。經濟部蕭萬長部長與民進黨秘書長張俊宏親熱擁抱；經建會主委郭婉容與民進黨前主席姚嘉文暢敍舊日師生情誼。[72]民進黨主席黃信介在幾十杯黃酒下肚後，仍然不忘對國民黨的年輕黨工進行「統戰」，一邊敬酒一邊說：「過個幾十年，這些人都是部長，現在不巴結，以後就沒機會了」。[73]從美國回來的國是會議代表王桂榮在郝柏村巡迴敬酒時直截劈頭問道：「我們海外人士都很擔心軍人干政！」郝柏村一副無辜的樣子回答：「你看我像嗎？」彼此親切地乾杯。

第二天，繼續進行分組討論，對省長開放民選，總統直接民選兩項全民關注的議題，與會人士建立了高度的共識。但是對改革的進程和時間表，朝野雙方的意見仍相差很遠。尤其是受到大家關注的政治體制議題，民進黨主張「多省制」，將臺灣分爲六省。國民黨

則堅持「一省多市」制，以免除「獨立」的疑慮。使得朝野雙方產生了認知上的重大差異，使得在野聯盟，瀰漫著一股退出國是會議的氣氛。對於民進黨部份代表因為爭辯議題而想退出國是會議這點，國民黨中央黨部秘書長宋楚瑜表示：此次會議的基本精神本來就是集思廣益，固應擇善固執，也要虛懷若谷接受異見。任何人的中途退出，都是十分可惜的事。[74]宋楚瑜並且強調，國是會議不是兩黨競爭的場所，而應該是「智慧的競爭」。

同日，民進黨中央黨部秘書長張俊宏在國是會議上說：「我和許信良都是從國民黨退出來的。當時因為國民黨是一黨專政，民主無法實現。」他繼續說：「到現在為止，我還是很愛國民黨的，也不願意見到國民黨解體。」[75]接著他又說：「將來如果民進黨成為一黨專政，我會做第二次退出！」張俊宏坦率的表白令民進黨人士大為吃驚。民進黨臺北市黨部主委康水木連忙替他解釋：「張俊宏是開玩笑講的話，媒體切勿認真。」[76]

第二天，在討論地方制度的議題時，引發出省籍的情結。海外代表張富美發言時表示，有些人在臺灣住了四十年，心都在大陸上。執政黨大陸工作委員會主任鄭心雄則希望大家不要誤解為外省人不愛臺灣。他強調他雖然愛這片土地，但深感中國的前途在大陸，他希望大家不要用仇恨的眼光來看這個問題。[77]

長期以來一直和國民黨作對的反對派人士，似乎和年輕一輩的國民黨菁英較能溝通。在正式會議場所之外，他們可以輕鬆辯談，對國民黨政治改革的決定亦表示讚賞。[78]一位臺灣籍政治人物表示：國民黨現在是一個可以談的對手。海外回來的許多代表都曾在國民黨的黑名單上。其中有人表示，對民進黨而言，目前的情勢就是如何與國民黨競爭，並且還要贏！[79]

　　第二天分組討論的焦點是總統選舉方式的問題。八成代表贊成總統直選，朝野間的認知差距並不如預期的大，而在野內部雖然始終瀰漫着的一股「退出」的氣氛，在野代表亦沒有眞正退出。[80]

　　一項國是會議代表意見調查顯示，民進黨代表希望儘速完成憲政改革，執政黨方面比較偏向緩進。[81]民進黨代表主張老民意代表退職的期限最好是 1990 年年底；主張廢除國民大會和監察院；主張以全面重新「制憲」方式進行憲政改革；贊成總統直選。在民進黨和其他改革派的共識會中，還有一些其他的結論：譬如國會人數方面，達成了 120 到 150 人的共識。中央政府體制仍是總統制，省長及臺北、高雄兩市市長民選。至於大陸政策方面，在野代表均認爲兩岸必須在以對等地位簽署和平協定後，才開放與大陸直接投資貿易。

　　國民黨提出的改革方案主要在於修改現有的憲法。[82]主張國民大會仍可選總統但無立法的權限，老民代終將退職但退職時限可放寬。至於大陸政策，由於北京不可能坐視臺灣獨立而不採取干預行動，在「談統一太早，談獨立太危險」的氣氛下，朝野雙方倒形成了共識，不談「新國家」，只談將此問題留給「後代子孫」。

　　中央政府體制一直是國是會議的重頭戲。國民黨認爲總統，行政院長與立法院之間的關係最好維持現狀。[83]至於省長民選議題，國民黨並不再強力反對。[84]在國民黨棄守省長民選後，轉而極力提議「一省多市」方案，以免外界認爲臺灣在搞獨立。

　　在兩岸交流日益頻繁的現實催逼下，政府大陸政策的「三不」宣示，成爲國是會議抨擊的目標。多數代表主張臺灣與大陸的交往應該放棄當前自欺欺人的三不政策，開始施行「政經分立，並接受三通」。[85]朝野雙方均同意李登輝的說法——除非中共宣佈絕不以武

力攻打臺灣，並改善大陸政治經濟的現況，中華民國是不願和他們打交道的。

　　既然朝野雙方均有誠意改革臺灣的政治現況，即使立場殊異，雙方亦願意以理性的態度達成共識。例如宋楚瑜和張俊宏達成兩黨共識，決定在國是會議後敦請李登輝總統遴選組成「憲政改革諮詢小組」，推動落實國是會議的結論。[86] 民進黨並表示，如果國民黨同意在三年或四年內實施總統民選，國會全面改選，及省市民選在1991 年底完成，民進黨將考慮不堅持制憲主張。[87] 民進黨主席甚至說，只要李登輝同意開放總統民選，民進黨甚至不硬性要求在三年或四年內實現。[88]

　　部份資深的國大代表看到國是會議一再聲言廢除國大的主張，大為激憤，威脅揚言他們手中尚掌握着罷免總統的權力，「我們可以選也可以罷免」。[89]

　　許多學者仍然認為此次國是會議，並沒有全面討論政治的改革，只是一個由兩黨主導的「政黨協商」會議。[90] 楊國樞質問：國是會議的法律地位在那裡？權力的來源又在那裡？而與會的人員都不是透過民主過程票選產生，因此會議的結論也沒有任何意義。」[91] 但是楊國樞仍然認為從長遠來看，這次國是會議仍為兩黨帶來若干好處。譬如執政黨請了許多海外異議份子與會，國內如許信良，前一陣子還在坐牢，現在也參加了最高層的會議，這種和解氣氛，給社會「四海歸心」的感覺。而對民進黨可與國民黨平起平坐，並提出各種主張，確定了反對黨的正式地位，亦是很大的成就。李鴻禧表示他原來期望國是會議是一種「共識會議」，避開政黨人士參加，讓各方提出意見，供政黨協商參考。誰知現在變成了「政黨協商會議」，學者在裡面根本沒有空間。[92]

無論如何，國是會議總算開出來了，兩黨協商也達成了某些共識，下一步棋能否繼續走下去呢?

國是會議結束

7月2日上午，執政的國民黨和民進黨及無黨籍的國是會議代表，在圓山飯店646室達成秘密共識。[93] 達成了「總統直選」及「加速資深中央民意代表退職」的共識，而民進黨亦答應在公民複決，以制憲代替修憲等主張上讓步，並同意繼續參加國是會議。[94] 下午，兩黨又分別在951及952房進行兩次秘密協商。[95] 關室秘談，兩黨協商的消息傳出後，會場上許多代表面面相覷，錯愕不已。[96] 部份學者抨擊兩黨協商是扭曲了會議本質並醞釀退出。[97] 由於不滿國是會議演變成兩黨協商局面，香港中文大學副校長金耀基提出一份由十位學者連署的聲明，要求兩黨對秘密協商一事提出說明，否則他們將退出國是會議。[98]

國是大會五大議題的重點——公民直選總統，於7月3日提全體大會討論。[99] 黃信介首次表態：如果此一議題不能通過，民進黨將「採取自己的行動」，對國民黨加以強烈的壓力與杯葛。[100] 媒體認為這個由140餘人出席，而又僅僅舉行六天的會議，能獲得很多原則上的共識，幾乎是一項「不可想像的成就」。[101]

總統民選已是朝野共識，民進黨也就在考慮誰可以成為該黨的總統候選人。許信良推薦黃信介。[102] 黃信介聽到這事後，他連忙聲明他本人對競選總統毫無野心，推他出來就是要「害死他」。因為選總統的經費至少要五億臺幣，是會破產的事，他會趕快跑掉。他理想的生活是在家裡悠閒地泡茶聊天。[103]

　　對於下一屆總統選舉的方式，由於李登輝已宣稱不再連任，因此不便表示意見，也沒有什麼定見。[104]儘管大家對總統民選已有共識，但朝野的看法仍是兩極。國民黨認爲委任代表制最可靠。但民進黨認爲臺灣實施民主政治已有四十年經驗，人民素質很高，絕對有能力自己投票選出總統。[105]

　　幾經商議協調，朝野兩黨在國是會議中通過的三點共識：現行總統方法必須改變；總統應由全體公民選舉；及其選舉方式及實施程序由社會各界協商循法定程序制定。然而，朝野雙方在文字上，仍然引起許多爭議。執政黨主張「總統民選」（並未說明直接或間接），民進黨及改革派則主張用「總統由公民投票產生」。最後由主席吳豐山宣讀出來的文字卻是「總統由公民選舉產生」，並且不言明以何種方式「選舉」。可見雙方都有某種讓步，預留了日後朝野進一步協商的空間。[106]

　　政黨色彩強烈的國是會議，一直是自稱立場中立的學者批評的對象，[107]許多學者對全體會議中以迅雷不及掩耳的方式通過決議更是嘩然。臺大教授蘇俊雄代表上臺發言時，很感慨地說，在國是會議這個充滿政治氣氛的地方，學者的基本立場是來提供意見，不是來當花瓶或插花而已。[108]

　　對於憲政改革應採取何種方式，執政黨堅持「修憲」，在野黨則力主「制憲」，雙方彼此攻訐，捉對廝殺。發言的代表郭仁孚、姚舜、李念祖、蘇俊雄、馬英九及丘宏達代表修憲派。[109]代表制憲派的有黃煌雄及邱垂亮等人。黃煌雄表示他們要求制憲，是爲了合乎民主運動的要求。憲法未能全面改造，將使政治、經濟發展受到影響。[110]馬英九說他們反對任何形式的新憲法及制憲。因爲目前的憲政危機還沒有嚴重到必須廢棄憲法的地步，而且新憲法也不一定比現行憲法

好。[111]

　　國是會議雖已接近尾聲，與會代表對此會議的定位，看法仍莫衷一是。許信良發言指出，臺灣四十年來第一次召開國是會議，是要解決長期存在的憲政危機。一部份人將國是會議定位於「諮詢會議」，他們是不能接受的。[112]海外經濟學者鄭竹園表示他接到邀請函時，亦收到國是會議的簡介，明白指出會議在邀請各方提出建言，是爲諮詢會議無疑。[113]

　　7月4日是國是會議最後一天。經過了六天的熱烈討論，與會人士對於「總統民選」，「省長民選」，「資深中央民代儘速退職」等議題達成了普遍的共識。[114]國是會議主席團並決議請總統設立「憲政改革諮詢小組」，李登輝在閉幕式致詞時並沒有回應。[115]他只強調尊重民意，並將指派有關機關研訂憲政改革的具體程序[116]，使結論落實。執政中央黨部秘書長宋楚瑜亦表示，由於未來憲政改革需要各方集思廣益，總統自然有必要廣泛諮詢各方意見，諮詢小組的成立應無疑問。至於小組成員如何產生，都要由總統來決定。[117]

　　會後，李登輝強調，國家是大家的國家，國人也都希望國家富強，社會安定。這次會議聚集了海內外菁英份子，理性的討論國家今後所要努力的方向，是一大成功。[118]他在執政黨中央委員會的例行工作會報中指示：落實國是會議結論，是執政黨極重要的工作，並指示各單位，就達成共識的議題進行研究，規劃分工，開始行動以落實執行憲政改革。[119]他並決定在執政黨內成立憲政改革小組。

　　民進黨主席黃信介表示李登輝的這個決定並沒有什麼不好，但是「有績效才是最重要的」。[120]張俊宏則表示，國民黨內部的「反動勢力」很強大，如將憲政改革小組設置在黨內，則難保不走上失敗的道路。[121]

國是會議閉幕典禮後，李總統與全體與會代表握手致意，並特別向黃信介致謝。[122]國是會議就這樣在互道辛勞，充滿離情別緒以及酒酣耳熱中結束。

國是風波的平息

反對派的政治人物雖然認為這次會議是幾千年來中國歷史所未見的，試圖將人治主義的社會轉變成法治主義的社會，可算是一次成功的會議。但是它的召開，卻是三、四十年來反對人士強烈要求所促成的。[123]然而，許多知識份子卻認為此次會議的影響，弊害多於利益。南方朔指出「省籍情結」被國是會議挑起，這個陰影愈來愈大。[124]侯立朝認為國是會議製造出臺灣政治的新危機。[125]政治評論家司馬文武對李登輝在黨內成立憲政改革小組一事大加抨擊，認為要由「被改革者來負責推動改革」其結果可想而知：

> 由林洋港負責提出的改革方案，幾乎完全違反國是會議的精神，把憲政改革的腳步重新拉回到國是會議以前的原點。國是會議好像是沒有開過一樣。[126]

政論家胡秋原對國是會議主持人的話前後矛盾及其法定地位頗為懷疑，而且認為決定公然要在臺灣民選總統立國，似乎是向中共挑戰，不怕打仗似的。[127]

在這次國是會議的角力場上，最為風光的無疑是民進黨以及與之呼應的海外學者與無黨籍人士，[128]他們促成了總統與省長民選及國會全面改選的共識。而經過這次會議使得兩黨能夠理性對話，為

國內政黨政治的發展打開了新的局面。

　　然而,國是會議亦造成了國民黨及民進黨兩黨內部的分裂危機。在國民黨方面, 從參與會議的人中看出強烈排除非主流派人士的傾向。民進黨內由於美麗島人士參與時高昂的鬥志, 廣招人馬, 而新潮流系卻主動退出國是會議, 並對美麗島人士與國民黨人馬頻頻秘商, 彼此換取勝利果實的作法大加批鬥。[129]

　　國是會議之後, 李登輝親自主持國民黨中央黨部的工作會議, 指示儘快將會議的結論落實。在會中發言的多位黨務主管, 普遍認為此次會議比原先預期的情形要好。對於提升執政黨的地位和民意聲望很有貢獻。[130]但是, 大家也共同感到, 未來如何進一步求得黨內人士消弭歧見, 求得共識, 將是一項極為關鍵的問題。[131]吳俊才肯定國民黨在國是會議中最大的收穫是堅定了未來憲政的改革將在修憲而非制憲的原則下進行。[132]

　　立法院對國是會議的反應卻出奇地喧騰。以饒穎奇、黃主文、陳水扁、謝長廷等為主的支持派立委指出, 立法院曾經要求總統儘速召開國是會議, 如今部份立委支持在先, 卻又批評指責在後, 豈非是「自打耳光」。[133]趙少康對支持派的看法又另有說詞, 他說國是會議本身並不是大家批評的重點, 他們關切的是召開會議後的「質變」, 與會代表「自我膨脹」, 以「超越總統, 超越立法院」自居, 令身為憲政改革主體的立法院大感不滿是當然的。[134]新國民黨連線的李勝峰委員表示: 立法院負責的對象是選民, 不是國是會議。國是會議說穿了就是政治利益各取所需, 學術良知被置一旁, 民主取向遭到扭曲。[135]立法院院長認為政治革新是全民的共識, 但是不能因為革新而動搖國家的根本。他並且說國是會議最大的贏家是民進黨, 民進黨是「牽着國民黨的鼻子走」, 強調「國民黨是上了民進黨

的當」。[136]民進黨要把合法的總統「整下來」，再選另外的總統，是
對國家最大的傷害。[137]前行政院長李煥表示，國是會議是中華民國
追求民主新階段的開始，主旨在追求共識，其成就應獲肯定。[138]某
些國民黨大老們卻表示國是會議並沒有實質上的成就，只是浪費大
量時間和金錢的空洞行為。[139]

　　1990年初的國是風波到年中已逐漸平息。由於宋楚瑜、蔣彥士
等人繼續與反對黨以及海外異議份子溝通商議，朝野雙方均能以平
靜的態度共議臺灣的政治改革進程。知識份子對李登輝的疑懼雖深，
但並未造成對李登輝及其政府官員的傷害。

　　雖然朝野雙方仍有歧見，但在總統及省長民選，全面改造國會
以修憲等重要議題上卻達成了共識。最重要的是經過了國是會議的
召開，使執政黨與主要反對政黨之間建立起正式對話的橋樑。解嚴
後，臺灣人民首次看到了政治改革燦爛的曙光。

第五部
修憲及政黨菁英的聚合

第十章
修憲的準備

國是會議後，國民黨與反對政黨間達成了部份協議，促使雙方產生了大家坐下來談判的意願，同時開創了臺灣按照法規從事政治活動的新局。

雖然許多強硬的反對派人士主張廢除舊有的憲法並制定新憲法，但是，他們對西方民主原理的認識，使他們了解如果沒有民眾的支持，一味走激進的路線並非善策，而且亦無法達到制憲的目的。因此，絕大多數的政治菁英份子最後同意以修憲來代替制憲。

得到了這點共識，李登輝總統決定開始從事政治革新。他主要的困難是：如何促使資深民意代表全部退職、如何擴大選舉、如何完成國民黨統一中國的使命，以及如何改革國民黨內部，使執政黨能夠在選舉中取勝。解決第一個難題首先要修改憲法以適合臺灣的政治現況。解決其他的問題需要在改革內政與外交的現勢下不但要爭取到人民的支持，還要在整頓國民黨內部時不丟失自己的政治權勢。

資深中央民意代表退職

從 1970 年代即飽受「黨外」指責辱罵的資深中央民意代表，他

們的退職已成爲大多數臺灣人民共同的希望。1988 年之前, 國民大會由於受到國民黨的支持, 得以繼續生存下去。然而, 到了 1992 年初, 在第二屆國民大會臨時會上, 修憲的工程即將破土, 國民大會的組織與職權, 已經面臨攤牌的地步。[1]

早在1988年初, 執政黨中央委員會秘書長李煥及副秘書長馬英九就連袂赴國民大會與資深國大就退職事進行溝通。資深國大代表誓言絕不退職, 有的代表甚至要求恢復戒嚴, 以制止民進黨的活動。[2] 后希鎧代表說資深代表都退休了, 剩下八十四個增額代表如何選總統? 他並且表示「全面改選」是「政變」。[3]

1989 年初, 一些元老級的資深民意代表響應退職。對於他們的示範動作, 某些代表頗不以爲然, 「他們多年來未公開活動, 申請退職屬事理之常。」[4] 1989 年 3 月 1 日起, 國民大會、立法院、監察院正式受理資深民代退職的申請。國民大會秘書處並主動將退職申請表寄給每一位資深代表, 態度相當積極。[5] 7 月初, 大約有 150 名代表表示他們考慮退下來, 但是卻收到一批頑固的老代表寫來的恐嚇信, 指責他們的退職是不負責任的行爲。一位很想退職的資深代表抱怨不斷有人打電話給他, 要他不要退職。他最後只得改變主意。[6]

由於「中央民意代表自願退職條例」內容不夠周全, 引起一些希望退職代表的困擾, 尤其是全部依靠代表薪金過日子或者病重的代表, 他們是否退職的意願全掌握在家屬手裡[7], 既得的利益當然不願捨棄。

中央民意代表強迫退職一事又造成兩黨之間緊張的情勢。7 月20 日, 民進黨籍國大代表兼該黨中央黨部副秘書長蔡式淵拿了一疊退職表格, 到中山堂五樓代表聯誼活動中心散發給在那裡下棋喝茶的資深代表。[8] 老代表們大爲光火, 大聲叫罵著:「他媽的, 你是什

麼玩意，小雜種！」蔡回答：「你們在這裡已經四十年了，根本沒有
資格代表老百姓。」有些人大叫道：「揍他，叫警察來把他攆走！」另
外有人說：「我永遠不退職，看你把我怎麼辦？」一位女代表用拳頭
拍打著桌子叫：「你是什麼東西！」這件意外事件引起了一般人的憂
慮。一些知識份子擔心，在8月中旬舉行的國民大會憲政研討會上，
李登輝一定會親臨致詞。他在開幕式上的講話一定會具有高度的政
策涵意，並對憲政改革有宣示與導向的作用。[9] 如果他的致詞觸怒
了資深國大代表，對憲政改革可能造成極大的困擾。

　　到了1989年夏天，退職壓力增高，許多代表被迫自動退職，包
括孫中山先生九十八歲的兒媳婦和臺北市市長吳伯雄的長輩等。[10]

第一屆國民大會解散

　　1990年3月發生的一連串事件，使輿論一致要求仍然戀棧的資
深國代全面退職。國民黨定下了優厚的退休條件鼓勵資深代表退職，
並且宣佈周密的退職辦法，此舉深得反對黨的支持。1990年4月3
日，民進黨全體中央委員一致通過資深代表應於1990年9月之前退
職的議案。[11]第二天，立法院通過由陳水扁等二十六位委員提出的
提案，決議就資深中央民意代表從未改選，並且繼續行使職權達四
十餘年的三條法源，請大法官會議解釋。[12]申請解釋的三項法源是：
㈠重行解釋大法官會議釋字第三十一號解釋文；㈡憲法第二十八條
第一、第二項疑義；㈢臨時條款第六項第二、三款是否違憲。[13]

　　中央民意代表退職的立法程序正在積極進行的同時，國民黨籍
的國大秘書長何宜武公開表示，他對秘書長的職位並不戀棧。他是
極願辭職不幹的。[14] 1990年6月21日，司法院大法官會議作成釋

字第 261 號解釋，第一屆中央民意代表應在 1991 年年底前解職。[15]
部份憤懣不平的資深民代聯合起來抗議，認爲他們爲政府服務了多
年，落得「過河拆橋」的命運。[16]但是，據何宜武的看法，持有被
政府出賣感覺的民意代表僅佔絕少數。[17]

　　此時，國民黨更是竭盡全力，勸說資深民意代表退職。包括李
登輝與宋楚瑜等政府官員，不惜親自拜訪資深民代，懇請他們退職。
同時，輿論各界亦發出各種聲音[18]軟硬皆施，希望老民代們能夠在
擔任了長達四十餘年的職務後，順利爲第二屆中央民代完成立法工
作，薪火相傳，達成歷史性交棒的工作。[19]

　　1991 年 2 月 26 日，李登輝總統正式頒布國大臨時會召集令，[20]
於 4 月 8 日集會，其主要任務是修憲以便合法選出第二屆國民大會
代表。召集信函立刻以快件送達 619 位代表手中。國民黨爲了保障
國大臨時會不致流會，致使修憲決議難於過關，預先發動了 450 人
出席的「安全額度」，以避免任何意外狀況影響到議程的正常進行。[21]
3 月 29 日，國大臨時會已步入緊鑼密鼓階段，執政黨的中央研究小
組認爲情勢樂觀，修憲案應該可以順利通過。[22]但是長期負責與民
進黨溝通的國大黨部副秘書長陳川卻表示，民進黨國大只有九人，
人數雖少但都「很兇」，到時候會出現什麼麻煩，誰也料不到。

　　1991 年 4 月 8 日上午 10 時，國大八次臨時會在陽明山中山樓
開幕，李登輝親臨致詞。在他尚未開口說話之前，八位民進黨代表
分爲兩組，分持著「不容政治勒索」，「老表無權修憲」的布條，站
在走道中央，進行無言的抗議。安全人員把他們抬到會場外，引起
了老國大的掌聲和民進黨國大的慘烈叫罵之聲，會場比荣市場還亂。
但是在主席臺上唸講演詞的李登輝卻連眼皮都沒抬一下。[23]

　　1991 年 4 月 9 日，進行第二次預備會議，兩黨即爲主席團的選

舉辦法爭執不下。主持會議的國民黨國代葉金鳳和民進黨的蘇嘉全等人怒目相向。11 時 38 分，葉金鳳宣佈要為主席團選舉辦法進行表決。居於少數的民進黨國代聞言，齊數衝上主席臺，引起兩黨人馬的扭打廝殺。混亂中葉金鳳宣佈表決，結果自然如國民黨之願以 273 票通過議案。下午，葉金鳳在警衛人牆的保護下快速宣讀八十五位主席團成員名單，引起民進黨的憤怒。吳哲朗更是氣得推倒發言臺，高喊著「都包裹表決算了！」並伸手將主席臺前的鮮花一一拔起，扔到臺下。4 月 11 日，雙方又為座次的安排起了衝突，整日的會議都在暴力邊緣游走。

　　1991 年 4 月 22 日，國大臨時會完成了十條「中華民國憲法增修條文」及「廢止動員戡亂時期臨時條款」兩案的三讀程序，順利達成了第一階段的修憲工程目標。[24]宋楚瑜在三讀程序後表示，第一屆國代已完成了歷史傳承，為第二屆中央民代確定法源，使國會結構全面改善翻新，臺灣的民主憲政將邁入一個新的里程。

　　然而，國大臨時會會期中展現出來的火爆場面令民眾十分吃驚，兩黨之間肢體衝突的激烈程度已達到前所未有的高度。究竟為了什麼原因使得兩黨非打得頭破血流不可？暴力場面對民主的發展，以及對社會的教育會產生什麼影響？學者專家各有不同的看法。

　　臺大政治系呂亞力教授認為，長期以來，朝野兩黨缺乏彼此的信任；民進黨擔心國民黨在修憲過程中主控一切，將他們排拒在政治舞臺之外；國民黨認為民進黨根本沒有修憲的誠意，一心只想制憲，實際在搞臺獨。在雙方都感受到壓力的情形下，肢體語言便紛紛出籠。因此兩黨必須加強溝通，不要猜忌，免得引起選民不滿。楊國樞分析中央民意代表肢體衝突的原因，第一是民進黨對許多不合理的現象深感無奈，只能用肢體抗爭；其次，部份代表和委員愛

作秀，爭取上媒體的機會。這樣做會有負面的影響，可能讓社會大衆對民主倒盡胃口。國民黨籍立委洪昭南則說，他基本上同情民進黨，但是動輒使用暴力，反而造成國民黨的同仇敵愾。民進黨籍立委張俊雄表示，立法院「梁肅戎心態」所代表的保護旣得利益者和漠視議事規則的作法是造成立院的亂因。有一個像梁肅戎一樣隨時可「凍結議事規則」的院長，反對黨根本無路可走。民進黨團副召集人林正杰在衝突中一直置身事外，並且思考著「打架是不是唯一的選擇?」他認爲民進黨黨內習慣於設定一些根本無法達成的目標，已經使衝突無法避免了。他認爲民進黨應該「有多少實力說多少話，設定可以達成的目標，做爲朝野協商的底線」。[25]

　　在《中國時報》主辦的座談會上，執政黨國大黨部副秘書長陳璽安，民進黨國大黨團召集人吳哲朗及參與執政黨憲改工作的趙昌平等三人，就國大臨時會的功能進行評估。[26]陳璽安認爲佔國代總數八成四的資深代表中，有八成以上都是忠黨愛國的，他們會遵奉黨國的指示。只有一成左右的資深國代意見較多，有賴執政黨加強溝通。吳哲朗卻認爲九成五以上的資深代表都是只顧自己利益之徒，四十年來生活在封閉的環境裡，與民衆隔閡已久。由這些不具代表性的資深國大代表來修憲，當然不能被國人所接受。趙昌平認爲修憲成功並非一黨一派可以完成的事，要各黨派和全民共同來推動。希望大家順從民意，把民主憲政向良性發展的方向推進。

人身自由的加強

　　中華民國刑法第 100 條規定:「意圖破壞國體，竊據國土，或以非法之方法變更國憲，顛覆政府，而著手進行者」，成立內亂罪。[27]

此一刑法公布施行已經五十多年，警備總部動輒以危害國家安全為
理由，引用此刑法第100條逮捕異議份子，以內亂罪加以監禁。

　　此一違反言論自由與人身自由的惡法，一直為知識份子及民進
黨人士所詬病。快速發展的臺灣民主進程，尤其是戒嚴法解除以後，
當局感到要動用刑法100條已經是非常困難的事了。廢棄或者修改
第100條刑法已經是不容置疑的事。

　　1991年春末，國民黨政治人物趙少康與黃主文等人堅決主張修
改刑法第100條。5月16日，趙少康等四十五位立法委員認為該條
例欠缺明確的構成條件，僅以「意圖」即得構罪，嚴重侵害憲法所
保障人民言論思想之自由，[28]應予修正。民進黨立委陳水扁等人則
主張將第100條完全廢止。

　　國民黨雖同意支持修正懲叛條例，但仍嚴重申明堅持反對任何
破壞國體，分裂國土等之叛亂行為。[29]

　　5月20日，法務部展開修改刑法第100條的研究。[30]此一行動
在立法院引起了極大的衝擊，委員間就修正還是廢止進行熱切的辯
論。主修派的黃主文在修廢的爭議中主張「可修不能廢」。他舉例說
若有人挾持總統，發動軍事政變，只有刑法100條可以適用。但他
亦認為該條的構成要件必須修正得更為明確具體，否則太容易將人
羅織入罪。[31]其他支持修正案的人也認為中共從來沒有放棄顛覆中
華民國的企圖，如果刑法第100條廢止，誰能保證共產黨不會利用
學生或老百姓來顛覆政府？[32]黃主文又表示，從法律面澈底解決爭
議是唯一的途徑。朝野雙方應就「叛亂罪」予以明確的界定，刪除模
糊的言論叛亂，經過協商三讀後通過的法條，才能為大家所遵守。[33]
主張廢止第100條的民進黨立委陳水扁強調：對於刑法第100條，
我們一貫主張應予廢除。只要是非暴力的政治主張，均應屬於言論

自由的範疇，都應該受到法律的保障。[34]

朝野雙方對此刑法修廢的爭議不斷增高，造成雙方緊張的對立，民進黨甚至醞釀在立法院開議當天進行抗爭，以延緩行政院長施政報告的時間。針對此一發展，執政黨堅決表示不可能接受刑法第100條的廢除案，對於適度的修正，則願意和民進黨協商，此一立場絕無轉圜餘地。[35] 學者專家亦出面呼籲朝野雙方，儘快就修廢刑法第100條達成共識，不要吵嚷不休。[36]

由中央研究院院士李鎮源等人發起的「一○○行動聯盟」，集合了群眾200多人到立法院請願，要求廢除刑法第100條，局面緊張。總統府秘書長出面與他們連繫，宋楚瑜亦攜帶禮物到發起人李鎮源家中拜訪，希望能夠會面溝通，取得諒解。[37]

1991年10月2日，行政院公佈「刑法第100條研修小組」的名單，包括召集人行政院副院長施啓揚在內共十七人，成員由行政、司法首長、民意代表、學者專家以及律師組成，[38] 以研討修正條文。

3月初，刑法第100條研修專案小組作出具體研修結論，提供一份列有五個研修方案的資料供研修委員參考。[39] 5月15日，立法院三讀通過被反對黨指責爲「統治工具」，是執政黨用來箝制思想自由的刑法第100條修正案，刪除了對陰謀罪犯之處罰條例，並明白規定用強暴脅迫手段構成「內亂罪」之各種條件。[40] 這項內亂條文修正後，在監服刑的周超龍（共產黨員）及黃華（民進黨員）依法應可獲釋。而因100條遭到逮捕並審理中的李應元、郭培宏等人可獲免訴。至於陳婉眞等人由於發動全民「動員叛亂」，如在「陰謀階段」，則可免訴，如在「預備階段」則涉嫌爲「預備內亂罪」。5月18日，修正案正式生效。三度入獄，總計坐牢23年8個月的黃華終被開釋，實現了他「理想比生命重要」的理念。[41]

　　對於某些人而言，刑法第 100 條的修改是臺灣新時代的起步，人們心中不再存有從 1950 年來就壓迫著臺灣人民的「白色恐怖」，不再爲僅講幾句批評政府的話就被抓進牢房。然而，新聞媒體及電視臺仍受到政府控制，報禁及公共電視臺的開放是下一步必然的趨勢。正如在臺灣爭取言論自由的人心中的話：我們希望見到一個更爲和祥的社會，新聞報導不再扭曲或隱瞞事實真相，我們期待臺灣的政治狀況變得更公開與自由。[42]

新的大陸政策

　　在修憲的同時，李登輝亦研究出一套應付大陸的辦法。數十年來，臺灣的政治領袖莫不高唱反攻大陸的口號，但從來也沒有想出一個具體的辦法來達成此一不切實際的願望。即使蔣經國亦沒有提出任何具體的大陸政策，他只強調建立一個完善民主的臺灣，將來成爲統一大陸的基礎。1987 年 9 月 16 日，蔣經國毅然指派李登輝、兪國華、倪文亞、吳伯雄及何宜武成立小組，研討兩岸通商旅遊的法規。10 月 4 日，該小組提出報告，由於現實的需要，現行的兩岸交往法規一定要加以修改。10 月 15 日，內政部部長吳伯雄宣佈解除人民前往大陸探親的規定。11 月 2 日，紅十字會開始代辦前往大陸探親的申請。1988 年初，從 1949 年後即遭禁止的第一批臺灣居民，前往大陸探視睽違四十多年的親人。1989 年夏天，公立學校教師組團前往大陸。1989 年 5 月，臺灣前往大陸的遊客已達二十五萬人，掀起了一陣「大陸熱」。

　　爲了順利推展大陸政策，臺灣當局從 1990 年起即積極著手將大陸工作的組織法制化，將處理大陸事務的政策合法化。政府決定結

合政府和民間的力量，共同組成處理大陸事務的機構：直隸於總統府，由李登輝親自主持的「國家統一委員會（國統會）」，是決策機構；由行政院主持的「行政院大陸委員會（陸委會）」，是規劃和協調單位；受政府委託執行公權力的民間單位「財團法人海峽交流基金會（海基會）」，是與中共直接交涉的仲介機構。

1991 年 2 月，國統會通過「國家統一綱領」，確定在理性、和平、對等、互惠的原則下，分階段逐步達到兩岸統一的目標。「統一綱領」成為臺灣政府推動大陸政策的最高指導原則。

1992 年 7 月 3 日，立法院三讀通過了「臺灣地區與大陸地區人民關係條例」，成為臺灣的大陸政策法源。從此，臺灣的大陸政策有了明確的方針。

簡單來說，「國家統一綱領」的內容可以分為：「一國」、「二區」、「三階段」、「四原則」。「一國」就是一個統一的中國，統一的重點是中國能夠統一在民主、自由、均富的基礎上。具體來說，「一個中國」的最終目標是指政治民主化、經濟自由化、社會多元化和文化中國化；「二區」是以目前的現實來看的。海峽兩岸確實分為兩個不同的地區，是兩個對等的政治實體，各自分別享有治權，這兩個不同的區域都屬於中國的領土；「三階段」的意義在於國家統一是長期而艱難的工作，兩岸政治社會經濟如此不同，統一起來十分困難。因此要分「三階段」來實現。那就是：近程：交流互惠階段；中程：互信合作階段；遠程：協商統一階段。所謂「四原則」是指兩岸在分階段完成統一大業的過程中，必須要把握理性、和平、對等、互惠四原則。

有了清晰的大陸政策方針，李登輝已可全力推動憲法的修改。1991 年 4 月 22 日，國大臨時會通過了廢止在臺灣實施了四十三年

的臨時條款，並同時通過共爲十條的憲法增修條文。增修條文闡明第二屆國民大會代表應於 1991 年 12 月 31 日前選出；第二屆立法委員及第二屆監察委員應於 1993 年 1 月 31 日前選出。其他內容包括付與總統發布緊急命令的權力，總統爲決定國家安全方針，得設國家安全會議及國家安全局等。最重要的是對臺灣地區與大陸地區間人民權利義務的關係，以及其他事務之處理，有了公開明確的法律根據，因此大大減輕了兩岸雙方緊張的局面。

選舉第二屆國民大會代表

　　選舉第二屆國民大會代表被視爲是臺灣全體住民的事，和中國大陸沒有任何關係。這次選舉是臺灣政治的轉捩點，也是決定將來國民黨在臺灣政壇上扮演何種角色的關鍵。如果選舉結果使反對派能夠控制國民大會四分之一代表的席次，國民黨即無法全權掌控憲法的修改，而臺灣政治的權力亦會開始向反對派轉移。[43] 如果在修憲上陷入了僵局，國民黨內部勢將因此而分裂，而臺灣政治菁英份子之間，亦可能產生嚴重的衝突。如果修憲的程序被反對派所控制，他們極可能會提出全民表決起草新憲。突然之間，臺灣老百姓的力量變得無比強大起來，大到足以影響憲法的修改，強到足以左右臺灣政治的前途。在中國歷史上，這種形勢是前所未見的。

　　1991 年春，各黨派人士協商同意了第二屆國民大會代表選舉程序：將臺灣及外島分爲五十八個選區，選出共 225 名代表；並且按照各黨派得票數分配共二十名的海外代表名額；另有代表婦女，山地住民及各種職業團體的八十名代表，其分配方式亦按照五十八個選區中各黨派的得票數來決定。[44] 以上即是第二屆國民大會 325 名

代表產生的方式。

由於 1991 年年底二屆國大代表選舉, 要選出第二階段的修憲代表, 也是三個國會中首度的全面改選, 因此國民黨採取了歷來罕見的高額提名策略, 在五十八個選區應選的 225 名中, 共提名 192 人, 佔85.3%, 藉以繃緊選情, 拉高得票率與席次, 希望爭取到四分之三席次的修憲主導權。[45] 民進黨人力資源有限, 不是每一選區均能找出合格的候選人。民進黨提名在九十至 104 人之間, 他們的目標在贏得四分之一以上的席次, 成爲舉足輕重的少數黨。這次選舉, 是民眾對國民黨推動憲改的信任投票, 是民進黨能否繼續生存的庭外審判, 更是統獨勢力的直接較勁, 也是朝野雙方政治人物前途的試金石和轉捩點, 對於未來立委和縣市長選舉, 更是影響深重。[46]

在年底第二屆國大代表選舉前, 國民黨展開了先期作業, 就黨務革新採取行動, 將已研擬了三年多的黨務革新方案做最後的定案, 並付諸實行。改革方案的重點包括將專職黨工的員額減半, 大幅縮減每月六千萬臺幣的人事費用等。由於人事的縮編, 許多黨組織亦歸併到政府的行政部門。[47] 到了 9 月, 部份革新後的國民黨已摩拳擦掌, 預備奪取勝利。提名方式先由省黨部完成提名建議名單, 由中央黨部秘書長召集成立「提名審查小組」。[48] 小組的工作是初步審查並過濾該名單, 向黨內大老請益, 溝通協調各方意見, 連絡市、府、會、黨等。[49] 10 月, 再送由中常會授權的「中央提名審核委員會」[50] 審核, 並由中常會通過區域與山胞二屆國代選舉 192 人提名名單。[51] 被提名的候選人平均年齡在四十五歲左右, 最年輕的只有二十三歲, 有博士和碩士學位的有四十六人, 有大專程度的超過一半。男性 165 人, 佔 85.94%, 女性二十七人, 佔 14.06%。

執政黨中常會又通過了黨內二屆國代全國不分區僑選代表的提

名辦法。將過去的八大區重新劃分爲三區；第一區是亞洲和大洋洲；
第二區爲美洲；第三區爲歐洲和非洲，各區按當地的黨員推薦，幹
部評審和僑社的反映來決定提名的名單。[52]被提名者的條件包括具
有國民黨黨籍，在外僑居八年以上，年滿二十三歲可登記成爲國民
大會代表及立法委員；年滿三十五歲得登記成爲監察委員。

由於在野黨無論在人才以及財力上都無法與國民黨相比，他們
又缺乏有效的地方勢力的支持，因此，在野黨的目標只好集中在人
口密集的城市地帶。8 月 28 日，民進黨中常會決議，確認「人民制
憲會議」所通過的「臺灣憲法草案」是二屆國代選舉候選人的共同
政見。[53]臺灣憲草的總綱第一章第一條是：臺灣爲民有、民治、民
享之民主共和國，國名爲「臺灣共和國」。民進黨此一戲劇性的宣言
引起全國上下極強烈的反應，國民黨對此更爲憤怒。[54]

9 月初，民進黨決定在 225 席區域國代中，提名九十九至 104 名
候選人，其目標在贏得四分之一以上的席次。民進黨人士約分爲三
個派系，人數最多，路線最溫和的「美麗島」系人馬，在許信良等
人的積極奔走之下，以「總統直選」爲選舉訴求，成立「新臺灣連
線」共同造勢；以吳乃仁等人爲主的「新潮流」派系，在主張上比
較激進，在提名上也主張精而不多。因此他們提出來參選的人只有
十多位，但是作戰能力都很強，當選的機率頗爲看好；在獨派方面
形成了一股「臺獨聯盟」的勢力，但是該派人馬既然主張臺灣另外
立國，當然不會參加體制內的選舉，因此該派系有意出馬競選的人
並不多。[55]

民進黨並於 1991 年 8 月 12 至 13 日召開全國黨員大會。該會至
少決定了三件重要的事項：[56]㈠許信良獲 180 票，施明德獲 163 票，
許信良以十七票的差距，贏得民進黨黨主席的寶座；㈡以壓倒性的

表決，通過「以住民自決爲原則建立主權獨立自主的臺灣共和國，制定新憲主張」爲黨綱；㈢在改選中執委，中常委時，由於美麗島系配票不當，在三十一席中央執委中只獲十四席，十一席中央常委中，美麗島只佔四席。這是民進黨成立三年來，美麗島系第一次把黨中央的決策機構拱手讓給了泛新潮流系聯盟（新系、獨盟、中間派）。[57]

當選黨主席的許信良表示，在國家定位上，民進黨將積極推動「臺灣共和國」主張。他強調發展「選舉總路線」，在未來兩年內要領導民進黨成爲執政黨。[58]在整個競選期間，民進黨上下均保持著這種樂觀的態度。12月8日選舉前夕，許信良自豪地表示，「國內外一致看好民進黨。如果今天投票，民進黨可得到30%到40%的票數。再過幾天投票，民進黨可以獲得50%到90%的票數」。[59]

由朱高正擔任黨主席的「中華社會民主黨（社民黨）」[60]亦公佈了其提名名單。他們決定以「黃西裝配紅領帶」爲全省「社民黨」候選人的統一標記，並預估合理的得票率應爲12%到20%之間。[61]

11月底，共有471人完成登記，成爲區域性225席次的國代候選人；另有代表五個黨派的136人登記，成爲非區域性八十個席次的候選人；競爭二十個海外代表席次的候選人一共有三十名，分別代表國民黨、民進黨及社民黨。[62]

選戰開始

10月底，朝野各政黨已準備妥善，聽到衝鋒的號角響起，立刻賣力向前衝刺。[63]由於此次第二屆國大代表選舉有太多延伸的意義，各政黨對選民的承諾也特別多。民進黨已全面提出臺獨主張，國民

黨不甘示弱掛起反獨的大旗，以「革新、安定、繁榮」為口號，強調維持現狀。民進黨主張「制憲」，國民黨主張「修憲」。兩黨反而在總統選舉的方式上歧見並不很大。[64]

　　執政黨中央的輔選策略是將全省各縣市分為二十三個選戰責任區，並指派黨，政，軍，民意代表各層面首長或重要人士為輔選人。[65]行政院長郝柏村親自下鄉為國民黨籍候選人打氣造勢，秘書長宋楚瑜，中央組工會主任陳金讓亦走訪全省二十一縣市及北高兩市，拜訪所有黨籍候選人的競選總部。[66]連李登輝總統也利用其特殊的身份和地位，親自拜訪地方領導人士，替執政黨候選人助選。[67]第二屆國代的最重要職責是 1992 年春天的修憲任務。這個任務對朝野兩黨雖然極為重要，但對於地方人士而言，國大代表本身既無薪俸可拿，任期又被縮短，他們可以行使的各項職權都屬於憲政層次的議題，和地方切身的問題並不相關。因此，越是鄉村型的選區，對此次選舉越是冷漠，幾乎成了一場中央熱地方冷的選舉。[68]

　　11 月，民意調查顯示 56％的選民認為這次選舉並不重要，促使執政黨決定加強文宣方面的工作。[69]

　　國民黨深知第二屆國大代表負責修憲的重要，因此在全國不分區代表學界被國民黨提名的學者，都是修憲小組的成員；如政大政治學教授荊知仁是李登輝的法律顧問，政大蘇永欽，師大謝瑞智，東吳李念祖均參與修憲的研究。[70]在宗教界被提名的有南部佛光山的星雲和北部中華佛教會的悟明兩個大法師，道教則有指南宮的高忠信，另外基督教也將有一位代表參加。但國民黨對在臺灣具有極大勢力的「一貫道」卻沒有這般禮遇。[71]

　　民進黨由於政治資本不大，提名人數大約只有執政黨的一半，而且決定將火力集中在臺北和高雄兩地，[72]並且廣泛徵集來自彰化、

屏東、花蓮等地的黨工做為後援。[73]民進黨爭取到「臺灣教授協會」
的支持，因為該協會的成員認為「國會太爛」了。政治大學副教授
邵宗海決心下海參選。他感慨地說：「明朝會滅亡，就是因為知識份
子太清高，批評很多，卻不肯行動！」[74]除了政治資源缺乏之外，民
進黨黨內派系之間的內訌，在選舉之前有了死灰復燃的趨勢，再加
上黨內人事的紛擾，對於年底的選舉而言，民進黨當時所處的情勢
大為不妙。[75]

　　在野的其他政黨，在政治資本上比民進黨更為不如，他們的候
選人在贏取選民的認知上更形困難。例如社民黨用抽象而學術的語
氣闡述其黨旨更令一般普通老百姓莫名其妙。[76]

　　1991年12月3日，中國選舉史上開創了電視競選的新紀元。[77]
參加電視競選的四個政黨均將製作完成的電視錄影帶送審。國民黨
公開「首映」的錄影帶有「您的老朋友」等八卷，強調它是一個負
責任的黨，畫面表現過去的成就帶來未來的展望。民進黨製作的錄
影帶強調的是形象的包裝和政治訴求，如總統、副總統直選等，手
法十分軟性。社民黨錄影帶主題在描述臺灣農民、山胞及漁民的貧
苦生活，加強該黨社會國，文化國的理念。「全國民主非政黨聯盟」
強調「無黨」色彩，整體訴求主題並不明顯。[78]

　　收看電視競選節目的人並不多，看到此節目的人對於各政黨提
出的政見又非常混淆。[79]據一項電話調查，收看此節目的觀眾只有
18%，而看到這節目的人三分之二認為節目從頭到尾都是做廣告而
已。[80]一半以上觀眾認為看此節目對他們投票給誰並沒有影響。將
近六成的觀眾表示他們不了解各政黨候選人的主張，對「非政黨聯
盟」的宗旨更是糊塗。[81]

　　12月7日，選戰已屆最後關頭，國民黨再次派遣黨內領袖人物

走訪全島做最後的助選努力。到了選舉活動最後三天，各地候選人對選民冷淡的反應，莫不憂心如焚。國民黨派出最具票房號召力的馬英九到處助講, 造成轟動。[82]宋楚瑜高聲疾呼要選民在 12 月 21 日那天, 慎重選擇:「要革命性的改革還是要革命，要穩定還是要變亂，要繁榮還是要衰退」。民進黨的候選人紛紛走向街頭要求選民賜票。社民黨的候選人聲聲宣稱; 如果要國民黨加速民主的改革，要民進黨放棄暴力的訴求，選民最好選擇社民黨的候選人，這樣才有新的機會和新的希望。[83]

選舉前數日的民意調查顯示仍有近半數的選民不確定投誰的票。[84]再者，支持國民黨的從 40% 跳到 56%，支持民進黨的從 5% 升高到 7.2%。國民黨對選舉結果相當樂觀，他們「希望」能得到 75% 的選票，但是「估計」可得票 65%。「社民黨」希望能贏取八席，「非政黨聯盟」希望贏到十到十五席。[85]

在此次選舉中賄選及各種選舉的花費成為一項熱門的話題。候選人僱請影視明星助選。譬如白冰冰在板橋為國民黨站臺吸引了大批觀眾，隔一條街舉行的民進黨政見發表會上，參加的不到七十人。有位候選人甚至邀請來自香港的艷星葉子媚助陣。松山區某候選人大張宴席請選民吃飯，但是他上臺演講時，觀眾的注意力卻完全集中在他僱來坐在臺上吸引聽眾的裸女身上。[86]

候選人花了鉅款擺設酒席，選民來一批，大吃一通，抹嘴就走，後一批又緊跟著來大嚼一場。[87]一些候選人非法僱請掮客替他們拉票。另有報告說候選人有以「搓圓仔湯」方式，協議放棄競選的價碼，已高達三千六百萬元臺幣。[88]其他賄選的方式尚包括贈送選民文具、日曆、鋼筆、化粧品等。調查局發現南部某鄉鎮的候選人甚至贈送現金紅包，錢送得最多的候選人得票也最多。[89]國民黨臺北

市的候選人劉正文說：

> 距投票日雖還有九天，但近日來已流出一票三百至五百元的
> 傳聞。50 年代選舉時，候選人買票效益是 40%，60 年代是
> 30%，70 年代是 20%，89 年的選舉候選人買的票只得到 10%，
> 由此可見選民對候選人買票行爲的厭惡和反感。[90]

　　每位選舉候選人的平均花費是一千萬到兩千萬臺幣，選情激烈時，可能花到三千到五千萬。[91]臺北市三選區的候選人周金地說，他聽說三選區有位候選人準備了三億臺幣，要把三選區給「淹掉」。[92]三選區的另一位候選人原編列自己的選舉經費是五百萬元，但他發現選戰尚未開始，五百萬已經用完了，令他大吃一驚。[93]

　　賄選的情形雖然嚴重，一般民衆卻並不認爲是件了不起的大事。賄選似乎已經成了近幾十年來臺灣選舉文化的一部份，民衆根本不相信警方能夠有什麼作爲。12 月 17 日，臺灣高等法院接獲的賄選檢舉案件共有 134 起。[94]其中六十二人被定有罪，被判違法競選並罰重金。[95]

　　12 月 20 日是競選的最後一日。李登輝在選舉投票日前夕發表電視廣播談話，呼籲每一個人多花一點時間，思考我們國家的未來，投下神聖的一票。[96]在選舉期間平均每日只睡四小時的黃信介，花了整天時間乘坐計程車到每一位民進黨候選人處爲他們打氣。[97]社民黨的朱高正每天都在清晨四時起床。競選最後一日他穿梭來往於臺北各區助選。非政黨聯盟會長蘇裕夫雖然累得筋疲力竭，然而仍然四處奔走爲該會的候選人跑票。

　　12 月 21 日，臺灣全島幾乎都籠罩在陰雨之中。李登輝希望每一

位國民都能參與此一「歷史性時機」。[98]上午八時，全省的投票所均準時開門，直到下午四時投票結束。選民投票時秩序良好，沒有發生任何違規及暴力事件。選舉結果在晚間十時半的電視新聞中播報揭曉。報紙在第二天早上亦印製出全部當選者的名單。

選舉結果

在 325 名國民大會代表席次中，國民黨贏獲 254 席，超過能夠在國民大會主導修憲所需的 75%席位。[99]民進黨取得六十六席，比要在國民大會舉足輕重所需的 25%席次少了很多。社民黨連一個席次均未贏得，非政黨聯盟取得三席。

在國民黨贏得的 254 席中，區域及山胞共 179 席，不分區六十席，僑選十五席；民進黨六十六席中，區域四十一席，不分區二十席，僑選五席；非黨派聯盟三席均爲區域，其他無黨派人士亦贏得區域性的三個席次。在一千三百零八萬三千多位選民中，八百九十三萬八千六百廿二人投票，投票率爲 68.32%。（見表十三）

第一屆在臺灣增選的現職國大代表七十八人仍然保留他們在第二屆國民大會中的職位。在此 403 席次的機構中，國民黨籍代表佔了 79%，而民進黨大約只有 18%。[100]這結果顯示出國民黨將會主導修憲的程序。

選舉後次日，國民黨秘書長宋楚瑜在記者會上表示：「昨天，是中華民國國民驕傲的一天。」他又說：「這次選舉的結果證明民眾才是最大的贏家，因爲他們要求安定，他們也期望執政黨繼續負起責任，讓國家在安定，繁榮前提下，獲得更多改革成果。」

民進黨主席許信良亦舉行記者招待會，抱怨沒辦法對抗國民黨

表十三　1991 年 12 月 21 日第二屆國民大會代表選舉結果

第二屆國代選舉結果統計表		國民黨	民進黨	社民黨	非黨盟	其他政黨	無黨籍	合計
	推荐人數	214	94	45	35	23	56	467
	當選人數	179	41	0	3	0	2	225
	得票數	6,053,366	2,036,271	185,515	193,234	290,493		8,758,879
	得票率(%)	71.17	23.94	2.18	2.27	—		
	全國不分區名額	60	20	0	0			
	僑選名額	15	5	0	0			
	合計	254	66		3		2	325

資料來源：中央選委會

「全面而徹底的賄選攻勢」。他強調：「民進黨並沒有失敗，只是沒有更進一步的成功」。對於臺獨主張，「我們只是播種，耕耘，還來不及收割。只是種子在寒冬之下長得慢而已。」他認為失敗的另一原因是民進黨候選人「多半是新人，知名度不夠，社會經驗也不是很好，和政見主張沒有關係。」黃信介認為這次民進黨未獲勝有兩個問題，第一是許信良剛當選主席，對一些人事還未決定，對全部選局運作有困難。第二是「臺灣共和國」的主張可能還不能讓人民認同，因此臺獨黨綱的提案人林濁水才會落選。[101]

　　一般人對這次選舉國民黨得勝，民進黨落敗的原因看法如下：民進黨內部派系鬥爭造成過份激進的主張，使得中產階級產生了恐懼的心態；縮小選區的規劃使國民黨易於掌握票源；國民黨候選人財力雄厚，在競選上可花大錢……。[102]另一些評論家認為國民黨有效動員了軍人和民間團體投國民黨籍候選人的票也是他們致勝的原因之一。[103]民進黨將其失敗完全歸諸於國民黨花錢買票上。[104]美國

賓州大學東亞中心選舉觀察團團長張旭成教授,到臺灣視察選舉後,亦認爲國民黨是花錢買到了勝利。

> 本次國代選舉並非國民黨大勝, 而是「孫中山」與「蔣介石」大勝。印有「孫中山」,「蔣介石」的鈔票整卡車運送南下進行地毯式買票, 賄選之情形比以往任何一次選舉都嚴重。如果沒有賄選, 民進黨與國民黨的得票率將拉近至少45%至50%。每一次選舉, 國民黨都說要辦一次乾淨的選舉, 但是他們什麼也沒有做。[105]

令人不解的是在 1989 年 12 月 2 日的選舉中, 賄選的情形也同樣嚴重。但是由於國民黨在那次選舉中的失利, 反而沒有人抱怨賄選的不公平。再者, 在臺北市等中產階級聚居之地, 一般選民大多反對賄選, 民進黨以爲在那些地區應該表現良好但卻同樣遭到失敗。

許多觀察家認爲民進黨過份激進的主張才是他們遭到敗北的主因。康寧祥在選後一次訪問中談到這次選舉有幾項重大的意義: 在自由的政治市場上, 人人都可表達自己的主張; 年輕一代本省人和外省人之間並沒有省籍衝突; 最後, 他肯定李登輝調和奔走之功: 「沒有李登輝的領導和魅力, 此次選舉的結果可能大不相同。」[106]

針對國代選舉的失利, 民進黨在選後召開中常會, 檢討利弊得失。民進黨不承認臺獨主張導致了民進黨的挫敗。與會人士一致認爲, 賄選嚴重和國民黨動員媒體封殺民進黨主張, 才是該黨挫敗的關鍵。最後該黨決定召開研討會, 記取教訓爲明年的立委選舉以及即將來臨的憲政改革工作預做規劃。[107]民進黨中常委表示, 該黨出來競選的均是新人, 參選經驗不足, 而且地方基層經營亦不善, 這

些都是有待改進的地方。一位中常委開玩笑說幸虧民進黨提出臺獨
主張，否則國民黨還得不到那麼多的票。[108]中常委朱星羽爲了牢記
輔選失敗的教訓，特地剃了光頭出席常會，自我解嘲爲「化悲憤爲
力量」。

選民的感想又如何？1991 年 12 月 23 日，《中國時報》以電話調
查了 900 名讀者，19.3%被訪者對選舉結果十分滿意，60.9%人尙爲
滿意，7.6%的人覺得並不太滿意，1.7%人感到十分不滿，其餘的人
表示無意見。[109]如果以上調查屬實，大約五分之四的臺灣民衆對此
次選舉均感滿意。《紐約時報》對臺灣此次選舉有如下的報導：

> 1991 年 12 月 21 日，臺灣人民以 71%的得票率給國民黨帶來
> 壓倒性的勝利。雖然此次選舉由於賄選嚴重顯得美中不足，
> 然而賄選一直是臺灣選舉中的傳統，但是對執政黨而言，此
> 次大獲全勝令人不敢置信。這次選舉亦是臺灣從專制政治轉
> 型到民主政治的里程碑。[110]

國民大會在受到外省代表四十多年來的把持之後，現在轉手到
臺灣代表手中。對於國民黨的勝利，很多人都感到十分意外；可見
選民對民進黨激進改變政體的主張並不贊同。賄選雖然普遍，但在
臺北地區卻並不嚴重，國民黨卻在賄選不嚴重的臺北取得明顯的勝
利。

暴風雨前的寧靜

第二屆國民大會代表選舉後，執政的國民黨遵守諾言，積極籌

劃憲政改革。1992 年年初，李登輝對民衆談話表示，每一個中國人，都應該放開心胸，放大眼光，共同致力於新中國的再造，而 1992 年將是憲政改革終將完成的一年。[111]

　　第二屆國民大會代表將如何修憲？社會菁英和知識份子對修憲的看法如何？ 1 月 30 日，記者陳守國在報上發表文章，表示每一個人都知道修憲是迫不及待的事，但是應該如何修憲？卻沒有人搞得清楚。陳守國認爲如果直選總統是民進黨唯一的訴求，以爲能夠直選即達到民主化的目的，因而忽略了臺灣整個政治體系的架構，那麼修憲的成果的確令人擔憂。[112]在 1 月初舉辦的「二屆國代的歷史任務」座談會上，討論到國民大會是否應恢復行使「創制」，「複決」兩權時，反對派一致認爲臺灣社會根本不容許有兩個「立法院」，如果國民大會行使兩權，其職責和立法院有所重覆，一定會亂上加亂。贊成國民大會行使兩權的人認爲，只有如此才能制衡立法院的獨大。[113]

　　1992 年 2 月，國民黨和民進黨雙方對修憲的構想大約如下：[114]國民黨希望二屆國民大會於 1995 年 5 月 20 日召開，間接選出任期四年（而非過去任期六年）的總統及副總統，總統仍有權提名司法、考試、監察三院委員人選，並給予國民大會提名的否決權。國民黨希望國民大會每年召開一次大會，聽取總統施政報告，提出建議，修改憲法，通過立法院擬定之法案。國民黨希望國大代表和立法委員任期均爲六年，不得連任。四分之一國代連署即可提出總統罷免案，經三分之二代表同意即可將總統罷免。一半以上監察委員連署即可提出罷免總統的提案，三分之二以上委員同意即可將總統罷免。最後，國民黨希望重申憲法 113 條，讓臺灣人民直選臺灣省長。

　　民進黨希望解散國民大會，總統副總統由人民直選，其任期爲

四年。民進黨亦主張 10％選民連署即可提出總統罷免案，一半以上選民同意即可將總統罷免。至於臺灣省長根本可以取消。

朝野雙方在修憲上產生了不少歧見，但是多數政治專家學者均勸說國民黨向民進黨協商妥協，以便臺灣的民主進程可以更上層樓。奇怪的是沒有人勸說民進黨人士向國民黨協商妥協。[115]知名的學者和媒體一致堅持國民黨應該主動示意，與民進黨妥協。

國民黨雖然向外一直保持它內部和諧統一的形象，但是對總統副總統直選與國民大會功能等等議題，黨內的意見相當分歧。一些參加 1990 年國是會議國民黨代表早就表示贊同直選總統副總統，但是其他代表與黨內元老卻加以反對。因此，新選的二屆國代於 1992 年 1 月 1 日報到時，馬英九強調執政黨對選舉總統的方式，尚未「決定」，一切均以「民意」為主。[116]雖然國民黨內部對選舉國家最高行政首長的方式仍然爭執不休，但是對外而言，國民黨卻一直不放棄「間接選舉」的主張。

1 月 21 日，朝野雙方的國代就總統副總統的選舉方式產生激烈的辯論。[117]在一次臨時會前的憲政座談會中，雙方代表「大鳴大放」，各唱各的調，幾無共識。議論的主題仍然圍繞在應否恢復行使創制、複決兩權，總統應否由人民直選或委任直選，以及五權體制存廢的問題上。[118]由朝野兩方爭執不停的形勢看來，修憲的風暴已經是近在咫尺之間了。

第十一章
修憲

每一位臺灣的政治人物，對於如何以修憲來完成國會重建與總統直選的合法程序，莫不表示萬分熱誠，並紛紛提供意見。然而執政的國民黨內部對正副總統的選舉方式，長期以來形成的分裂局面，仍然無法達成協議。1991 年年底第二屆國民大會代表選舉期間，國民黨全力赴戰，沒有時間顧及此一問題。但是 1992 年春天，執政黨所選出的國大代表走馬上任參加國大臨時大會，執政黨內部在修憲上，需要取得共識，已成為迫不及待的事情。

如果國民黨內部同意正副總統由公民直選，那麼負責第二階段修憲與選舉正副總統的機構——國民大會——是否有必要繼續存在？或者應該將其職能分割到立法院或其他機構之下？修憲將全面影響到整個中華民國政府的架構和政府功能的運作。執政黨元老及保守派人士極不情願中華民國的體制與憲制有任何重大改變；他們還準備依據舊有的憲法來統一中國，並以國民大會的權力來捍衛國民黨的權勢。

但是執政黨開明派和政治反對派人士卻堅信臺灣的民主必須建立在最高行政首長由公民直選這件事上。為了達成此一目標，他們深知某些現存的體制勢必要修正，但是實際上應該怎樣修正，大家卻並不清楚。1992 年 3 月，執政黨內部發生了極嚴重的爭執，造成

黨內分裂的新危機。和這個新危機密不可分的另一個危機是，萬一國民黨黨內取得共識，用一條心來對付修憲，反對政黨是否還願意再用理性的方式來從事政治活動？反對黨是否會全面杯葛國民大會，走向街頭以示威等暴力手段來爭取群眾的支持？

總統提議公開辯論

　　1992 年 3 月 6 日，李登輝分別約見中常委，並密集徵詢多位黨內人士的意見，希望黨內高層人士，凝聚總統由「公民直選」的共識。[1] 李登輝這個突然的決定在臺灣政壇上掀起了巨大的風浪。對於黨內原先規劃總統委任直選的高層人士而言，一夜之間，全部翻案，又要再去考慮公民直選，實在難以接受。李煥表示如果總統直選，勢必要廢掉國民大會，無法維持五權分立的架構。既主張直選，又要維持國民大會與五權體制，這不是很「奇怪」嗎？[2] 施啓揚說直到 3 月 6 日下午 6 時，他還沒有接到任何訊息，他什麼也不知道。吳伯雄，陳履安和許水德拒絕表示意見，中視董事長高育仁說他一直主張由民眾直接投票選出總統，但現階段還是要有國民大會，以便行使重要人事的同意權及罷免總統之權。總統府秘書長，擔任執政黨憲改小組協調分組召集人的蔣彥士就此問題解釋如下：

> 當初考慮委任選舉方式除了安定政局，社會不會因總統直選而動盪外，也考慮到委任選舉較能吸引僑胞和大陸民心的團結，不至於被批評是在選「臺灣總統」。不過，要求總統直選的聲音一直存在。[3]

總統直選可說是牽一髮而動全身的行動，[4] 國民黨人士各有不同的看法。立法委員黃主文贊成，郁慕明反對；臺大教授胡佛認為應先確定政府體制，才能決定用什麼選舉方法。先決定選舉方法再來談政府體制是本末倒置。

對於執政黨轉向意欲採取總統直選方案，使一些當初參與修憲設計的學者難以置信。[5] 政大法學院院長荊知仁認為要直選就得大翻修憲法，未必可行。師大教授謝瑞智說總統直選將使五權憲法全面崩潰，變化「實在太大」。律師李念祖問如果總統直選，國民大會將何去何從？行政院是否要保留？監察院和考試院的存廢問題，以及如何監督總統？中央圖書館館長楊崇森擔心臺灣的公職人員選舉，幾乎都有金錢和暴力涉入，一旦開放總統直選，是否將導致社會不安？臺海對岸威脅仍然存在時，這問題更須重視。

民進黨對國民黨支持公民直選的決定十分欣慰。1992 年 3 月 6 日該黨國大黨團舉行記者會，公開表示歡迎國民黨對總統選舉方式的改變。[6] 並表示希望國民黨能夠同時廢除國民大會，3 月 7 日，李登輝親自主持高層憲改會議，強調民主政黨主導政治改革，必須「民之所好則好之」。[7] 修憲在求國家政治之民主化，一定要注意民意的反應。許多國民黨政治人物立刻批評李登輝轉向贊同直選，完全是一種獲取個人權力的政治手腕。「民主基金會」董事長關中公開表示：

> 執政黨在兩年內強調修憲，八個月來主張委任直選，但兩天內卻突然要總統直選，完全不符黨內程序。（我）不反對李登輝要增加個人的權力，但我們的憲法是百分之百的內閣制，如果採用總統直選，則整個憲法都要大幅改變；在現階段不但沒有必要，而且是不智，非常危險的事。[8]

　　執政黨內支持總統直選的重要人物有林洋港、蔣彥士、邱進益、吳伯雄、連戰、宋楚瑜、陳金讓等。李煥和邱創煥二人強烈主張採用委任直選制，行政院長郝柏村傾向委任直選，但態度則較爲中性。他認爲放棄「委任直選」改採「公民直選」應審愼行事，並要強調民意的重要。[9]

　　針對執政黨傾向修改總統選舉方式爲公民直選，民進黨內被視爲最有可能成爲未來總統候選人的重量級人物，都迴避談此問題。[10]黃信介表示憲改方案尚未底定之前，都有變數，現在來談不切實際，他又表示不認爲自己有當總統的架式。黨主席許信良平日言談就表現出強烈的企圖心，對是否會參選總統表示「尊重黨的決議」，不願正面觸及問題。施明德表示總統直選是意料中事，他不在乎自己選不選總統。

　　最後，一直爲執政黨跑遍全省，宣導委任直選的馬英九和施啓揚立場十分尷尬，對黨中央的急速轉向，不知從何說起，只好不表示支持那個方案。[11]

國民黨內的衝突與共識

　　既然國民黨一直公開表示主張委任直選，爲什麼李登輝又忽然決定要採取公民直選呢？由李元簇主持的修憲策劃小組，在七個月之間，先後舉行 165 次會議，合計出席 4,500 餘人，就各項修憲方案，分別深入研討。最後該小組擬訂「憲法增修條文增訂要點」，交給黨中央三中全會討論決定，成爲三月底舉行的第二屆國民大會行使憲法修改職權時，國民黨籍國大代表遵奉的政治任務提示。[12]該小組提出的總統選舉方式，分列兩案，併提到三中全會深入討論，建立

黨內共識，循民主程序，作成決議。李登輝對部份黨員質疑「爲什麼黨的決策最後忽然轉變」解釋說:「委任直選」和「公民直選」都是「直選」，這是民主的潮流，不是那一黨的專利，修憲小組也一直都在研究此兩案的利弊。[13] 他在普遍徵詢各階層人士的意見後，發現主張「公民直選」的人很多，幾乎沒有人贊成間接選舉，這個現象不容忽視。[14]

1992 年 3 月 9 日，有關總統選舉方式的兩個方案先行在執政黨中常會上進行討論。[15] 二十九位中常委及六位列席的中央及省市地方首長與民意機關首長辯論了七個半小時，每人各抒自見，有十四人表明支持公民直選，十人主張委任直選。國防部長陳履安則質疑李元簇領導的修憲策劃小組作業不夠周延，使中常委們無法做決定。[16] 引起李元簇的不滿，氣氛十分緊張。

首先發言的是前臺灣省主席謝東閔，他表示修憲的幅度要愈小愈好。李國鼎發言主張委任直選，他說中華民國是個有五權憲法，四級政府定位體制複雜的國家，修憲也要考慮到大陸地區。[17] 邱創煥指出，1991 年年底二屆國代選舉時，黨內兩百萬說帖都是說委任直選好，公民直選不好。「我是一開始就相信黨的意見。」沈昌煥凝重指陳，執政黨過去八、九個月以來都傾向委任直選，他實在不了解也非常訝異有此突變! 對黨的威信與團結都造成傷害。

林洋港支持公民直選，他說委任直選一張票要選國代，總統，副總統三人。萬一選舉者不喜歡國代候選人，卻喜歡總統候選人，你叫他怎麼選? 錢復認爲公民直選是世界民主潮流，對中華民國國際地位的提高有正面的效用。退輔會主委許歷農以國家認同觀點，強調總統選舉方式，攸關國家認同，如果總統改爲直選，則當初設置全國不分區代表選舉就完全失去意義，就是破壞五權體制的「毀

憲」。他反問：「什麼是民意？二屆國代執政黨主張委任直選，獲得
百分之七十一的選票，民進黨主張公民直選只得百分之廿三的選票，
這就是最確實合法的民意！」[18]

　　經過熱烈的辯論後，李登輝主席裁示，依照修憲策劃小組的原
有意見，將此兩案一併呈交於 3 月 14 日召開的三中全會上再公開討
論。[19]

　　執政黨三中全會在修憲方案這個焦點議題上，至少要解決三件
事：㈠總統選舉的方式，是委任直選還是公民直選？㈡監察委員產
生的方式是由總統提名，國大行使同意權？還是現制由省市議會間
接選舉產生？㈢國民大會的定位問題，如果總統由公民直選，國民
大會有何作用？如果不裁撤，是否爲常設機構？其與總統間的制衡
關係又如何？[20]

　　3 月 14 日，執政黨三中全會在海內外中國人密切注視下揭幕，
大家固然關心執政黨內部的政爭，更關心此次會議對中華民國民主
進程的衝擊和影響。執政黨如何寫黨國歷史的這一頁？輿論認爲出
席三中全會的 180 位執政黨中央委員，實負有「黨國興亡」的大責
重任。如果他們能夠堅持國家民主統一的嚴正立場，就能爲國民黨，
爲中國寫下光輝的歷史。反之，如果他們只爲派系利益而升高政爭，
爲個人情結，省籍情結所困則將成爲黨國的罪人。[21]

　　三中全會揭幕前一天，執政黨的幕僚長，負責府、院、國會溝
通的宋楚瑜指出，黨內的人無論抱持那一種主張，都是理念的執著，
不應該被視爲派系的結合。他承認執政黨在文宣上的確對「委任直
選」著力較多，因爲該制度難爲一般民眾了解，必須加強宣傳，所
以讓大家認爲國民黨較傾向「委任直選」。在 1991 年年底的選舉中，
大家最憂心的就是臺獨。當時統獨爭議甚高，如果執政黨公開表示

主張公民直選，一定會被人指爲附和臺獨。然而選舉結果顯示臺獨
主張並不爲大多數選民所接受，中華民國已經跳出了「國家認同」
的陰影，執政黨思考的空間拉大了很多。他相信三中全會一定會以
和諧的方式獲得修憲的結論。[22]

　　1992 年 3 月 11 日，李登輝與國民黨要員行政院長郝柏村，總統
府秘書長蔣彥士，黨秘書長宋楚瑜四人共進晚餐會商。會談後宋楚
瑜又再訪多位反對直選人士，殷勤勸說，終於獲得黨內團結的共識：
一致同意中華民國特殊的憲政體制是基於三民主義，五權憲法的架
構，不管總統選舉採取何種方式，都是如此。[23]

　　然而，行政院長郝柏村私下仍然支持委任直選，但是他一再表
示那只是個人的立場，他不會以院長的身份運作，亦不會不顧黨內
一致贊同公民直選的共識。民進黨立委陳水扁在質詢時表示，據民
意調查，總統公民直選是人民的最愛，如果郝柏村院長心中有「民
意」的話，爲什麼還贊同委任直選？郝柏村回答：一項民意調查或
聯合聲明就算是「民意」嗎？眞正的法定民意應該是去年年底第二
屆國民大會選舉的結果。[24]

　　3 月 14 日上午 9 時，執政黨三中全會在黨主席李登輝主持下揭
幕。李登輝致詞，強調將秉持「中國國民黨永遠與民衆在一起」的
信念，順應潮流，掌握先機。[25]部份黨內大老級的人物嚴厲砲轟總
統直選的主張。總統府資政陳立夫批評國民黨提公民直選一案是「天
下本無事，庸人自擾之」。陳立夫說：

> 我們要搞清楚，現在是憲政時期，不是訓政時期，難道有人
> 以爲，黨作了決策，就可叫國民大會遵守？總統直選，形同
> 將國民大會選總統的權力拿掉，我們如何有權力作這種決定？

> 總統選舉方式應由國民大會決定，三中全會無權代為決定。
> 目前政治好好的，經濟也好好的，國民黨為什麼要自找麻煩，
> 為什麼要討好反對我們的人？ [26]

政論家「前瞻基金會」董事長魏鏞表示他對陳立夫的談話十分佩服。他說國民黨大概忘了自己是什麼政黨。修憲案應該提出來請國民大會代表「參考」，而不是「交付」國代辦理。

前行政院長孫運璿中風後不良於行，但是他仍然痛心疾首的發言說，現在最重要的不是決定總統選舉方式，而是如何避免黨的分裂。假如今日國民黨分裂，就是對不起國父孫中山先生。他建議國民大會應考慮如何回歸五權憲法的原則。

李登輝面對黨內紛爭時，只有一再強調民主政治的可貴就在集思廣益，捐異求同，希望執政黨同志在充分表達個人意見後，應該有服從最後決定的雅量。他又表示此次三中全會的目的，在交付黨籍國代的修憲政治任務提示，議程緊湊。為了節省時間，他建議第一個需要討論的議案——議事規則——是否可照章通過，如果對議事規則本身有意見的話，可留待十四全大會時再來做整體討論修訂。[27] 李登輝此一意見受到不少人的反對。臺北市新選出的區域國代邵宗海舉手高喊：程序問題！並起身走向發言臺。才走到一半，李登輝表示邵宗海只是列席人員，列席人員沒有發言權。邵宗海高喊：「列席人員不能發言，我們來開會幹什麼？」他兩度欲上臺都被安全人員擋住。

大法官楊日旭隨後上臺指出，「議事規則」是開會的主要規範，應該逐條討論。宋楚瑜卻表示三中全會要讓中央委員們優先發言。但這次會議的主要任務有關國民大會代表，所以是否也可以讓列席

的黨籍國代有發言權？

王昇發言表示，討論議事規則時必要時得「記名投票」。如此一來，難免有人認爲黨要「控制」投票人，因此建議改爲「無記名投票」。[28] 關中亦就「議事規則」提出質問，認爲發言應採公開登記，並依順序發言才對。宋楚瑜一再表示「議事規則」對所有的表決方式均未排除。三中全會第一日開幕後，首先對「議事規則」就產生了許多爭議，本來只有半小時的議程，拖了八十分鐘還沒有得到結論。最後李登輝主席只得宣佈「停止討論」，裁示「議事規則」准予「備查」。

第二天的討論仍然是氣氛熱烈，針鋒相對。3月16日，執政黨發布一則簡短聲明，宣稱對於爭議不下的總統選舉方式，在高層協商後決定暫不處理，僅決議「應由中華民國自由地區全國選民決定之，其選舉方式應依民意趨向，審愼研定，自1996年第九任總統副總統選舉開始施行」。[29]

國民黨爲了避免可能分裂的危機，高層獲得不作結論的結論，並以三年的時間來換取黨內對總統選舉方式的共識，希望藉時間解決在總統選舉方式背後更深一層的問題；諸如權力的爭奪，省籍的糾葛，統獨情結等臺灣政治本質上的疑慮。[30]

3月25日，李登輝明白對執政黨籍國大代表傳達支持公民直選總統的主張，並反駁公民直選可能導致臺獨動亂的說法。[31] 雖然李登輝和許多黨內要員均決定以公民直選當做臺灣全部民主化的表徵，是完成民主進程必須採取的步驟，但是爲了顧及黨內大老的極力反對，李登輝並沒有運用高壓手段來促使此議案在三中全會上通過，反而採取拖延的政策，希望以三年的時間，達到既能施行公民直選正副總統，又能維持五權憲法政體的不變，還能繼續保留國民

大會這個面面俱到的方法。[32]

　　執政黨秘書長宋楚瑜在三中全會結束後表示，國民黨這個決定可以避免黨內不必要的意氣之爭和情結之爭，也讓民眾了解國民黨是一個負責任的政黨。[33]據會後的民意調查，如果此時此刻進行公民直選總統，李登輝一定可以得到壓倒性的勝利。[34]可見李登輝支持公民直選的決定，使他在民間的聲望提高了很多。

　　三中全會另一項決議是監察委員由總統提名，國民大會有同意或反對的權力。

國民代表大會

　　新任的第二屆國民大會代表共有 325 位，加上第一屆留下來的七十八名增額代表，使國代的總數為 403 人。屬於國民黨籍的有 320 人，民進黨籍七十四人（李宗藩於 1992 年 4 月 1 日去世），政黨聯盟六人，非政黨聯盟二人，中華社會民主黨一人。民進黨雖然一直反對國民大會的存在，該黨籍國代仍然決定出席大會並行使職權。1992 年 1 月 1 日，新任國大開始報到。促成總統直選是民進黨國代主要的任務，也是該黨的第一目標。根據國大以往慣例的安排，第二大黨的民進黨必要有一席國大副秘書長的職位。[35]民進黨將積極爭取無黨籍與非政黨聯盟國代的合作，若達到八十一人就具有提案權。1 月中，民進黨國大黨團會議幹部改選，美麗島系和新潮流系之間又產生了內鬥，由於重要幹部幾由美麗島系國代擔任，使新潮流系人馬十分不滿，被分配到的幹部人選，幾乎全數拒絕出席。[36]

　　2 月 15 日，民進黨國代舉行為期三天的憲政公聽會，規劃國大會議策略。吳豐山表示「委任選舉太複雜，直接民選是最簡單的方

法，總統直選執政黨又未必會輸，執政黨何必怕總統直選！」[37]

　　3月2日，民進黨國大黨團召開「共識會議」，堅持主張總統制與總統直選。民進黨公布擬定的憲法修正案包括：總統爲國家元首及最高行政首長，可宣佈戒嚴及發布緊急命令，但須於十日內提交國會追認，如國會不同意，則自動失效。總統任期四年，連選得連任一次。[38]

　　一星期後，執政的國民黨亦表示支持公民直選。大多數民進黨人士對執政黨的轉向十分欣慰，但亦有不少人感到震驚和大出意料之外。[39]民進黨前主席黃信介表示：臺灣雖然不再是一個強人當政的政體，但是李登輝仍然能夠在一夕之間改變主意，並且令執政黨的政策隨之改變，這個現象不容忽視。[40]率領民進黨二十四人代表團在美國首府華盛頓訪問的主席許信良，在國會午餐會演講時，公開歡迎執政黨多數常委主張總統直選，他說：「我們眼前的目標是建立臺灣眞正的民主,以便我們的人民自由選擇他們的前途。」[41]然而，朝野雙方對總統選舉的方式過份關切，在此國民大會召開的前夕，反而把憲政改革的本題擱置了。[42]

召開第二屆國民大會

　　第二屆國民大會第一次臨時會議決定於 1992 年 3 月 20 日至 5 月 15 日舉行，除開幕，閉幕典禮之外，分爲六個階段進行會議。[43]第一階段: 3 月 20 日～25 日，舉行預備會議，確定代表席次安排，選舉主席團；第二階段: 3 月 26 日～4 月 1 日，舉行大會，通過正副秘書長人選，修訂國民大會議事規則及委員會組織規章；第三階段: 4 月 2 日～10 日, 政府部會首長報告, 並提出建議；第四階段:

4 月 11 日～27 日，舉行大會及審查會，進行修憲案之一讀及審查；
第五階段：4 月 28 日～5 月 6 日，舉行大會及審查會，進行一般提
案之審查與討論；第六階段：5 月 7 日～15 日，舉行修憲案之二讀
與三讀。

衝突

　　在 1992 年 3 月 20 日國大開幕典禮之前，民進黨宣佈該黨國代
宣誓就職要和其他代表分開來舉行。宣誓時民進黨國代七十三人以
「自己的方式」宣誓，在誓詞「中華民國」及「民國八十一年」邊
加註「臺灣」及「公元 1992 年」字眼。[44]民進黨代表的行為使其執
政黨同僚大為憤怒不滿。[45]第二日，國大臨時會舉行第一次預備會
議，兩黨在現場相互攻擊，發言如蜂砲亂射，各種千奇百怪的問題
層出不窮，會場吵鬧成一團。[46]

　　開幕典禮李登輝應邀致詞時，民進黨籍國代或持綠色布條，或
穿紫色背心，上面明載「總統直選」等文字，使會場氣氛凝重而緊
張。李登輝說話時，坐在後排的民進黨國代一起站起來，拉開寫有
「廢除黑名單」，「廢除國民大會」，「制定新憲法」等綠色布條，還
有一位代表揮舞著「臺獨聯盟」的旗幟。李登輝呼求修憲要「以光
大國家前途為念，以增進全民福祉為先。要捐異求同，開創恢宏璀
璨的新時代。」[47]李登輝致詞結束後離開會場，民進黨國代即開始用
臺語高喊「總統直選」，並衝向臺前要把布條交給李登輝。所有民進
黨國代亦拒絕出席李登輝的午宴款待。

衝突加強

　　3 月 20～23 日的會期中，民進黨經常衝上前臺，將桌椅安放在

臺上，坐著抽煙，將麥克風搶在手上，把國民黨國代逼下臺來。[48]
24 日在選舉主席團時，執政黨贏得二十六席，掌握了主席團議事的
優勢。但是在投票前朝野雙方衝突加強，場面火爆，對峙情形嚴重。
原定上午舉行的選舉，到晚上 6 時才開始投票。[49] 選舉結果，民進
黨只佔主席團六席席位，對議事進程不足以造成任何影響。

　　3 月 26 日，朝野兩黨代表一直爭論不休。國民黨的王百祺數度
罵民進黨的蘇治洋爲「婊子」，引起民進黨女性國代強烈不滿，要王
百祺公開道歉。[50] 年高八十七歲的國民黨不分區代表陳重光走到混
亂的場地湊熱鬧，並以開玩笑的口吻吆喝：「要打到外面啦！」引起
哄堂大笑。民進黨國代建議「重老」拿「養樂多」給國代消消火氣。
陳重光笑得合不攏嘴，扯動留著的八字鬍說：「有啦！已經打電話叫
他們送來一千五百瓶了！」坐在一旁觀戰的黃信介也以開玩笑的口氣
對陳重光說：「對啦，送幾瓶養樂多來喝，讓他們愈戰愈勇……。」
急得陳重光連說：「不行，不行，怎可愈喝愈勇，那就更糟糕了！」
又引得大家哄堂大笑。[51]

　　3 月 28 日，國大議場內衝突已到白熱化的地步。在雙方都有意
降溫的共識下，朝野兩黨決定在議場內建立制度化的協商管道，朝
野各推六人，在出現議事糾紛時，立即碰面協調。[52] 對於國大開會
以來亂象頻仍，有人稱之爲「立法院翻版」，執政黨立委黃主文說：

> 基本上國大的亂象和過去立法院有某種程度類似，本質上都
> 是民進黨爲了抗爭體制，或抗爭國民黨的做法。不過立法院
> 近年來已不再採用這種方式，以免遭到民眾唾棄。兩者不同
> 的是，當初立院有資深立委在，結構上不健全，民進黨的抗
> 爭容易得到選民的認同。目前國民大會已無資深國代，所有

的代表均有民意基礎。民進黨要挑起肢體衝突，必需考慮選民的反感。[53]

執政黨增額國代葉金鳳說：

> 民進黨動輒用權宜，秩序或程序問題杯葛議事，往往不符合權宜問題的定義，這種做法使議事癱瘓，會議無法進行，絕非國家之福。國大集會須花費巨額公帑，開會效率低落，豈不浪費人民的血汗錢。[54]

對於國大議事的亂象，國民黨亦有責任。黃主文就表示，國大副秘書長一職，一直是由其他黨派人士擔任，讓一席給民進黨也沒有什麼，為何就是不讓，如此小氣？而身為執政黨，有責任讓議事順利進行，現在卻採用「以牙還牙」的議事杯葛策略，實在是一種拙劣的反制方式。[55]

立法院加入爭戰

4月13日，立委李勝峰於立法院審查國大預算時引發了兩院「互批」的事件。李勝峰表示國民大會一天到晚吵吵鬧鬧，要錢有之，擴權有之，與反對黨勾結有之，看不出任何修憲內容，沒有人搞得懂他們在幹什麼！他勸國代不要挾修憲權而自以為「除了把女人變成男人外，無所不能」。並說：「像王應傑之類的，把他擺到一邊去，像垃圾堆把他丟掉一樣，不理他」。[56]第二天王應傑上臺發言時說：「如果我是垃圾，李勝峰就是蟑螂，一直在垃圾堆中長大。」[57]王應傑每罵一句，臺下國代們就起而響應，一片掌聲。

為了李勝峰一句「垃圾」的比喻，使朝野兩黨的國代出現了難得一見的「同仇敵愾」情緒。一位民進黨國代說：如果國代是垃圾，那國民大會不就成了垃圾桶嗎？其實李勝峰在臺南縣是有名的「牛糞」，那有資格批評別人是垃圾？[58]並要求李勝峰道歉。

李勝峰表示，如果國大能夠做到下面三件事，他一定在國大閉幕時登門道歉。這三件事是：㈠國代從此不再打架；㈡不要包裹修憲；㈢遵守大法官會議 282 號解釋不要支薪。[59]他並且說基於國會和諧，國大不要威脅立法院。

4 月 27 日，國大臨時會第一審查委員會表決通過多項國大擴權修憲案，包括：成立國會預算局，立院、國大互審預算，每年定期集會，國大設正副議長及國代不應兼任官吏等。[60]

朝野立委對國大的決定十分不滿，大都搖頭嘆息說「胡鬧」，「兒戲」。多位立委指出國大負責修憲，反而因為自我擴權而引發出憲政危機。執政黨立委蔡璧煌表示，他從未見過世界上有國會互審預算的事情，簡直胡鬧。他認為乾脆讓國大胡鬧下去，讓全民看笑話，讓社會大眾瞭解國大應該廢除。另一立委陳癸淼表示，目前應從整體來看國大擴權這件事，國大究竟何去何從？到底應如何定位？需要什麼權限？執政黨應該出面和兩個國會共同協調。民進黨立委謝長廷亦表示，當初選二屆國代就是一個錯誤，因為全臺灣因此而多出來三百多個有民意基礎但無所事事的人，未來的政治生態也將是一片混亂，因此最根本的辦法就是裁撤國民大會。[61]

執政黨中央黨部秘書長宋楚瑜，針對國大擴權案向部份國民黨籍國代委婉指示，黨籍國代應支持貫徹通過執政黨修憲案，至於那些擴權案應暫緩決定。他再三強調，黨籍國代在那些擴權案二讀表決時，一定要「審慎舉手」。[62]

　　然而，國大與立委之戰仍然沒有止息。繼「垃圾蟑螂」之後，再次爆發了愛滋病事件。原來立法院新國民黨連線委員亦痛斥國大一讀通過擴權案，指修憲不能「爽就好」，必須「對才好」，否則不小心會得「愛滋病」。國代在遭受立委抨擊後大為憤怒，執政黨國大黨團書記謝盛隆亦親自披掛上陣，表示暢所欲言也是「爽」的一種，嘴巴說說怎會得那個病？ [63]

　　針對國民黨在審查會上快速通過多項國大擴權案，民進黨國大黨團幹事長表示：「國民大會去了老賊，來了新賊！」 [64]

面對面

　　對於執政黨國大黨團書記謝盛隆而言，目前最困難的任務，反而不是和民進黨協商，而是在國民黨黨籍國代中取得修憲的共識。[65]早於 3 月 18 日，支持總統直選的國大代表成立了跨黨派的「全民總統直選聯盟」，除了民進黨，無黨籍國代之外，亦有不甘受國民黨左右的執政黨直選派代表參加。黃信介甚至表示，如果國民黨支持直選的國代人數超過民進黨，他不反對把這個聯盟的總召集人職務讓給國民黨籍國代出任。[66]

　　這個行動讓執政黨大為警惕。5 月 15 日，由於執政黨不同意國大設置議長，部份黨籍國大因此十分不滿，集體以「拒絕簽到」杯葛議程，到了下午 4 時 27 分，因場內人數不足，終告提前散會。[67]

　　原來在 5 月 14 日，中山樓就已經浮動著「山雨欲來」的氣氛。直選派「國大聯誼社」社長陳瓊讚即鼓動代表不要簽到。郭柏村則在中山樓文化堂門口發散傳單，要求代表不要當「橡皮圖章」，「要有點骨氣」。[68]每當有代表到中山樓時，他們就拉著代表們進場，避開簽到程序，因此無法湊足 268 人的法定開會人數，造成流會，給

執政黨來個下馬威。

執政黨秘書長宋楚瑜一再呼籲民衆和輿論不要抹黑國大，還給執政黨國代適當的尊嚴。[69]李登輝主席並接見黨籍國代，希望他們同意「暫時保留」國大增設正副議長的提案。他幽默地說多數在座國代都和他一樣「還有四年的任期」，不必要什麼問題都急著「一定要在這次完成」。[70]李登輝的介入說服了大多數議長派的黨籍國代，以修憲大局爲重，不再杯葛大會議程。但是議長派的國代仍然堅持立法委員的任期不得由三年延爲四年。[71]執政黨中央在兩個國會都情緒激動的情形下，只好決定暫時擱置立委任期的修憲條文，留待明年召開國大臨時會時再來處理。[72]

國民黨籍國代的風波剛告一段落，無黨籍國代又宣佈退出國大臨時會，指責國民黨視在野黨如無物，指責國民黨視國大爲黨內鬥爭的場所，國民黨籍代表的表現全是利慾橫流，霸道壓制。[73]

國民大會開幕以來各種衝突與紛爭，不可避免會在選民心中投下極大的陰影。使國民大會在民衆心中產生反面印象，國民黨和民進黨雙方都要負責任。

民進黨放棄修憲

3月28日，民進黨中央黨部召開中常會，對於國大臨時會的策略確立兩大原則：爲了推動總統直選，在議場內可以拱手讓出主導權，與執政黨直選派合作結盟；在議場外，民進黨以各種形式的群衆運動累積社會力量，做爲議場內推動總統直選的籌碼。[74]民進黨代主席施明德表示他已指示民進黨社運部和組織部，對群衆運動的形式、動員步驟先行展開作業，等到率團赴美訪問的黨主席許信良

回國後，即可展開街頭示威的行動。

　　民進黨雖然讚揚李登輝有關總統選舉方式的個人看法，但是，他們也相信李登輝在國民黨內保守勢力的壓力下，為了遷就政治現實，他極有可能會屈從而擱延總統直選的議案。民進黨因此而決定擴大抗爭層面，於 4 月 19 日結合各社運團體，舉辦全省各縣市同步遊行，[75] 預期當天有十萬人以上參加。民進黨「四一九」活動選定的總領隊為黃信介，遊行決策小組成員為許信良(召集人)、姚嘉文、陳永興、洪奇昌、蔡同榮；遊行指揮小組包括邱義仁(召集人)、顏錦福、謝長廷等。然而部份參與的社運團體醞釀擴大遊行訴求，並且想更名為「國是大遊行」，但遭到民進黨的反對。[76]

　　民進黨發起的「四一九總統直選大遊行」如期在全臺各地同步開走。然而民進黨遊行時並沒有提出任何明確而吸引人的政治主張，也沒有調整其方向和腳步。在時間的選擇上尤其不明智，讓民眾感到他們在國大臨時會開會期間發動遊行，不好好開會修憲，卻老是喜歡到街頭鬧事抗爭，給人民一種惡劣的印象。[77]

　　「四一九」遊行的經過大約如下：

　　4 月 17 日上午，民進黨團召集人黃信介帶領部份國代到總統府前請願，要求晉見李登輝，表達公民直選的主張，引起軍警的包圍，雙方緊張對峙了一整天仍然無功而返。19 日當天，臺北地區滂沱大雨。中午以後，約有萬名左右參加遊行的人士及社運團體即湧入市立體育館。兩點左右，在大雨中遊行隊伍沿敦化北路進行，據統計大約有五、六千人之數。[78] 沿途並未遇到任何警隊，全程在和平的氣氛中於 6 時多完成，回到市立體育館。

　　4 月 20 日，約有五、六千名民眾到體育館參加第二天的「四二〇」大遊行，遊行隊伍經過南京東、西路時，不少圍觀的民眾紛紛

加入，使遊行人數增加到萬餘人。遊行隊伍首先是糾察及二十面黨旗前導，十一位女性國代舉著「一人一票，總統直選」的標語。[79]遊行隊伍穿著鮮明的制服，來自臺東、花蓮及人數較多約四、五百人的屏東、高雄縣及高雄市的民眾，大多背著行囊參加。指揮車上謝長廷用麥克風首先爲這次遊行帶給大家交通和生意上的不便而致歉，然後他說：

> 由於國民黨因內鬥而擱置國大臨時會的總統直選案，大家應該站出來，用自己的聲音和腳步，來爭取人民做主人的權利，也走出自己子孫的前途和臺灣民主的新局面。[80]

「四二○」遊行大軍沿途秩序大致良好，下午 4 時半左右，隊伍經過臺北車站即休息整隊，不再前進。決策小組認爲臺北車站附近的地形很適宜就地靜坐抗爭。在吃過便當休息後，主辦當局即當街辦起晚會來。

4 月 22 日，星期三，民進黨主席許信良表示，只要國民黨主席或秘書長公開承諾讓國民黨國代在臨時會中得以自由、公平討論、表決、制定一部完整憲法，民進黨就會立刻解除這次抗爭。[81]否則他們即會抗爭到星期六，讓國民黨知道他們並不是鬧著玩的。他說：

> 國民黨內鬥太烈，李登輝有總統直選的意願相當清楚，但是有意願並不夠，還必須有決心，只是以目前國民黨內部的情況來看，我懷疑李登輝有此決心。[82]

民進黨領導人對何時應該停止抗爭頗有不同意見。張俊宏認爲

應該在遊行到人群最多時收場，但未被決策小組接受。當初許信良決定以萬人遊行的方式，正拳攻擊國民黨，但卻一拳打到棉花球裡，而原本萬人造勢也只達到數千人。[83]

4月22日，「四一九」遊行隊伍駐留在臺北火車站前已經三天了。入夜後，民進黨籍國代王雪峰，蘇嘉全上臺帶領大隊唱「舊情綿綿」，「思慕的人」等歌曲。9時，客家與山地代表也上臺講話，表示族群對總統直選的堅持。接著長老會牧師高俊明為群眾祈禱。晚上11時半，警政署長莊亨岱召開記者會，做「最後的鄭重呼籲」，他希望群眾主動解散，否則警方將會採取強制驅散的行動。

莊亨岱指出，警方一直沒有採取行動的原因，是要避免傷及無辜人民和公共設施，希望民進黨領導者應以和諧為重，主動將群眾帶離。午夜時分，火車站前群眾終於離散全空。

號稱空前的「四一九」遊行，終於淪入「等待被驅散」的收場困境。顯露出運動領導人的決策錯誤，而且在臺北車站四周栖栖皇皇受阻的市民，對街頭運動的咀咒，使街頭運動家們更顯得黔驢技窮。在臺灣的政治歷程中，街頭運動終究只是過渡階段，政治需要議場和公共論壇。臺灣的街頭運動已經開始沒落。

退出國大臨時會議參加街頭運動的民進黨國代突然於4月29日重返議場。[84]定名為「上山收妖」的民進黨國大黨團，在國民黨一片錯愕，措手不及之中，針對國民黨連日來通過的擴權案，展開連番嚴詞中帶譏諷的批判，矛頭直指謝盛隆和委選派。[85]

輿論對朝野兩黨均有批評。不但執政黨內部有不少困弊，難於超脫民主程序的瓶頸，民進黨亦不能得到民眾的信任，因為它既缺乏國家認同的「忠誠反對黨」本質，也缺乏在公共政策中歷練成熟的意願。[86]而民進黨搞什麼「四一九」全省大遊行，也教社會大眾

頭痛。在長達三天而且遍及全省各重要都市的遊行，造成交通阻塞，
社會不安，使人民生活受到擾亂，物質與精神受到重大損失，簡直
是「無風起浪，徒逆民意」。[87]

　　輿論也認為民進黨過度高估了民眾對他們支持的程度。而民進
黨加入國大臨時會以來，並沒有積極達成他們身負的使命——經由
國會，將制憲的內容和主張，公開宣示出來讓國人了解。[88]多位執
政黨的中常委及首長亦表示，抗議活動已經超過合法的界限，對民
眾造成極大不便。連民進黨籍的屏東縣長蘇貞昌也表示，現在的街
頭運動，不但難達到訴求的目的，而且也惹人討厭。[89]

　　另一位評論家張作錦認為以修憲為唯一目的的第二屆國大臨時
會，開幕以來，「除了打吵，說粗話，送棺材，女代表用高跟鞋敲桌
子之外，一件正經事都沒幹過」。[90]

　　總之，民眾大多數認為，民進黨既然自稱代表人民，就不能無
視那些不贊成他們主張的民意。

憲法的修改

　　第二屆國大臨時會議原定六十天會期須花費三億餘元。[91]後來
前前後後花了八十天時間，由於秘書長陳金讓「節衣縮食，錙銖必
較，克勤克儉，實在罕見」，大會的花費並未增多，仍為三億餘元。
全體代表共提出 155 項修憲提案，其他 141 條關於社會福利、教育、
軍事、公共行政、山地同胞條款等建議案。[92] 155 項提案中僅有四
分之一通過一讀。通過二讀的只有二十一條。5 月 18 日，國民黨代
表將其整理合併，濃縮為「黨九條」，後因黨籍國代反對立法委員任
期延長為四年，「黨九條」又被刪成「黨八條」，並於 5 月 27 日三讀

通過此八條憲法增修條文。[93]第二階段的修憲終於完成了合法的程序。

這八條經三讀通過的憲法實在得來不易。

首先，爲了抗議國民黨「一黨修憲」，民進黨籍國代在４月底走上街頭，無黨籍國代亦退席抗議，而國民黨內部亦因一讀會程序需要三分之二人數出席或只需三分之一而產生內訌，[94]執政黨爲了確保修憲二讀會不致因爲出席法定人數不足，只好全體動員黨籍代表出席，並安排他們集體住宿在飯店中[95]以便監督。

第二，由於國大擴權案引起各方的指責批評，國民黨國大黨團不得不發動一百位以上的黨籍代表，全力阻止國大擴權案在二讀會上通過，並封鎖所有非中央所提的修憲案。[96]

第三，５月４日，李登輝召開高層黨政首長會議，確定執政黨修憲的條文濃縮爲九條，此外，對於多數國代關心的農漁現代化，全民健康保險及保障婦女地位等問題，納入濃縮的「黨九條」修憲案中。[97]到此爲止，修憲程序才算曙光初露。

第四，執政黨堅持黨籍國代取消將立法委員的任期由三年縮減到兩年的提案。經過黨方不斷協調、說服、威脅、懇求，終於讓黨籍國代放棄改動立委任期的提案，也使「黨九條」成爲「黨八條」。[98]

此八條的重要內容如下：國民大會代表自第三屆國民大會起，每四年改選一次；總統副總統由中華民國自由地區全體人民選舉之，自1996年第九任總統副總統選舉實施；司法院院長、副院長、大法官由總統提名，國民大會同意後任命；考試院院長、副院長、考試委員由總統提名，經國民大會同意任命之；監察院設監察委員二十九名，其中一人爲院長，一人爲副院長，任期六年，由總統提名，經國民大會同意任命之；省長、縣長分別由省民、縣民選舉之；

國家應獎勵科學技術發展投資，推行全民保險、保障婦女、山地同胞之地位等。

大會結束後，執政黨主席李登輝宴請黨籍國代，對此次國大修憲，肯定了其四項成就：內容程序民主化；貫徹了國民黨三中全會的決議；維持了五權憲法的架構；及涵蓋了六大革新的內容。[99]

李登輝表示，這次國大臨時會，是我國行憲四十五年來，第一次透過最新的民意，進行憲法實質的增修。他說：

> 在本次修憲的過程中，大家意見紛紜，仁智互見，可説是一種正常的現象。但代表終能順利完成本黨三中全會所交付的修憲任務，這種顧全大局，捐小成大的胸襟，令人感佩。[100]

這場餐會在圓山飯店舉行，席開二十四桌，兩百餘位國代出席，為了感謝黨友民社黨籍的增額國代黃昭仁全程參與修憲，他特別被安排坐在李登輝旁邊。擔任司儀的執政黨國大黨團書記長謝盛隆，在會期中受盡了各種批評指責，挫折與委曲，亦高興地說：主席的酒是沒有限制的，大家喝個爽！

一般民眾對國大臨時會的成果並沒有如此樂觀。在《中國時報》舉辦的民意調查中，對國大的表現只給了 55 分。[101]《中國時報》以電話方式訪問了全省 813 位民眾，結果有 45.2% 的人對修憲這方面的消息根本不關心；認為對國民黨形象有正面影響的有 35.2%，負面影響的 25.4%；認為對民進黨形象有正面影響的只有 11%，有負面影響的高達 50.9%。由《聯合報》主辦的民意調查顯示，民眾對國大修憲的信心更低。回答「完全沒有信心的人」增加了很多。[102]

知識菁英份子對第二屆國大臨時會的批評亦貶多於褒。美國威

斯康辛大學教授田弘茂表示此次修憲並沒有充分反映臺灣政治經濟變遷的進程。[103]田弘茂認爲國民黨爲了化解因修憲而產生的內訌與分裂，不得不採取保守穩健的步驟，因此國民黨內的開明主張幾乎全盤屈服，只做小幅度的修憲，就整體政府建構，各憲政機關間的權力運作關係以及政府與人民互動關係，幾乎都沒有實質的改良。但有些人士的看法卻較爲正面。執政黨中委會秘書長宋楚瑜認爲修憲是一項極困難的工作，憲改是不斷成長，不斷檢討推動的歷程。他希望各界能以「恕道」看修憲，不要以「挑剔」的眼光來看此次國大修憲的結果。[104]政大政治系副教授楊泰順認爲在政府角色和功能方面尙未能確定以前，就貿然逆其道而去決定總統產生的方式，根本是違反民主憲政的原理。[105]臺大三民主義研究所副教授周陽山也指出，從國際經驗來看總統直選，並非穩定民主國家的大勢所趨，也未能因此而建立起穩定持久的民主體制。[106]臺灣大學政治系教授胡佛也認爲總統直選容易，將來要罷免他卻很困難，內閣制中總統直選的國家，全世界只有奧地利在實行，其餘的要不是有君主，否則就是間接選舉，或由國會選舉。現在臺灣直選總統，兩黨競爭一定會很激烈，總統當選後很難不具備黨派色彩，而總統是個有實權的總統，行政院可能就被弱化，會形成政治權力的雙軌制。如總統和行政院長再分屬於兩個政黨，可能引起的問題更大。[107]

另一些知識份子認爲 1990 年的國是會議曾經使李登輝聲望大增，但兩年後的修憲卻使他聲望大跌。爲了確保公民直選這個中心點，李登輝在其他各方面都對保守派做了重大讓步，結果可說得不償失。[108]

1992 年 7 月，由一群知識份子發起創刊的一本雜誌，特別舉行學者國是座談會，對此次修憲做了整體性的評估。柴松林教授率先

發言，他以社會學的角度來看這次修憲，認為花了那麼多時間和金錢來修憲，卻看不出修改後的憲法對人民的人權有更充份的保障。他對執政黨、民進黨及無黨籍的國代都很失望。朱新民教授認為這次修憲有三點可以肯定的地方，那就是：㈠代表尚有自主權；㈡代表們很慎重地沒有把中央體制部份加以定位，避免給未來憲政的發展帶來後遺症；㈢維護了五權憲法的精神。朱教授也指出三點令人不滿意的地方：㈠執政黨的修憲方案沒有整體架構，雜亂無章；㈡這次憲改完全沒有遵照政治學上憲改發展的經驗和原則運作，使得修憲的品質匆促而草率；㈢由於民進黨和無黨籍的退席，造成一黨修憲的局面。

　　陳毓鈞教授表示他對此次修憲十分失望。因為修憲不但沒有釐清政府機構權責的關係，使得將來五院爭權的局面更加混亂。陳教授認為這幾個月中基於四個因素產生了許多亂七八糟的事件：第一，民進黨根本不認同中華民國；第二，國民黨內部應該負責任的人對中華民國的認同亦產生了曖昧的情結；第三，國內部份專家學者昧著學術良心去逢迎在位者的想法；第四，高階層的政治人物把憲法當做擴充權力，進行權力鬥爭的工具。他給這次修憲成績打的分數只有 20、30 分。

　　陳志奇教授認為從整個國民大會修憲的成就來看，其結果只有「零分」。政大法學院長張潤書教授認為此次修憲是反民主的，是相當草率的過程，根本是在為一個人修憲，把總統的權力提到那麼高，難以制衡。丁介民教授乾脆稱此次修憲是「無恥」。[109]

　　由於第二階段修憲過程和結果頗令大多數人失望，學界和醫界發起廢除國大的連署簽名活動。這項聲討國大的行動是由「澄社」，「醫界聯盟」等團體所發起，預定由千人推展至百萬人。[110]另外由

知識界發起的「知識界簽名譴責國大運動」也熱烈在進行。[111]但是，熱潮過後，知識份子和社會菁英份子，由於有其他事情足以轉移他們的注意力，對於國大臨時會引起的各種爭論，也就不了了之了。

第六部
中國第一個民主體系的出現

中華一國民三體系的由來

第十二章
政治歧見的消解

臺灣政治民主化的歷程，從 1987 年解嚴到 1992 年初第二屆國大代表修憲爲止，可說具有突破性的進展與成就。在本書前幾章中，我們將其間主要發生的事件，做了比較詳細深入的陳述。臺灣政壇 1992 年夏天到 1996 年間所發生的事，只是在突破性民主化基礎上的一種擴展，並不需要做同樣深廣的研究；政治歧見以同樣的方式由朝野雙方的政治領袖或經由仲介者取得協議，討價還價，公開商議，彼此讓步等方法也和 1989 年秋天到 1992 年春天之間所使用的方法大同小異。

1992 年夏初，臺灣的菁英份子之間雖然經過一次極嚴重的政治分裂與歧見，但對臺灣民主的進程並未造成致命的傷害。沒有一個政黨和社團願意採取任何非民主的手段去解決紛爭或鎮壓歧見，因爲他們不願意在選民及其他菁英份子眼中失去威信。執政的李登輝主席度過了黨內分裂的難關，主動與反對黨之間展開接觸，交換信息，並且保證今後兩黨在政治改革方面的進一步合作。在人民自己投票選出負責修憲的第二屆國民大會代表中，國民黨佔了極大多數，也可說人民授予了執政黨修憲的主導地位。雖然民進黨在選戰中失敗了，但仍然參與了修憲過程，並且產生了某些作用。李登輝及時阻止了以間接選舉產生正副總統進入修憲的程序，由於這個實例以

及其他例子，可以看出臺灣的政治歧見已朝向更爲妥協，更能相互
容忍的解決方式進行。新出任的官員、知識份子、評論家與公共媒
體上出現的政治性廣告，加深了一般民眾對臺灣政治領導人物的信
任，也使得他們對不同於自己的政見更加尊重，也更願意按照合法
的民主規章從事政治活動。

1992 年夏天到 1996 年間，我們可以看到臺灣政治進一步的變
化。臺灣的菁英份子雖然仍然歧見紛紜，但民主化的進程卻依舊在
繼續進行。在這段重要的過渡時期，原本集中在「制約式政治核心」
的權力，逐漸分散到民間社會，相互競爭的政黨和非政府性的組織，
開始勇於向發展中的「公僕式政治核心」，提出和自己利益有關的要
求。今後臺灣的政治紛爭大約可分爲六大類：㈠修憲的爭執；㈡政
府內部的爭執；㈢政黨內部的爭執；㈣選舉中的紛爭及賄選貪黷問
題；㈤民間社團與政府之間的爭執；㈥政府對外政策造成的歧見。

我們來看看這些歧見和爭執。

修憲的爭執

憲法界定了政府權力的分配，也限定了人民的權益。1787 到
1788 年之間，美國菁英份子對新釐訂的憲法應如何修訂，也曾經展
開極爲激烈的辯論。[1] 同樣的，臺灣對 1947 年釐訂的中華民國憲法
該如何修改革新，亦產生了十分激烈的辯爭；大多數人主張只做修
改，少數人主張乾脆全面推翻，重寫新的憲章。1992 年 5 月，以國
民黨爲主的國民大會，在原 1947 年憲法的十二章 175 條款上，增加
了另十八項新的條款。1994 年 4 月到 7 月之間，第二屆國民大會以
十項條款代替了新的十八項條款，臺灣政體內部權力的平衡因之而

改變。

　　一位中國憲法專家指出中華民國憲法的基本精神是:「表徵我們立國精神, 作爲政治上最高的指導原則, 這種涵意的基本精神, 厥爲民主主義, 諸如憲法中的選罷制度、同意制度、行政須受民意機關監督、以及所有的法治程序等, 都是爲了貫徹民主主義此一基本精神所設計的。」[2] 這是國民黨一貫的看法。

　　然而, 反對派的人卻認爲這個憲法是未經臺灣人民同意, 強行加諸於臺灣老百姓身上的東西。因此, 在 1991 年 4 月, 民進黨理所當然地成立了憲政研究小組, 經過與專家學者討論後, 提出了新的「民主大憲章」, 包括十章共 104 條款。大憲章前言中開宗明義指出:「鑑於現行中華民國憲法因時空演變, 已不適用於此時此際之臺澎金馬地區。」[3] 此憲章的內容包括對國民權利義務的界定, 公民權的行使, 總統副總統由轄區國民直接選舉產生, 廢除國民大會, 和美國相似的三權分立政府等。民進黨雖然廣爲宣傳其新憲法的優點, 把它變成 1991 年第二屆國大代表選舉的主要政綱, 但最後仍然無法贏取老百姓廣泛的支持。

　　臺灣大多數的人都主張修憲而不贊成立憲, 但如何修憲卻眾說紛紜, 無法達成共識。

　　按照憲法專家的說法, 中華民國憲法「厥爲內閣制, 諸如總統與行政院長之分別設置, 行政院長之須經立院同意, 副署制度, 行政須向立法負責等, 都是爲了體現內閣制中國會政府制(Parliamentary government)的基本精神而訂定的。」[4]

　　這種內閣制的政府, 在中華民國憲法第三十七條中規定, 總統依法公布法律, 發布命令, 須經行政院院長之副署。由於這條憲法, 總統的權力大爲削弱。國民黨內擁護李登輝的人極不贊同此一條款,

他們大力鼓吹廢除此一條款，增加總統的權限，但國內保守派卻希望保留此一條款。1994 年初召開第二屆國民大會第四次臨時大會進行第三次修憲前，國民黨內部對此展開了激烈的爭執。[5]

4 月 23～24 日，以李登輝爲主的大多數中央委員，在國民黨第十四屆中央委員會臨時全體會議中，擊敗了黨內反對派人士，通過了黨版的七項修憲原則，包括自 1996 年第九任總統副總統直選，總統發布須經國民大會或立法院同意任命人員之任免命令，無需行政院院長副署，國民大會設議長副議長，立法委員任期爲四年（在國大表決未通過）等。[6]

第二屆國民大會第四次臨時會於 1994 年 5 月 2 日舉行，並負責第三次的修憲任務。開會典禮由於民進黨的杯葛，以致延遲了二十分鐘。在李登輝進場致詞時，民進黨國代仍然拉開抗議的布條，進行柔性抗爭，但會場中卻無人加以理睬。

在以後數星期中，朝野雙方因修憲的內容無法達成共識而衝突不斷，導致民進黨斷然退出修憲，使第三次修憲步上第一、二次修憲的後塵，由國民黨唱獨脚戲收場。[7]

6 月間的一次民意調查中顯示，臺灣老百姓對第二屆國大代表的表現十分不滿意。在 1,015 位接受調查的人中，42％認爲國民大會根本應該被廢除，62％對國代的表現感到失望。[8]

7 月 29 日，第三次修憲程序在民進黨退場下，完成三讀。國民黨版的修憲案，是將現行憲法增修條文第一至第十八條，和國民黨十四屆臨時全體會議通過的修憲原則，重新組合，改爲十條條文，並成爲新的憲法增修條文第一至第十條。[9]

但是，新的增修條文雖然取代了原有的增修條文，但是只能涵蓋第一至第十條。原有的增修條文第十一至第十八條，卻沒有經過

法定的刪除程序。這是此第三階段修憲的嚴重程序瑕疵。

　　這次修憲除總統選舉方式的更動外，重要的修正包括：㈠總統副總統的罷免案，由國民大會提出後，要經過中華民國自由地區選舉人總額過半數的投票，有效票過半數同意罷免時，即為通過；㈡調整行政院院長的副署權，總統發布經國民大會或立法院同意之任免命令，不需要行政院長的副署；㈢國民大會設議長副議長；㈣山胞正名為原住民；㈤中央民代待遇以法律定之。

　　1996 年 3 月 23 日, 334 名第三屆國民大會代表由民選產生，國民黨贏取了 183 席，約佔全體代表的 55%。民進黨得九十九席，佔 30%，新黨得四十六席 (13%)，其他政黨共得六席 (2%)。國民黨失去了以往佔三分之二多數可以主導國民大會的優勢。由這次選舉的結果可以明顯看出臺灣的政壇，已經提昇到政黨結合的境地。然而這種結合如果不能產生共識，在修憲上一定會有困難。

　　國民黨希望藉更進一步的修憲增加總統的權力，使他在提名內閣首長時不受國會的左右。民進黨希望廢除國民大會或者將國大與立法院合併，讓人民自己對憲法行同意或反對的權力。朝野雙方政黨要如何協議達成目標，誰也弄不清楚。只有等到未來階段的修憲程序中才能看出政治歧見的解決以及臺灣政局主導的方向。

政府內部的爭執

　　1990 年 2、3 月間，國民黨內部分裂成兩個不同的派系；以支持李登輝為主的主流派和支持李煥、郝柏村以及誰都不支持但反對黨主席李登輝的非主流派。非主流派包括不贊同李登輝領導的軍方人士和黨內元老 (尤其是外省籍的黨國元老)，還包括自稱為「新國民

黨連線」的一批立法委員；他們認為李登輝專橫獨斷，重要的決定並不與黨內大老協商，而且渴望擴展個人的權勢。

國民黨非主流派最重要的人物首推郝柏村。在 1950 到 1960 年間，郝柏村在軍中的職位穩定上升，成為三軍的參謀長。郝柏村深受「經國先生的思想——為政者不能和財團掛勾」的觀念影響。[10]他精力充沛而又愛國，極受手下軍官的尊敬和愛戴。郝柏村信仰三民主義，對蔣氏父子誓死效忠。1990 年 5 月 29 日，李登輝總統任命郝柏村代替李煥為行政院長，藉此消除了李登輝在政權上的心腹大患。郝柏村辭去軍務，專心從政，動員軍警的力量整頓臺灣的治安和交通的混亂。他的努力贏取了民眾對他普遍的支持；1992 年 11月，蓋洛普民意調查中 55% 的人民對郝內閣在經濟、治安和增進人民生活標準上十分滿意。[11]

然而，李登輝和郝柏村之間很快就產生了意見不合。郝柏村任命閣員，常以自己為主導，[12]並不是百分之百徵求李登輝的同意，令李登輝相當不愉快。1991 年 1 月 3 日，雖然郝柏村一再希望國安局隸屬於行政院，但是在副總統李元簇的籌謀策劃下，國安局終於決定隸屬於總統府。[13]行政院出錢又出力，但老闆卻讓總統府搶去，郝柏村心中當然十分不滿。

1992年2月，在修憲過程中，人人都可看出郝柏村堅持維護中華民國憲法的五權內閣制，而李登輝則傾向於總統直選的總統制。[14]在一次李登輝和郝柏村的會談中，李登輝問郝柏村：「總統直選怎麼樣啊？」郝回答：「總統直選和委任直選差不多嘛。」李又說：「這樣你同意總統直選了？」郝答：「我覺得兩個都差不多。」後來總統府的人說郝院長也同意直選，令郝柏村十分懊惱。他認為這麼嚴肅的問題是需要詳細商討辯論的，怎麼可以「一、二分鐘的談話，就放空

氣說我也贊成直選。」[15]

數月後，受郝柏村支持的財政部長王建煊因為土地增值稅案受挫，再加上李登輝含沙射影，似對他有不利的批評。王建煊因此憤而辭職，使李郝關係更形惡化。[16]

李登輝對郝柏村軍中勢力始終存有戒心。郝柏村對軍中人才瞭若指掌，認為李登輝如要任命軍中人事，應該和他商量並聽取他的意見。[17]但李登輝由於有防範之心，並不凡事找他商量，導使李郝二人的心結更深。1992年10月，民進黨立委田再庭質詢時問：「郝院長你曾說國軍只保護中華民國，不保護臺獨。如果中華民國改名臺灣共和國，你是否要發動軍隊攻打臺灣兩千萬人？」郝柏村回答：「如果中華民國的三軍統帥（總統）看到中華民國的國號被奪而不採取任何行動，那將是不可思議的事。因為總統基於憲法在宣誓就職時，其誓詞就是要保衛中華民國。」[18]他也提醒田再庭這不是郝柏村本人的問題，建議他去請教李登輝。郝柏村這種挑明了說話的強硬態度和措詞，在臺灣政壇引起了不小的波動。

1992年11月，李登輝表示希望郝內閣能夠先總辭，以便第二屆立法委員選出後再同意新的內閣任命。郝內閣在得知李登輝的意圖後相當憤怒。翌年1月，報載郝柏村在家中召見軍方現職以及退休將領，[19]郝柏村可能兵變的謠言不脛而走。

1993年1月13日，立法委員朱高正寫了一封公開信，以廣告的形式發表，公開支持郝柏村並苛責李登輝。[20]朱高正斥責李登輝對蔣家不公，完全忘了飲水思源的道理；對農民的實際需要從不考慮，也不照顧；不尊重國家體制，對黨的體制更是棄之不顧。朱高正在公開信上毫不客氣對李登輝說：「權力慾太重，常要越級指揮，是你和幾位行政院長處不好的主要原因。」

　　由於受到國民黨高層大老以及如朱高正等人的支持，郝柏村希望李登輝能支持他繼續再做行政院長。然而，郝柏村實在太低估了李登輝急欲去掉他的意圖了。在 1993 年初，李登輝板著長臉，面色嚴厲對郝柏村說：「說要辭是你，不辭也是你！沒有關係，如果你認爲自己做得下去，你就繼續做好了。要我公開宣佈支持你，我辦不到。」[21]

　　1992 年底第二屆立委選舉後，郝柏村終於在 1993 年 1 月 30 日辭去行政院長的職務。[22]李登輝認爲郝柏村等非主流派外省籍大老們，是「借民主之名，打著維護本身既得利益的私心戰。這些人的權位慾望無有止境，而以往國民黨內大老第一，面子第一的政治，過於虛僞不符現代化民主國家潮流」。[23]郝柏村辭職後立刻飛往美國旅行演講，對他的前老板頗有批評。李登輝的態度是不動聲色，堅守「不理不睬的原則」。[24]這種近乎忽視，蔑視的冷漠，更嚴重傷害了大老的心靈，累積了他們對李登輝個人日益深重的怨懟。[25]郝柏村在 1993 年 1 月 25 日後，即未與李登輝私下見面。[26]

　　李登輝心目中早就認定了連戰是他下一任的行政院長。連戰和李登輝在臺灣大學即認識。連戰在芝加哥大學得到政治學博士後，即回國擔當過各種職務，是一位非常有經驗的政務官。連戰上任後立即從事提昇中華民國在國際上的地位。[27]他在 1994 年出國訪問了好幾個國家，並且發表政治白皮書，說明他治理中華民國的理念。連戰息事寧人的作風暫時緩解了政府首長間的爭執和衝突。

政黨內部的爭執

國民黨

　　1986年，蔣經國發動政治改革，他希望國民黨內部亦同時進行
改革。然而，主要由於在擬定國安法以代替戒嚴法時，產生了許多意
外的紛爭，執政黨內部的改革因此拖了九個月才開始採取行動。[28]
1987 年 5 月，蔣經國催促國民黨組工會主任潘振球和省黨部主委劉
兆田研擬改革計劃，[29]但是仍然沒有什麼行動。一些國民黨人士擔
心黨內改革會造成執政黨內部的緊張情勢。一位中級黨工說：

> 時代不同了，過去這樣做是對的，現在不一定對了。國民黨
> 基本性格是革命政黨，要驟然改變成民主結構，恐怕很多黨
> 員無法適應，尤其老一輩黨工，可以說使命感強烈。如果覺
> 得為黨拼命一輩子，結果卻不是那麼一回事，心理上必然會
> 抗拒。[30]

　　國民黨是否能夠在不分裂的情勢下進行改革？雖然李登輝按照
蔣經國的遺願辦事，但他對民主的憧憬和蔣經國是不相同的。國民
黨的改革是否只為了贏取選票，滿足老百姓的需求？或者僅僅為了
像從前一樣，將臺灣建設成為三民主義的模範省然後帶回大陸？黨
內保守派份子主張漸進的民主，小幅度修憲，由國民大會間接選舉
總統，並和中華人民共和國發展親密的關係。黨內急於革新的激進
份子卻希望藉由大幅度修憲達到快速民主化的目標，總統直選，發

展「務實外交」以改善臺灣在國際上的地位，並且只有在臺灣人民
自願與中國統一時才能談到兩岸的統一。

　　對於李登輝主席的領導，黨內人士亦有不同的評價。反對他的
人說他不是一個「眞正的中國人」，在搞「臺獨」。他們抱怨李登輝
不去向黨內大老請教，只會用一些阿諛順從的小人，可說是個「獨
裁」的黨主席，專橫而獨斷獨行。支持李登輝的人認爲他在推展「眞
民主」，並且敢面對面向中共領導人挑戰，促使他們不得不改善人民
的生活並革新大陸的社會現狀。

　　爲黨務革新催生的關中認爲黨的工作是階段性的，也是成長的，
過去一黨獨大的國民黨，只是內部權力分配的工具。現在，國民黨
已由絕對的優勢變爲相對的優勢，由一個革命的民主政黨變成一個
普通的民主政黨，由支配性政黨變成競爭性政黨。[31]因此黨的體質
一定要有所轉變。

　　宋楚瑜對黨內革新的看法是理論一定要與民意結合，黨的政策
要照顧到人民的需要。[32]在國民黨黨務革新案中最重要的兩位人物
──「催生」的關中與「接生」的宋楚瑜──並不能稱爲水乳交融，
他們在黨內革新的精神層面上差異很大。[33]

　　1991 年 4 月，李登輝主席下令全面改組國民黨。大幅裁減專職
黨工，裁員重點放在中央一級單位，特別是中央海外工作會，大陸
工作會與革命實踐研究院，都是人事精減的單位。[34]同時通過了「黨
務發展基金」募集的辦法，據說準備在一年內募集一百億元之鉅
款。[35]同時還決定新增金融事業黨部，令人十分擔心國民黨這種向
錢看的做法，是否向大企業家看齊，而遠離了社會大衆？[36]

　　這時候，對李登輝不滿的黨內份子轉向支持「新國民黨連線」
的人馬並極力主張廢除刑法 100 條，以對抗李登輝人馬修改 100 條

的主張。新連線還計劃提名 1992 年第二屆立法委員選舉的候選人，支持郝柏村繼續組閣，促使李登輝儘量接受新連線人士參加 1993 年舉辦的黨內第十四屆全會。[37] 然而李登輝擊敗了新連線各方面的努力，加強了他在國民黨內的掌控權。

1992 到 1993 年間，國民黨形象遭到更大的挫敗。媒體嚴責國民黨用金權來鞏固其權力[38]，並且指責李登輝和郝柏村支持賄選的人成為候選者。[39] 媒體還苛刻批評國民黨「黨國不分，黨政不分」。[40] 並且仍然企圖控制言論，並且依舊全力保衛蔣家的偉人形象。[41] 1993 年年初，國民黨立委先後提出兩個提案，對國民黨的形象傷害很大；[42] 一是每一立委每年有權申請五千萬地方建設工程輔助款，簡直是特權與貪污的合法化；另一件是主張今後對各部會首長及各級主管，可以提出不適任案，可能使文官制度全面崩潰。一般對國民黨的批評尚包括環境污染，販毒嚴重，貪污特權橫行，社會風氣敗壞，貧富差距極大等等。[43]

1993 年 8 月，國民黨十四全大會前夕，國民黨新連線人馬組成「新黨」，民意調查稱三分之一的民眾贊成此一行動。[44] 新黨發起人之一趙少康在接受訪問時表示「國民黨是它自己要垮的」，[45] 他並且指斥國民黨對媒體的控制比蔣經國時代後期還嚴格，是「你聽我的，我就分給你」，這算什麼民主，而且黨主席從不聽人建議，也不接受批評。[46] 總統府資政李煥對黨內的分裂十分憂慮，他表示「不惜分裂的結果是什麼？就是給民進黨機會，而且很可能又挑起族群對立的緊張氣氛」。[47] 民進黨對「新黨」的成立非常支持，他們希望和新黨合作，共同推動臺灣的民主化，不要只作批判國民黨，中傷民進黨的事。[48]

新黨發起人有趙少康、郁慕明、李慶華、周荃、陳癸淼、李勝

峰及王建煊等人，其宗旨爲「以國會爲中心，以民意爲導向，以選舉爲手段的民主政黨」。[49]

國民黨第十四屆全會召開前夕，對李登輝頗有微詞的關中表示在過去五年中，國民黨的革新根本見不到績效，究其原因是由於黨內權力鬥爭不息，使一般黨員非常灰心，擔心不能完成國民黨身負的革命任務。[50]另外一位李登輝的批評者楚崧秋也表示，只要李登輝的作法能夠像個眞正的領導人，他的「登高一呼」，一定會使黨員們團結在一起。[51]對於來自黨內的批評，李登輝並沒有特別在意。對於召開第十四屆全會，他一再表示一切將按其原定的計劃進行。

國民黨十四屆全會召開前，當權派和非當權派爲了擴大黨代表一事又產生了爭議。[52]開幕前，連李登輝都不得不承認國民黨內部的革新的確是件困難的事。但是他仍然強調國民黨要建設成爲一個民主的政黨，在「臺灣地區」實施眞正的民主政治。[53]十四全會開幕兩天後，黨內對是否要設置副主席又引起爭論。由於擔心權力被分化而持反對態度的李登輝派，最後決定放棄己見，改爲支持副主席的設置，解除了黨內分裂的危機。[54]最後與會者一致鼓掌通過設置黨副主席。[55]在李登輝一人競選之下，以得票率82.52％當選爲國民黨黨主席。他隨即提名李元簇、郝柏村、林洋港、連戰四人爲副主席，當時獲得幾乎百分之百的票數當選，比主席的得票數還高。[56]這次選舉使李登輝當選爲國民黨建黨九十九年來第一位票選黨主席，打破過去國民黨主席鼓掌，起立的選舉方式。[57]

十四全會之後，李登輝與副主席郝柏村之間的歧見更爲加深。在1995年年底的立法委員選舉中，郝柏村公開爲「新黨」的候選人競選，穿梭於臺灣南北眷村之間，替新黨站臺，挖走了不少國民黨的鐵票。[58]同時，國民黨另一位副主席林洋港亦決定與郝柏村連手，

搭配着替新黨助選。一時間林洋港主攻中南部，郝柏村主要戰場在
眷村的行動，造成了一股萬人空巷的氣勢。[59]

　　郝柏村與林洋港的叛離，進一步削弱了國民黨的勢力。許多黨
內人士紛紛加入新黨。1996 年後，一般人均認爲國民黨黨主席相當
獨斷而霸道，不用能人，與大企業家相互勾結，互相利用牟利。[60]
由於 69%的國民黨黨員是臺籍，而高階層的領導人物幾乎全由臺灣
人擔任，李登輝可以很輕易地控制著國民黨的動向；他的敵人若不
是被驅逐出了國民黨，就是已經自動離去。然而，無論國民黨黨內
如何動盪不安，李登輝主席聲稱的「主權在民」的觀念，[61]卻一直
沒有變更過。

民進黨

　　爲了與國民黨抗爭，許多民進黨人士均遭到被逮捕或坐牢的命
運。[62] 1986 年後，政治犯被釋放，民進黨的抗爭除了走向街頭示威
遊行之外，就是在立法院或國民大會上從事打架等暴力行爲。[63]由
於民進黨在議會中有限的席次不足以造成決定性的影響，他們只好
以跳上講臺，扯斷麥克風等動作引起民衆注意。雖然一般民衆對民
進黨在國會中胡鬧的行爲十分反感，但另一批人卻把他們當做英雄
來崇拜。1991 年後，選舉的空間擴大，民進黨逐漸放棄了街頭運動，
集中精力以選舉來爭取政治權力。到 1995 年 12 月，民進黨在立法
委員 164 席次中贏取了五十四席，佔 32%。到 1996 年，民進黨黨員
數達到七萬人。而國民黨黨員數卻從 1993 年的兩百六十萬減少到
1996 年的一百九十萬。

　　對民進黨而言，1989 年是最重要的轉捩點。由於政治禁忌的消
除，部份黨員開始公開主張臺灣與中國徹底分家，制新憲，立新國。

1990 年「臺灣教授協會」高舉認同臺灣獨立的旗幟，為臺獨提供了理論的基礎，[64]民進黨從而分裂成不同的派系。最大的兩派是以推展民主，增進人民福利為主的「美麗島」派與將臺獨為其目標，訴諸於街頭運動的「新潮流」派。1990 到 1994 年間，「美麗島」的黃信介和許信良分別擔任民進黨黨主席。他們運用純熟的政治技巧化解雙方的歧見，維持了黨內的統一。1994 年 5 月 4 日到 1996 年 3 月 25 日，由在牢中度過二十五年光陰的施明德擔任民進黨黨主席。施明德在當選後表示，他會「繼續完成民進黨黨綱既有的政策，邁向執政之路，包括臺灣獨立建國的目標。」[65]民進黨如何發展成為一個以「臺獨」為目標的政黨呢？

1980 年代，民進黨的目標只是建立一個具有競爭性，以民主為訴求的政黨，希望做到修憲以及在選舉中公平競爭。那時的民進黨內部團結，紀律嚴明，發展快速。但是，黨內的領導人很快就對黨的目標和達到目標的策略產生了歧見。

1991 年 9 月 25 日，「新潮流」的林濁水提出「建立臺灣共和國」的黨綱修正案，[66]準備在 10 月召開的第五次全國代表大會上提出討論。「美麗島」的黃信介、陳水扁、張俊宏等人擔心如果「新潮流」系人馬達不成目的會憤而脫黨，因此決定將臺獨主張的措詞修正後列入黨綱。陳水扁說：

> 任何人，任何政黨都可以提出不同的主張，但不是我們主張什麼，就要人民接受什麼。最後的決定必須交由臺灣住民以公民投票方式自己決定。民進黨的政治主張只是臺灣前途的選擇之一，而且主張是屬於言論自由的層次。[67]

10月13日，民進黨五全大會通過在黨綱中增列「臺獨條款」，並降低姿態，定位爲「主張」，規定「應交由臺灣全體住民以公民投票方式選擇決定」。[68]並選出許信良爲第五屆黨主席。[69]許信良在當選後表示他將堅定立場，與執政黨協調，主動與中共改善關係，爲了使民進黨能執政，一定要強化公共政策能力，並以民主方式透過選舉，使「臺灣民主共和國」成爲國家政策。

國民黨領導人士對民進黨的決定大爲光火，立刻舉行會商是否要採取法律行動。李登輝總統表示主張臺獨製造不安，應該接受法律制裁。宋楚瑜認爲基於政黨和政治應分別處理的態度，是否該警告或解散民進黨，是行政院內政部的事。學者專家亦紛紛表示意見。美國馬利蘭大學教授丘宏達說民進黨是在幫助中共找到攻臺的藉口。[70]

由於民進黨的政治資源有限，它不得不依賴民眾的支援和捐獻。在1989年代，民進黨能夠支持的候選人大概只有開放席次的四分之一。到了1993年，民進黨已有能力支持選舉中開放的席次一半左右。譬如在臺中市議員的選戰中，應選四十三席，民進黨內有意參選的就已經超過了二十人。[71]民進黨也學會了國民黨那一套拉攏地方派系的技巧，並且策動遭到國民黨冷落的地方山頭倒戈。[72]而且，民進黨也深信他們的意識形態遠超過國民黨的候選人。[73]

民進黨內部主張臺獨的人，堅信人民如果了解唯有與中國分家，臺灣才能獲得眞正民主的事實後，一定會支持他們的主張。另一批支持政府以中國統一爲終極目標的民進黨人士相信，只有民進黨，而非國民黨，才能帶給臺灣人民眞正民主自由的希望。1996年以前，民進黨內部雖然紛爭迭起但並未分裂，主要因爲大家對分裂會造成民進黨整個的滅亡有所共識。

1996 年 3 月 23 日民進黨在總統直選中慘敗（僅得 21％選票），造成黨內各派更大的爭論。民進黨副總統候選人謝長廷表示民進黨的失敗是黨的內部鬥爭和初選策略錯誤造成的，他們應該徹底廣泛討論今後的走向和政策。過去，民進黨雖曾遭到失敗，內部歧見紛爭不斷，但尚能一致對外，以贏取選戰的勝利。聯合各派系，擴展民進黨的影響力，使成為臺灣的執政黨十分困難，因為黨內的統合非但遙遙無期，進一步的分裂又再出現。1996 年 8 月 18 日，以「建國會」和「臺教會」部份學者為主的人召開組黨籌備會議，宣佈將組成新黨。據「建國會」執行長林山田表示，籌備會不會有民進黨人士參加，而且新成立的黨和民進黨，在理念上都追求臺灣的獨立，但所用的策略卻不同。他認為臺灣有「兩統兩獨」四個政黨比較合適，對國內政黨政治的發展有良性效應。[74]

新黨

1989 年 8 月 25 日，國民黨籍立委趙少康、李勝峰等人在立法院宣佈成立「新國民黨連線」，意味著國民黨內部的衝突有了新的轉向。這批年輕的外省籍黨員，有極崇高的道德使命感，和極強的意識形態，奉守蔣介石 50 年代即為國民黨訂下的目標，希望國民黨能徹底翻新邁向民主。後來因為和國民黨主流派格格不入到水火不容，為形勢所逼，終於在 1993 年 8 月 10 日舉行記者會，正式宣佈成立「新黨」，標榜為中國有史以來第一個「小市民的代言人」及真正的民主柔性政黨。[75]

當初成立的「新國民黨連線」，僅僅是個立法院的「問政團體」，連立法院「次級團體」都談不上。他們主張「清廉參政」，而且也沒有特定的組織，「凡是贊成改革者，都可以參加」。然而國民黨中央

防衛過當，一再打擊新連線，在一次又一次的轉折後，居然會脫離
國民黨母體，在四年後另組新黨，令新黨的成員回想起來，都覺得
難以想像。

　　新黨的重要發起人之一是敢說敢言的趙少康。趙少康河南涉縣
人，出生於 1950 年 11 月 16 日，臺大農業工程系畢業，在美國南卡
克雷蒙遜大學得了工程碩士學位。他犀利的口才讓他贏得兩次臺北
市議員及三次立法委員的席次，是臺灣最出名的政治人物之一。

　　1993 年，國民黨對新連線的訴求並不在意，以爲他們只不過要
求幾席中央委員、中常委的席位而已。但是，在國民黨十四全會召
開前夕，新連線卻破釜沉舟，表示將推出七位核心成員去選年底的
縣市長。[76]此項宣布令國民黨中央大爲震驚，立刻派出蔣彥士、許
水德、徐立德等與新連線接觸，開出給新連線四至六席中常委席位
等條件，希望將新連線留在黨內。但是新連線成員去意已堅，留也
留不住了。

　　在 1993 年 8 月 10 日「新黨」成立的記者會上，他們標榜該政
黨是「以國會爲中心，以民意爲導向，以選舉爲手段」的民主政黨。
指責國民黨是個失敗不反省，腐敗搞金權的政黨，而民進黨則是說
話不負責任，仇恨搞省籍情結的政黨，而「新黨」則要在「投給國
民黨不甘心，投給民進黨不放心」的矛盾中，呼籲人民用選票喚醒
兩黨的金權夢。

　　趙少康以籌備召集人身分在記者會中指出，選在此時另組新黨
的原因有三個。一是年底的縣市長選舉快到了，他們要以新黨的正
式名義推薦候選人；二是國民黨即將召開十四全會，如果他們參加，
勢必產生爭執，既然理念不同，還不如分道揚鑣；三是如果再遲些，
選在十四全會前夕宣佈，又有「搶鋒頭之嫌」。

　　國民黨十四全會的會議主題──「革新」革出了一個「新黨」，「求變」發生了「家變」。國民黨這批年輕的孩子們，終於與國民黨脫離了父子關係。「新黨」誕生了，國民黨的分裂成為事實，「中華民國在臺灣」的政黨政治出現了「革新政治，安定政局，制衡兩黨」，以「毀黨造黨」為決心的第三個具有實力的政黨。

選舉與政治歧見

　　1991 年 12 月，國民大會資深代表被迫全部退休，修憲的結果使得 1992 到 1996 年中的四次重要選舉得以順利完成。正如 1960 年代臺灣圓滿完成了地方選舉，臺灣中央級的選舉制度亦茲此圓滿達成。

　　在這幾次中央級選舉中，各政黨均激烈投身於選戰中搏殺。這些選戰包括第二屆及第三屆立法委員的改選；第三屆國民大會代表選舉；第一次臺灣省長民選，還有臺灣省議員，高雄及臺北市長及市議員選舉；以及正副總統全民直選（見表十四）。這些選舉反映出民主的新階段以及政治權利的新分配。

　　在這些選舉中，有幾件事是值得注意的。第一，選民感覺到這些選舉的重要性，投票率均超出 70%。省長、臺北、高雄市長及議員選舉的投票率高達 77%。

　　第二，國民黨在議會的強勢日趨衰落。以立法院為例，1972 到 1986 年之間的增選，國民黨候選人得票的百分比是 73%到 67%之間，平均是 70%。但是到了 1992 及 1995 年，國民黨得票的百分比只有 52%到 46%之間，平均只是 49%。[77]國民大會的情形亦如此。

　　再者，國民黨在地方政府中的勢力從1980年開始下降後一直在繼續衰微。從1981到1989年之間的選舉中，國民黨的得票率是

表十四　1992 年 12 月 19 日至 1996 年 2 月 23 日間中央級選舉結果

A：立法院選舉

第二屆立法委員選舉（1992年12月19日）				第三屆立法委員選舉（1995年12月2日）			
政黨	席次數	百分比	得票百分比	政黨	席次數	百分比	得票百分比
國民黨	102	63	53	國民黨	85	52	46
民進黨	50	31	31	民進黨	44	33	33
其他（社民	9	6	16	新黨	21	13	13
黨及無黨派）				無黨派	4	2	8
總數	161	100	100	總數	154	100	100
平均投票率＝72.2%				平均投票率＝74%			

B：正副總統及第三屆國民大會選舉

正副總統選舉 （1996年3月23日）		第三屆國民大會選舉 （1996年3月23日）			
政黨候選人	得票百分比	政黨	席次數	百分比	得票百分比
李登輝、連戰（國民黨）	54	國民黨	183	55	50
彭明敏、謝長廷（民進黨）	21	民進黨	99	30	30
林洋港、郝柏村（新黨）	15	新黨	46	14	13
陳履安、王清峰（無黨派）	10	無黨派	6	1	7
		總數	334	100	100
平均投票率＝74%					

C：臺灣省長、省議會、高雄、臺北市長、市議會選舉　（1994年12月3日）

政黨候選人	臺灣省長得票率	政黨	臺灣省議會 省議員當選人數
宋楚瑜（國民黨）	56	國民黨	47人
陳定南（民進黨）	38	民進黨	24人
朱高正（新黨）	4	新黨	2人
無黨派	2	無黨派	6人
總計	100	總計	79人

政黨	高雄市長 得票率	臺北市長 得票率	高雄市議員 當選人數	臺北市議員 當選人數
國民黨	54	26	23人	20人
民進黨	39	44	11人	18人
新黨	4	30	2人	11人
無黨派	3	0	8人	3人
總計	100	100	44人	52人
平均投票率＝76.8%				

52%。到了 1993 年已降到 47%。反之，民進黨在地方選舉中的得票率，已從 1985 年的 13%升高到 1993 年的 41%。這種情形如果繼續下去，民進黨採取的「以地方包圍中央」的策略可能會獲得極大的成功。

第三，民進黨一直可以吸引 30%選票的常態在 1996 年 3 月總統的選舉中大幅下降。其原因可歸諸於國民黨的強勢候選人以及中共及時的軍事演習，幫助國民黨很容易就說服了選民如將執政權交到民進黨手中會是多麼危險的事。正如彭明敏和謝長廷將臺獨列為主要政論在總統選戰中遭到慘敗，在 1994 年臺灣省長的選舉中，陳定南也如此敗在宋楚瑜手下。在臺北市長的選舉中，陳水扁避開臺灣獨立的議題，將其政論集中在老百姓關注的議題上，贏得了 44%的票數得到勝利。

再者，新黨在城市居民中，尤其是臺灣北部地區，贏得了出人意料的成功。新黨在臺北高雄市議會，第三屆立法委員選舉及第三屆國民大會選舉中，均得到舉足輕重的席次。至於臺灣政治是否有第三黨存在的空間，尚待以後的發展才能定論。

這些政黨以及代表該政黨出來競選的候選人，莫不是主張鮮明，給選民極清楚的選擇機會。以 1996 年 3 月的總統選舉為例，除了舉行候選人面對面的辯論外，其辯論過程還經過電視的傳播直接送達全國選民眼前。在 3 月 17 日的電視政見會上，首先由四位總統候選人抽籤決定發言次序，發表三十分鐘談話，然後回答觀眾的問題。這是臺灣歷史上的第一次。[78]（副總統辯論在 3 月 3 日舉行。）

電視競選中，首先發言的是新黨候選人林洋港，他提出「臺灣第一，內政優先」的政見主軸，在兩岸關係方面，他主張以「中華國協」為兩岸統一的基礎概念。林洋港並指責李登輝造成臺灣的亂

局。第二位發言的是民進黨候選人彭明敏，他說要以明確的國家定位打出臺灣的生存出路。他認爲李登輝已經完成了階段性的任務，以後的路不是李登輝走得出來的。他強調民進黨會建設一個「綠色」的臺灣社會，成爲一個純淨獨立的國家。他說現任的李登輝總統根本不愛臺灣，國民黨也愈來愈腐敗。

李登輝用國語和臺語發言。他說做總統要有幾個條件：誠實、能接受嚴格的批評、還要有勇氣。他保證維護臺灣人民各種不同的生活方式，並創設一個「生命共同體」。他希望更進一步加強臺灣的民主，做到「主權在民」，並且和中共建立合作平等的對等關係。他一再表示對他敵人及批評者的寬容。

最後發言的是陳履安。他只用國語發表談話。他說李登輝從不承認自己是中國人，不以中國人爲榮，很不幸卻做了中華民國的總統，[79] 怎麼能緩和兩岸的關係？他一再提出「歐洲聯盟」爲兩岸前途的參考。他保證淨化臺灣的政治，因爲它已經被李登輝的金權作風敗壞了。他說臺灣的前景是亞太地區的「瑞士」，人民堅守道德、誠實、且具有靈性而富裕。他警告北京政府不得傲效美國和日本，對臺灣的興趣完全以利爲出發點。

總統選戰在臺灣各處掀起了前所未見的熱情。投票前，民意調查顯示 60% 的選民尚不確定投誰的票。選舉當日去投票的選民高達 74%。54% 的選票投給了李登輝和他的競選伙伴連戰，使他們大獲全勝。民意調查亦顯示贊同國民黨的在 30% 到 40% 之間。贊同民進黨的有 10% 到 20%。[80]

1992 年秋，一項由雜誌社主辦的民意調查顯示，三年來民衆對國民黨和民進黨滿意的程度普遍上揚；對國民黨的滿意度比去年升高了 3.9%，而民進黨則跳升了 9.3%。[81] 國民黨李登輝政府金權政

治泛濫一直爲人所詬病，政府中的億萬富翁就很多。[82]大家對國民黨在 1993 年縣市長的選舉中成績，全都不看好，愈來愈多人相信民進黨在這場攸關地方政權的爭奪戰中，奪得一半以上的席次，而臺灣的半壁江山，可能由「藍」轉「綠」。[83]

1993 年 7 月，「中央選舉事務委員會」決定，地方首長和該地方之「選舉事務委員會」負責人不得屬於同一政黨，如此可以減少國民黨在選舉中的影響力。[84]由於新黨於 1993 年 8 月成立，11 月的縣市長選舉變成了三黨競爭的局面。新黨呼籲要辦一次沒有金錢作怪的乾淨選舉；民進黨攻擊國民黨政績不佳，忽略人民福利。選舉逼近後，媒體全部看好民進黨而不看好國民黨。[85]

由於此次地方選舉的重要性，也由於希望挽救國民黨的頹勢，李登輝以總統兼黨主席的身份，親自出馬，捲起衣袖，南北奔波，爲國民黨候選人助選。由於李登輝頗受一般老百姓愛戴，他的熱心助選的確幫助了一些眼看就要失敗的國民黨候選人起死回生。在 1993 年 11 月的選戰中，國民黨取得了十五縣市長的席次，但是得票率卻由 1989 年的 52％下跌到 47％。[86]民進黨取得六席，和 1989 年那次選舉所贏席次一樣，但得票率比 1989 年的 38％略升高爲 41％，和他們希望能取代國民黨的理想目標尚遠。

1994 年 1 月，73％的合法選民投票選出各級縣市議員，國民黨同樣大獲全勝。然而，民進黨在議會中的席次卻由 1986 年的 6％增加到 11％，行政首長的比率亦由 1986 年的 2％增加到 7％，八年來的增加幅度尚差強人意。[87]和 1992 年立法委員選舉得票率 31％，1993 年年底縣市長選舉得票率 41％比起來，這次選舉民進黨的得票率只有 15％，令民進黨人大爲失望。

從 2 月開始，各處檢舉賄選的案件層出不窮。到了 3 月，至少

有 250 起賄案被起訴。政府調查了 1,750 人。在 858 位被選上的議員中，大約有五分之一涉嫌，桃園縣新科議長許振澐亦被起訴。[88]民進黨和新黨人士紛紛指責國民黨辦不成一次乾淨的選舉。民進黨中央黨部的「檢舉賄選受理小組」，亦積極整理賄選的報告，並列出懲處名單，擬將十餘位違法競選的人開除黨籍。[89]

　　1993 到 1996 年之間，政府官員勾結廠商，貪污腐敗的案件連續發生，其中當然包括廠商利用金錢幫助候選人賄選。然而被起訴而定罪的人不到一半，定罪而被判罪的人更少。

利益團體，政黨及政府

　　1980 年代開始，臺灣的一些民間團體開始涉足政治，以各種手段收買或逼使執法的政府機構，採取有利於該團體的決定。臺灣民間的財富及社會活力滋長著這類政治活動，伴隨著臺灣民主的進程日益壯大。這類例子很多，由下面這個案例可以看出政府和民間團體如何在政治和利益上結合。

　　1980 年，臺灣電力公司為了應付臺灣未來的用電量，提議修建第四座核子發電廠。經過十四年的暫緩興建，凍結預算等多重波折，直到 1992 年才獲立法院解凍，[90]但是審查預算的死結總是打不開。1994 年 6 月 23 日是立法院審查核四 280 億預算的日子，前一日，各利益團體即齊集立院門外短兵相接。「環保聯盟」的成員到核四機廠的供應商美國西屋公司在臺北的辦事處抗議。預定建廠地的貢寮鄉民和其他反核團體五百餘人亦決定到立院前靜坐抗爭。[91]在立法院內，民進黨立委認為修建核廠，以人民生命為賭注，風險太大而加以反對；國民黨立委強調核廠修建經過詳盡的安全調查,應無問題。

朝野雙方一直呈現對峙的緊張局面。[92]

6月23日當日，民進黨改變策略，從核四預算包括了七年的經費，根本違反了預算法爲理由，應該退回。擔任主席的民進黨立委劉文慶就以此爲理由一逐裁決「退審散會」，令國民黨立委們錯愕不已。但是下午的審查排定由國民黨籍的施台生擔任，由於現場只剩下國民黨籍委員，開會不到半小時，核四預算審核案就輕鬆過關了。[93]1994年7月1日，許多政壇人士均表示對核四的興建，大家應冷靜理性來思考。立法委員洪秀柱認爲：

> 對於立法院內同仁的作法也感到遺憾，因爲今天核四之所以會有如此激烈的對抗，其原因在於大家都似懂非懂，全憑聽到的片面說法來做論斷。支持者認爲不蓋核四，臺灣的經濟就完了，反對者認爲蓋了核四，後代子孫就完了。這也完了，那也完了，但事實真的如此兩極嗎？一次次的公聽會或審查會儘管提供了絕佳的論辯機會供民衆瞭解，但朝野卻未能理性的論辯程序來詳細斟酌核四存廢的問題，反而互較議事技巧，成了意氣之爭，這樣的模式對公共政策的形成是不好的。[94]

7月12日立法院議場內在民進黨立委抗爭下，國民黨強行表決，在場的146位立委中，先後獲得七十九位和八十四位立委的贊成票數，通過包括核四一千一百廿五億元在內的1995年度國營事業預算案的二讀及三讀程序。[95]民進黨一再強調核四案完全沒有民意基礎，並且揚言一定要勸阻國外公司來臺投標。該黨的知名人士林義雄開始在立院外絕食抗議。臺北縣民進黨籍的縣長尤清也說他不會發給核四建廠的興建執照，數千名反核人士亦集聚在立法院外。

反暴警察逮捕了數名肇事的民衆，好幾部車輛被放火焚燒破壞。利益團體和政黨之爭影響到臺灣的政局由此可見。

對外政策與政治歧見

1949 年退守臺灣後，中華民國政府一直將臺灣及其外島視爲中國的一部份，並且堅持唯有中華民國政府才能合法代表中國。1971 年，中華民國退出聯合國，許多國家和臺灣斷交並與中共建立外交關係，到了 1978 年美國與臺灣斷交後，世界上只有三十幾國尚認可中華民國的合法地位。

1990 年秋，李登輝深感政府的對外政策，尤其是大陸政策，極可能加深臺灣政治的紛爭和歧見。他如何平衡國民黨的目標（統一中國）和民進黨的目標（臺灣獨立）？又能夠在嚴重的歧見下進行臺灣必要的民主改革？

李登輝又再一次運用他擅長的「爭取共識」的策略，聚合政府官員，民間菁英與知識學界人士，共同訂定「國家統一綱領」，當做執行大陸政策的指南。然而，民進黨人士卻並沒有參與此一政策的制定。接受政府邀請以個人身份參與會商的康寧祥，後來亦被民進黨杯葛排擠。民進黨人士認爲攸關臺灣前途的決議，應該由具有民意基礎的機構決定或交由公民表決。[96] 統一綱領已經確定了與中共「統一」爲前提，幾乎不給人民另外的選擇，是一種誤導。何況，與中共「統一」等於被中共「吞沒」，不得不令人擔憂。

國民黨處心積慮訂定的「統一綱領」，在國內受到民進黨的批判，在外亦受到來自北京的不滿。中共認爲李登輝此舉是「面面俱到」的虛僞行爲。它「顧及臺灣人民權益是假，統合臺獨是眞」；它「民

主自由是假，三民主義是眞」；它「交流互惠是假，一國兩制是眞」；
它「三階段是假，拖以待變是眞」。[97]

「國家統一綱領」雖然不討好民進黨，也得不到中共的歡心，
但李登輝這種建立共識的苦心並沒有白費。國民黨黨內及黨外大多
數人均贊同統一綱領，並由立法院三讀通過，成爲行政院推展大陸
事務的基礎架構及法律依據。[98]一般臺灣民衆認爲，既然兩岸人民
生活程度相距甚遠，生活習慣和思想方式各異，輕率地談統一問題
不合現勢。因此，有「統一綱領」做爲藍本，階段性走向統一是合
情合理的安排。

同時，中華民國政府還全力提昇臺灣在世界政治舞臺上的地位。
1990 年 1 月，臺灣申請加入「關貿總協定」，中共表示只要中共先被
關貿總協接受爲會員，他們並不反對臺灣以臺澎金馬地區的名義入
會。1992 年夏末，中華民國說動了九個國家支持臺灣以「一國兩席」
的安排進入聯合國。1993 到 1994 年間，臺灣政府極力推展進入聯合
國的行動。

雖然中共與臺灣之間的領導階層相互猜忌頗深，但兩岸民間關
係從 1990 年到 1995 年之間持續穩定擴展：貿易額增加，更多臺灣
商人到大陸去投資，旅遊業興旺，通訊頻繁。兩岸均創設了對等的
機構，專門處理雙方的各種事務，並進行非官方的會談。雖然兩岸
雙方政府並沒有任何直接的來往，但非官方的關係卻顯出一片和諧
樂觀的遠景。

然而，在 1994 到 1995 年間發生的兩件事，卻使中共懷疑臺灣
政府（尤其是李登輝本人）對統一的誠意。1994 年 4 月，李登輝總
統接受日本記者司馬遼太郎的訪問，談話內容刊登在《朝日周刊》
上。當司馬遼太郎談到「地方的痛楚」時，他說出生在波士尼亞

(Bosnia)的人，實在是太不幸了。李登輝表示他有不能為波士尼亞
盡一份心力的痛楚，生為臺灣人，也曾有過不能為臺灣盡一份心力
的悲哀。[99]李登輝又說：

> 到目前為止，掌握臺灣權力的，全都是外來政權。最近我能
> 心平氣和地說就算是國民黨也是外來政權。只是來統治臺灣
> 人的一個黨，所以必須要成為臺灣人的國民黨。以往像我們
> 七十幾歲的人在晚上都不能好好的睡覺，我不想讓子孫們受
> 到同樣的遭遇。

李登輝在談到他對臺灣人的感情時說：

> 我沒有槍，拳頭母也小粒，在國民黨中的我，能夠維持到今
> 天的原因，是我心中的臺灣人之聲。臺灣人期待我，而我一
> 定要做的這種想法。

最後，李登輝談到臺灣的民主進程和《舊約聖經》中的〈出埃
及記〉。他自比為帶領猶太人穿越紅海的摩西。

> 臺灣已向新時代出發了。摩西以及人民今後都有得拼的。無
> 論如何它已經出發了，如想起犧牲許多臺灣人的二二八事件，
> 〈出埃及記〉就正是一個結論。[100]

北京的中國政府對李登輝的談話立即表示不滿。專門研究臺灣
問題的李家泉在《人民日報》上以「中國人的感情在那裡?」為題嚴

責李登輝，並批評李登輝認爲自己在「二十二歲之前是日本人」，並且對日本在中國的侵略欺凌不但不以爲忤，反而加以迎合附和大爲不解。李家泉認爲李登輝在誤導人民的感情，把臺灣推向獨立的目標。[101]

此事件發生後，兩岸的關係突形緊張。臺灣政府繼續進行務實外交引起中共的不滿。中共亦放言要舉行全面性的東海五號演習，對臺灣人民造成威脅。[102] 1995 年初，美國邀請李登輝以私人身份訪美，並且到他母校康乃爾大學畢業典禮上致詞。6 月 7 日，李登輝抵達美國並於 9 日到康乃爾演講。他強調這次訪問全屬「私人性質」，並呼籲世界各國以合理公平的態度對待臺灣，不要忽視臺灣所代表的各種價值。[103]他表示有些人認爲臺灣要突破外交的孤立是不可能的，但是李登輝說他要把不可能變爲可能。

李登輝在美國沒有顧忌的談話，使得中共政府大爲憤怒。7 月 8 日，中共宣佈要在臺海附近試放飛彈；7 月 21 日到 27 日之間，中共放射多枚飛彈，落彈點就在臺灣北部 150 公里的地方。8 月 15 日，中共在福建沿海舉行軍事演習。而中共媒體亦一再聲討李登輝，說他違背了「一個中國」的原則，倡言臺灣的獨立。在 1996 年 3 月 23 日臺灣公民直選總統的前夕，中共又朝臺灣海峽方向試放飛彈，著彈點僅在高雄和基隆兩大港外五十哩的地方，造成臺灣社會的極度不安。許多民眾紛紛想辦法移民國外，臺灣資金外流，股市狂瀉，甚至有人擔心一旦戰事爆發，糧食短缺，所以搶購食物屯積在家。李登輝的政敵一再指責李登輝將臺灣推向兩岸戰爭的邊緣。

不管中共對臺灣施加多大的壓力，李登輝的態度毫不軟化。因此在 1996 年 3 月的總統直選競爭中，他給選民一種威武不屈的英雄領導人物形象。他堅持兩岸只有在按照「統一綱領」的進程發展下

才能談到統一。他希望選民對他的領導能力賦與信任，而選民也眞的給予李登輝壓倒性的大勝利。然而，臺灣政府是否能夠完全解決兩岸的危機，依舊是臺灣老百姓不斷擔憂的問題。

第十三章
結論

臺灣雖然早於 1950 年代即倡言民主,但是政府卻無法避免實施權威性的統治。為了繼續一黨專政,臺灣的政治核心不得不像目前的新加坡及中共政府一樣,採取權威性統治的方法。然而,這三個由中國人構成的社會,到了 90 年代中葉卻有天壤之別: 在臺灣,人民有絕對的自主權,經由選舉,他們可以自由選舉政治領袖,可以加入自己喜愛的政黨,資訊的獲取與傳播也十分公開自由;在新加坡和中華人民共和國,國家嚴格限制人民的自主權,人民手上沒有政治的權力,社會流傳的資訊也經由政府嚴格控制。

本書的研究顯示,在臺灣民主化過程中有四種政治變遷的模式。這四種模式說明臺灣的政治核心和公民社會之間的關係,是如何因為互動而演進改變。許多學者證實了這些模式的正確性,但是他們並沒有解釋臺灣朝野之間的互動,和世界其他民主化國家比起來有什麼不同。[1] 這四種模式的內容如下:

㈠執政黨自動自發推動一種由上而下,由官方引導的民主程序,並且容忍另一種由反對勢力主導的,由下而上的民主程序同時進行。此兩種民主程序終於能夠在不走極端,不採取過分暴力破壞的情形下合而為一,成為一個真正民主的政體。(臺灣執政黨對反對勢力寬容到願意分享政權,甚至不惜冒著失去政權的危險,實在難能可貴

而獨一無二）。²

㈡執政黨和反對黨雙方，均能將不同的意識形態政治文化，加以「內在化」，調整內部歧見以適應民主的施行。³（臺灣在中國式政治文化的影響下，有權勢的政治領袖及社會菁英份子，居然能夠對異己的理念價值加以肯定，並且肯定民主比獨裁更適合一般老百姓，因而願意全力調解內部的歧見，這種行爲是非常傑出不凡的。）⁴

㈢1950 年代開始施行的地方選舉，到了 1960 年代已經全部制度化。1970 年代開始的中央級選舉，到了 1990 年代中期亦已全部制度化。（經過數十年民主化的公開選舉，選民並沒有以反對黨來代替執政黨的政權，在這方面，臺灣可謂是個異數。）⁵

㈣表面信奉憲制而實際並不依憲法行事的執政黨菁英份子，由於有了實施民主制度的意願，和感受到反對派加諸的壓力，因此進行修憲並施行民主。（臺灣的反對黨不但極端蔑視中華民國憲法，甚至企圖重新制定另一部憲法。但是，爲了建立一個民主政體，即使自知沒有多大影響力，他們仍然願意參與修憲的工作。在這方面，臺灣也是獨一無二的。）⁶

以上四項政治改革的事實，涵蓋民主制度關鍵性的特質——有責任感的反對黨，對民主肯定的政治文化，各政黨在自由公開的選舉中競爭以及對憲法的尊敬——都能在臺灣落地生根。這些政治改革，一再說明了中國第一個民主政治體系的發展。

「制約式政治核心」時期

從 1949 年到 1986 年，臺灣由國民黨一黨專政。執政黨的勢力滲透到政府機構深層，控制了軍方和安全體系，主導著臺灣經濟和

社會的發展。我們稱這個權力集團爲「制約式政治核心」。由於深感大陸失敗的羞辱，國民黨於 1952 年左右進行改造，將巨大的政治權力集中於國民黨本身。國民黨雖然是一個政治實體，但它的性質和一個宗教的教派更爲相似；意圖以其創始人孫中山先生的教義在臺灣建立一個理想的社會。孫文學說中很重要的一項是發展一種眞正代表民意的民主體系。但是，在社會大衆對民主的學習尙未完成，公民的道德未臻完善，老百姓的生活尙未富裕之前，國民黨只願意推動一種不容許其他政黨競爭的「有限度」民主。

國民黨在蔣氏父子的領導下，將該黨神聖的使命，定位於建設臺灣成爲三民主義的現代化、民主化基地，然後光復大陸，用臺灣的成功經驗打垮共產黨。爲了達成此一偉大任務，蔣介石鼓勵國民黨黨員，記取大陸失敗的教訓，奮發圖強，「用勝利的成果以慰國父孫中山先生與先賢先烈在天之靈」。蔣介石全力投入國民黨內部的改造，發動一種由上而下的民主程序，實行地方選舉，依循憲法維持「中華民國」的國號。

臺灣的民主有一個重要的「背景條件(background condition)」，這個條件可借用 Dankwart A. Rustow 的理論加以說明：Rustow 以瑞士及土耳其爲例，他認爲這兩個國家能夠超越所有民主化的階段，因爲它們對國家的統一有一種強烈的感情。[7] 這種感情就是民主化重要的「背景條件」。臺灣對於「國家統一」有兩種極不相同，彼此競爭的感情；一種是大多數外省人擁有的與中國大陸統一的感情，另一種是臺灣本省人渴望獨立的感情。然而，這兩派人對民主都有相同的憧憬。

國民黨自建黨以來，一直都以統一中國爲目標。大陸失守後，國民黨相信只要將臺灣建設成爲一個三民主義的模範省，就可以統

一中國。這種強烈的使命感是促使國民黨推動民主的主因。

臺灣的政治反對派認爲臺灣從 1895 年後即與大陸分離, 臺灣的前途應該是一個和大陸全然無關的民主化「臺灣共和國」。二二八事件及其他國民黨鎮壓反對派的行爲, 加深了臺灣人渴望獨立的感情。

臺灣的這個「制約式政治核心」, 一方面主導由上而下的民主進程, 另一方面對某些視爲非法的反動行爲, 卻加以嚴酷無情的鎮壓。這個政治核心的行爲, 簡單說起來, 就是把嚴厲鎮壓歧異份子, 加緊對人民的監控, 促進社會的改善, 和逐漸開放民主的空間攪合在一起。這種彼此矛盾的做法來自該核心領導階層特殊的心態。清除異己份子, 保衛該核心的合法地位被視爲合情合理, 因爲只有如此才能拯救中國數千年的歷史文明。該核心高階層領導者均自視爲賢能有德之士, 身負建設一個以三民主義爲基礎的新社會以及救中國、救世界的責任。他們從來看不出使用戒嚴法和以有限度的民主來達成全面民主之間有何抵觸。我們不知道臺灣早年實施有限度的民主時期, 究竟有多少政治受難者。《新新聞》周刊的司馬文武(江春男)估計大約有「一萬人被送進牢獄」, [8] 實際數字可能更高。由於領導階層這種矛盾的行爲在臺灣造成了意料之外的後果, 那就是在嚴格監控下的公民社會, 逐漸醞釀成爲反對派發展的溫床。

1970 年代初期, 一批在國民黨內不得勢的黨員, 加上大學程度以上的年輕知識份子和地方上有經驗的政治人物, 開始批評政府那種嚴格控制, 由上而下的民主進程是虛僞而欠缺誠意的。他們認爲眞正的民主就要有互相競爭的政黨, 有新聞言論自由和公開的中央級民意代表和行政首長選舉, 而臺灣全都沒有。他們堅決認爲如果憲法只是死的文字, 人民就沒有公民的權利。同樣難能可貴的是這批反對派人士瞭解, 在某種不成文的約束範圍內從事政治活動的重

要性。因此，雖然政府逮捕了許多這類「黨外」人士，他們的數目仍然可以繼續增加。

1970 年末期，臺灣城市化及生產量的增加，使得國民每年的平均所得達到三千美元。這表示現在黨外人士有了本錢去安排演講討論會，並且有錢去創辦雜誌刊物。由於教育程度較高的中產階級紛紛投身地方選舉，「黨外」也有較多的候選人在地方及少數開放的中央級選舉中爭得一席之地。由於 1970 年末期市場經濟的繁榮，在臺灣造成了一個活躍的公民社會的出現。

在意識形態的思想市場上，臺灣人民熱切地談論着西方的自由主義，現代儒家人道主義，孫文學說，以及 1950 年代罕見但到了1970 年代卻十分流行的臺灣獨立的民族主義。臺獨意識形態和其他四種意識形態交織形成臺灣的社會，那就是：㈠執政黨正式宣揚的意識形態──三民主義，大公無私並且奉公守法；㈡信奉西方自由主義的知識份子，看到臺灣的政治核心，在實施初步民主時的緩慢拖延，十分不滿因而主張加速民主化；㈢臺灣的中產階級極力讚揚的蓬勃市場經濟，改善人民物質生活，並擷取佛、道、儒家精華的現狀；最後，媒體在評析選民為何支持某位候選人後，棄絕了那些激進極端的主張。經過以上各種紛紜的政治主張的洗練，某種中國式的核心價值和信念被篩選出來成為實施民主的重要條件。

大多數中國知識菁英份子和一般民眾，對儒家思想中的理想大同世界，和一個萬能的政府均充滿了信心和渴望，因此對執政當局產生了信心危機。但是，投身選舉，爭論民主的進程，評估政治核心的表現，對於 1970 年及 1980 年臺灣的每一個人來說，都是新的經驗。漸漸地，許多菁英份子和一般民眾對反對派的言論更加容忍。他們同意歧見的存在是有意義的，而按照民主的規範活動亦有其必

要，當人們了解到選舉可以合法得到政權後，他們希望擴大選舉的
範圍，並且要求直接選舉國家元首。同時，經由選舉產生的民意代
表和官員也了解到，選民如果對他們的表現不滿，是可以讓他們捲
行李走路的。

1980 年初期，臺灣人民開始擔憂環境的污染，農民生活水準降
低，煤炭、紡織等工業衰退，失業率增加，工廠及核子電廠附近的
居民開始採取示威的行動以抗議這類初期的危機。

不斷升高的政治慾望促使「黨外」人士要求執政的權力核心解
除戒嚴，以備成立正式的反對政黨。在國民黨內部，保守的高層領
導者為臺灣在國際上的孤立，中共迫使臺灣從事政治協商的壓力，
臺獨運動日漸趨於暴力以及黨內權力繼承危機等接二連三的麻煩，
日夜憂心不已。執政當局認為人民對全部民主化還沒有準備，而現
實形勢亦不宜取消戒嚴法，因此勸說反對派最好是接受現狀不要輕
舉妄動。反對派對執政黨的勸阻完全不予理會，反而加速敦促政府
解除戒嚴的法令，以便反對政黨能正式成立。

國民黨「由上到下」，黨外「由下到上」的民主化方式，在許多
政治議題上都產生了複雜的衝突。最大的衝突集中在：要解決臺灣
問題，究竟是採用權威式的政治體制好呢？還是全部採用民主的方
式較為有效？在地方選舉成為例行公式，中央級選舉逐漸發展之際，
黨外與執政黨之間的歧見更形明朗化。反對黨堅決主張全面民主化
比權威式統治法，更能解決問題。

他們認為臺灣的現況已經可以將戒嚴法廢除掉了，更多菁英份
子希望臺灣政壇出現多黨競爭、相互監督的局面，如此才能選出滿
足人民需要的賢能領袖。憲法必須要恢復其效用，中央級民意代表
必須重選，而人民一定要直接選出他們認可的總統，所有的政治犯

全部釋放，社會福利政策要加強，農民勞工要妥善照顧……。爲了催促執政的權力核心達到以上各種政治改革，反對派人士不斷加強攻擊的火力，執政黨只好不斷對人民抗辯解釋。[9] 許多執政黨內部的開明份子十分同情黨外人士的主張並且加入陣容，共同向國民黨施加壓力。

臺灣的政治歷程進入了Rustow所謂的「延長而不得要領的政治鬥爭(prolonged and inconclusive political struggle)」時期。這是在民主政體成爲事實之前必經的階段。[10] 以臺灣爲例，民主成爲反對黨以及大多數國民黨人士「最終」的目標。對病老衰弱的蔣經國而言，民主也是達成中國統一目標不可缺少的一個步驟。

民主的突破

如果沒有賢能的政治領袖，臺灣不可能以和平的方式達成民主的突破。從致力於國民黨內部改造並推行有限度民主制度的蔣介石開始，許多國民黨開明人士及黨外政治人物，也同樣展現出他們領導才能，以溫和但堅持的態度，致力推動一種「由下而上」的民主進程。也唯有蔣經國的聲望和魅力，才能壓制國民黨內部保守派的勢力，轉而支持黨外人士的主張並解除戒嚴法對臺灣的約束。

1980 年代，蔣經國對民主化的藍圖已經成形。在 1984 年 2 月，他選擇了一位臺灣本省籍的李登輝做他的副手。由於內外發生的各種危機，他等了兩年才能夠進行政治改革。1986 年秋，戒嚴法解除並以「國安法」代之。1986 年 9 月，民進黨非法成立，蔣經國並沒採取任何阻止的行動，由此證明他施行民主的決心以及和平解決政治歧見的意願。

黨外領導人亦同樣希望和平解決他們與執政黨之間的歧見，因此對其內部傾向暴力示威的份子，亦加以約束並勸阻。臺灣已邁入民主的「決定性階段」。

然而，蔣經國卻在民主突破並未全部完成之前去世。臺灣的情勢極可能倒退到一種所謂「假性民主(pseudodemocracy)」的地步，或淪入一種「形式化的民主。譬如以各種選舉制度來掩飾其權威性統治的真正面目」。[11]現在只有看蔣經國親自挑選的繼承人李登輝，如何創造真民主所必備的三個主要條件了。[12]

李登輝對民主的觀念有異於蔣經國儒家式的看法。儒家主張有一個高道德的賢能政府做單一性的領導。李登輝對臺灣本省人的感情有較深的認同，並且較傾向西方式的民主方式。李登輝運用其政治技巧，一一解決了國民黨內部和與反對黨之間的種種歧見。他成為國民黨黨主席後，很快就擊敗了黨內保守份子，使民主在臺灣落實。

菁英份子的聚合，修憲與選舉

在 1987 年 7 月 15 日解除戒嚴法到 1992 年中期，臺灣的政治菁英份子之間產生了強烈的爭執。長期以來掌權的執政黨保守派不願與人分享既得的權力；反對派的激進份子相信唯有走暴力路線才能奪權。因此，朝野雙方取得協議是極關鍵性的問題。因此李登輝一方面利用如蔣彥士等具有熟練技巧的黨內大老，在國民黨內奔走協商，希望達成黨內與反對黨妥協並同意總統直選等共識。同時也聯合執政黨內開明派人士與黨外溫和的改革派人士，共同協商中央級民意機構全面改選的步驟。

在這段快速的政治改革期間，許多國民黨的保守份子先後退休，取代他們的年輕省籍政治家大多支持李登輝的地位和他的政策。這種過程，Rustow 稱為「達爾文式信民主者必勝的物競天擇原理 (Darwinian Selectivity in favor of convinced democrats)」，[13] 由於國民黨內保守份子不是退休了就脫黨而去，李登輝黨主席的權力也就越來越大。

「公僕式政治核心」時期

1992 年 12 月到 1996 年春，臺灣的政治菁英份子更能依循民主的規律解決他們之間的異議，街頭示威的情形相形減少。[14]

從選舉整體的形勢來看，國民黨受支持的程度逐漸減少；1996 年立法院委員選舉，國民黨僅僅險勝，和第二屆國民大會得到三分之二席次的成果相差很多。即使如此，政府中的官員仍以國民黨佔絕大多數。國民黨提名的李登輝在公民直接投票中得票率高達 54%。

然而，到了 1996 年末，臺灣行政首長對政治的改革似乎有力不從心的感覺。總統府考慮召開另一次國是會議，以尋求更進一步政治改革的共識。臺灣的政治權力核心，在公民社會與政治黨團的諸多要求之下，雖然變得十分順服，但是政黨之間仍然對如何施行新政沒有共識。

國民黨借用了許多民進黨提出的政見，變成自己的政策以贏取選票（見表十五，國民黨將民進黨嚴格批評它的六項政見，採納成為自己的政見）。從 1991 到 1996 年間各項選舉結果中可以看出，選民反對民進黨，因為他們擔憂民進黨堅持臺獨的主張可能導致中共

攻臺的藉口。多數選民希望中華民國在國際上的地位有所改進，但
又不願見到中共因此而被激怒。選民現在已經有絕對的權力選出民
進黨籍的政府官員。這個事實刺激到其他國民黨籍的官員，促使他
們表現得更好。選民選出陳水扁為臺北市長即是一例。

表十五　國民黨借自民進黨主張而制定的政策

政策內容	民進黨提出日期	國民黨執行日期
解除戒嚴法	1986 年 5 月 19 日	1987 年 7 月 15 日
國會全面改選	1987 年 12 月 15 日	1991, 1992 年 12 月
省長及直轄市長直選	1988 年 3 月 12 日	1994 年 12 月 3 日
允許海外異議份子回歸	1988 年 8 月 23 日	1992 年 7 月 7 日
廢除 1948 年臨時條款	1988 年 12 月 12 日	1991 年 4 月 30 日
總統直選	1989 年 12 月 25 日	1996 年 3 月 23 日

資料來源：Virginia Sheng, "DDP's Soul-Searching: To Oppose or Pitch In," *Free China Journal*, v. 13, no. 17 (May 10, 1996), p. 7.

　　然而，民進黨在 1996 年的黨員數僅有大約七萬人，財務資源相
當有限，內部極端份子仍舊以建立「臺灣共和國」為目標。何況，
民進黨主要的成員年齡也不小了，大多數均曾受過牢獄之災，對於
如何才能爭取到三分之一以上臺灣選民感到束手無策。
　　在研究臺灣民主發展的過程中，我們發現它的整個民主進程，
並沒有預設的條件(preconditions)，而且還可隨時因為事件的走向
而變化。在執行戒嚴法的「制約式政治核心」時代，臺灣上下有一
種強烈的國家主義情感，正如反對派有強烈的臺灣民族情感一樣。
核心內外的政治菁英長期以來都在爭論何種理念、何種制度最能解
決臺灣的各種問題。最後大家一致同意，只有「民主」才是最好的

方法。菁英份子和一般老百姓在經過相互調適，討價還價，彼此妥協，公開辯論之後，終於逐漸取得共識。這個複雜的政治文化調適過程中，尚有一些菁英份子反對民主化的潮流，若非各方政治領導人物運用技巧斡旋商議，臺灣民主的發展極可能中途夭折。一直被臺灣知識份子，普通百姓和公共媒體倡導的「主權在民」，已被政府官方正式接受落實，臺灣民主的理想可說成爲一個不爭的事實。然而，臺灣政治菁英之間的聚合交融，到目前爲止尚不能稱爲大功告成。

臺灣民主的前途

　　Alexis de Toqueville指出，「從理論上說，政黨可能成爲對國家前途的一種威脅；但是，（美國）到目前爲止，尚沒有任何政黨，足以影響到政府的基本結構和社會的走向」。[15]這個說法用在臺灣這個案例上並不正確，因此，臺灣的政治結構和政治前途，依舊會變化多端而無法確定。有一小部份臺灣省籍政治人物，對目前臺灣的政治體制、執政黨的領導方式與統一中國的大方向均不贊同。這批臺灣民族主義份子是否能一直按照民主的規律行事？或者他們將採取另外的方式來改變目前臺灣的政局？

　　過去二百多年來的歷史證明，越來越多國家認識到，要解決國家民族以及宗教、種族等等問題，採用民主的方式遠比採用暴力的方式來得有效。只要臺灣的領導人物、政治菁英份子和一般老百姓，同意民主是解決歧見的最好方式，民主在臺灣應可繼續生存下去。無論現今的執政黨是否將與其他政黨分享政權，甚至被其他反對的政黨取代其執政的地位，都不再能左右到中國第一個民主體系的命

運。[16]只要臺灣的人民繼續熱愛民主，努力去維護它，並且依照其精神與法則從事，民主在臺灣即會長存。

註釋

第一章

1 Samuel P. Huntington, *The Third Wave: Democratization in the Late Twentieth Century* (Norman: University of Oklahoma Press, 1991), p. 16. Huntington認為要明確分辨統治權限轉型發生的時間，是容易造成爭論的。因為，在長期的轉型過程中，「波」與「波」之間的分界，有可能部份重疊。

2 1912年1月1日，孫中山先生就任中華民國第一任臨時大總統。1943年開羅會議決議，二次世界大戰後，日本應將所有擄掠自中華民國的領土歸還給中華民國。1949年10月1日，毛澤東正式宣佈中華人民共和國的成立。中華民國退守臺灣，但仍然宣稱其為代表中國的合法政府。直到1994年6月，行政院所屬之大陸工作會發行了一本書名為*Relations across the Taiwan Strait*，說明中華民國對兩岸的新立場是「一個中國」，但是兩個「對等的政體」。文中並未說明「一個中國」應由何一「政體」統治，僅僅促雙方建立一種以合作互信為基礎的特殊關係，直到中國人民能夠以民主自決的方式將「兩個政體」統一為「一個中國」。

3 《中央日報》，1949年5月19日，頁4。戒嚴期間，有下列行為之一者，依法處死刑：㈠造謠惑眾者；㈡聚眾暴動者；㈢擾亂金融者；㈣搶刧或搶奪財物者；㈤罷工罷市擾亂秩序者；㈥鼓動學潮公然煽惑他人犯罪者；㈦

破壞交通通訊，或盜刦交通通訊器材者；㈧妨害公眾之用水及電氣煤氣事業者；㈨放火決水，發生公共危險者；㈩未受允許，持有槍彈或爆裂物者。

4　許信良從政後各種活動可參照《聯合報》，1986年11月28日，頁2。中華民國將《美麗島》雜誌禁掉後，臺灣的一些在美國的知識份子在當地發行同名的雜誌。

5　《美麗島》，第105期，1982年9月18日，頁12。

6　《中國時報》，1986年12月4日，頁2。

7　《自立早報》，1990年1月29日，頁1。

8　《聯合報》，1954年1月30日，頁1。

9　Lin Zi-yao, *One Author Is Rankling Two Chinas* (Taipei: Sing Kuang Book Co., 1989), p. 39.

10　"Taiwan Regime, in Drive on Dissidents, Jails Novelist and Other Intellectuals and Long-Haired Youths," *New Youk Times,* July 3, 1969, p. 3.

11　訪談柏楊紀錄，1992年7月。

12　同上。

13　李筱峯，《臺灣民主運動40年》(臺北：自立晚報社文化出版部，1991)，頁129。

14　知識份子在社會階層中變化的情形可參閱Reinhard Bendix, *Kings or People: Power and the Mandate to Rule* (Berkeley: University of California Press, 1978).

15　此一概念來自陳明俅著，"Decolonization without Democracy: The Birth of Pluralistic Politics in Hong Kong," in Edward Friedman (ed.), *The Politics of Democratization: Generalizing East Asian Experiences* (Boulder, Colo.: Westview Press, 1994), pp. 161～181。此文對香港1989至1996年之間實施有限度民主的闡述最爲精確。

16　見Ramon H. Myers, ed., *Two Societies in Opposition: The Republic of*

China and the People's Republic of China after Forty Years (Stanford, Calif.: Hoover Institution Press, 1991), p.xvii. 有關政治核心的分析性概念(analytic concepts)最初由墨子刻教授提出，其後與馬若孟博士商討修正。

17 David Held, *Models of Democracy* (Stanford, Calif.: Stanford University Press, 1987). 有關此三種模式的解說請參閱頁102，184及204。

18 有關「政治核心」的類型及分界，請參閱 *Two Societies in Opposition*, pp. xviii～xix。

19 同上，p.xviii。

20 我們借用 John Higley and Richard Gunther, eds., *Elites and Democratic Consolidation in Latin America and Southern Europe* (Cambridge, Eng.: Cambridge University Press, 1993)中的概念但賦予不同的詮釋。

21 「民主」一詞根據 Robert A. Dahl, *Polyarchy: Participation and Opposition* (New Haven, Conn.: Yale University Press, 1971), p.2，一書的定義。Dahl主張要達到民主的三條件，至少要具備八項標準，即是：組織及參加任何社團的自由；表達思想的自由；投票選舉的權利；擔任公職的機會；政治領袖有爭取選民的權利；可由不同管道獲取資訊；公平自由的選舉；釐定政府政策的機構爲民選者或能代表民意者。1996年後，中華民國的政治已完全符合以上八點。

第二章

1 Lai Tse-han, Ramon H. Myers, and Wei Wou, *A Tragic Beginning: The Taiwan Uprising of February 28, 1947* (Stanford, Calif.: Stanford University Press, 1991), p. 66.

2 美國國務院, *The China White Paper, August 1949* (Stanford, Calif.: Stanford University Press, 1967), p.xiv。另外一本嚴責國民黨無能腐化，令讀者印象深刻的書是 Theodore H. White and Annalee Jacoby's *Thun-*

der out of China (New York: William Sloane Associates, 1946)。White and Jacoby認爲國民黨右翼領導人應爲其失敗負責。

3 《總統蔣公大事長編初稿》, 卷7(下) (臺北: n. p. 1978), 頁241, 下稱《長編初稿》。

4 Edwin Pak-wah Leung, ed., *Historical Dictionary of Revolutionary China, 1839~1976* (New York: Greenwood Press, 1992), pp. 76~77.

5 《長編初稿》, 卷7 (下), 頁296。

6 同上, 頁288。

7 同上, 頁367~368。

8 同上。

9 中央改造委員會, 《總裁關於黨的改造之訓示》(臺北: 中央改造委員會, 文物供應社, 1959), 頁23。

10 同上。

11 《長編初稿》, 卷7 (下), 頁393。

12 同上, 頁395。

13 同上, 頁396。

14 同上, 頁399。

15 同上, 頁400。

16 同上, 頁410。

17 中央改造委員會, 《黨務報告》, 第1期 (臺北: n. p. 1952), 頁34。

18 同上, 頁35。

19 同上, 頁36。

20 許福明, 《中國國民黨的改造(1950~1952)》(臺北: 正中書局, 1986), 頁56。

21 同上, 頁59。並可參閱馬若孟、蔡玲合著, 〈中國國民黨在臺灣的重建(1950~1952)〉一文。《中華民國建國八十年學術討論集》, 第1冊(臺北: 近代中國出版社, 1991), 頁668。

22 許福明,《中國國民黨的改造(1950〜1952)》, 頁62。

23 同上, 頁63。

24 同上。

25 同上, 頁64。

26 同上, 頁65〜66。

27 同上, 頁67。

28 同上。

29 同上, 頁71。

30 同上。

31 宋化純,〈改造後的南投黨務〉,《臺灣黨務》, 第13期 (1951年7月16日), 頁20〜25。此刊物於1951年1月16日由中央改造委員會開始發行, 提供黨員有關改造國民黨的各種信息。

32 高琳,〈假如我是小組長〉,《臺灣黨務》, 第47期 (1952年12月16日), 頁28〜29。

33 鍾以,〈小組家庭化〉,《臺灣黨務》, 第10期 (1951年6月1日), 頁5〜6。

34 1950〜1953年間各期《臺灣黨務》均有此指示。

35 〈徵求新黨員工作專頁〉,《臺灣黨務》,第3期 (1951年2月16日),頁14〜16。

36 羅天俊,〈基層組織的重要性〉,《臺灣黨務》, 第43期 (1952年10月16日), 頁54〜55。

37 《臺灣黨務》, 第3期 (1951年2月16日), 表1。

38 《改造》, 第47/48期 (1952年8月1日), 頁33。

39 同上, 頁34。

40 Dickson及其他學者 (田弘茂編, *The Great Transition*, p. 68) 主張用「細胞」一詞來表示國民黨的列寧主義特性。參見Bruce J, Dickson, "The Lessons of Defeat: The Reorganization of the Kuomintang on Taiwan, 1950〜52," *China Quarterly*, no. 133 (March 1993): 56〜84. 我們主張用「小組」,「小組」不斷與社會民眾接觸並為社會民眾服務。

41 我們訪談的國民黨黨員說在1949到1952年間，由於共產黨佔據了大陸，他
   們均有一種挫敗絕望置於死地的感受。他們表示由於美國出面保衛臺灣，
   他們才能死而復生，如釋重負。

42 Sidney H. Chang and Ramon H. Myers, eds., *The Storm Clouds Clear
   over China: The Memoir of Ch'en Li-fu, 1900～1993* (Stanford, Calif.:
   Hoover Institution Press, 1993), pp. 235～236.

43 同上，頁236。

44 《長編初稿》，卷7（下），頁288。

45 同上，頁369。

46 同上，頁370～371。

47 同上，頁360～365。

48 同上，頁366。

49 鍾以，〈如何鼓舞同志們的革命情緒〉，《臺灣黨務》，第40期（1952年9月1
   日），頁1。

50 見《臺灣黨務》，第29期（1952年3月16日），頁6～7；第50期（1953年2月
   1日），頁28；第51期（1953年2月16日），頁24。

51 蔣介石，〈本黨應建立自立自強群策群力的新精神〉，《改造》，第11期(1951
   年2月1日)，頁1。

52 〈總裁訓示〉，《臺灣黨務》，第2期（1951年2月1日），頁3。

53 簡言之，孫中山先生的三民主義要將中國建立成爲一個獨立自強的國家，
   依照西方的民主理論施行新的經濟政策，平均地權，投資基礎公共設施及
   發展製造業的興起，推行市場經濟但防止貧富不均的現象，但以中國式的
   五權分立，相互制衡的政府來主導。參閱Sun Yat-sen's essential writings,
   see Julie Wei, Ramon H. Myers, and Donald Gillin, eds., *Prescriptions
   for Saving China: Selected Translations of Sun Yat-sen* (Stanford, Calif.:
   Hoover Institution Press, 1994).

54 〈正式黨部成立前我們的觀念與態度〉，《臺灣黨務》，第17期（1951年9月

16日），頁3。

55 倪文亞，〈發揚仁愛互助的美德〉，《臺灣黨務》，第2期（1951年2月1日），頁2。

56 小康，〈發揚我們生命的光輝〉，《臺灣黨務》，第52期（1953年3月1日），頁48。

57 同上，頁49。

58 Philip Selznick, *Leadership in Administration: A Sociological Interpretation* (Berkeley: University of California Press, 1984), pp. 91～100.

59 柯德厚，〈幹部決定一切〉，《臺灣黨務》，第2期（1951年2月1日），頁22。

60 同上，頁23。

61 《改造》，第47/48期（1952年8月1日），頁52～58。

62 王德秀，〈對發展基層黨務的幾點意見〉，《臺灣黨務》，第15期（1951年8月16日），頁6。

63 Philip Selznick, *Leadership in Administration,* p. 90.

64 〈小組組織規程〉，《臺灣黨務》，第1期（1950年1月16日），頁35。

65 林家楠，〈縣級組織保持秘密的理論觀點〉，《臺灣黨務》，第48期（1953年1月1日），頁11，20～23。

66 同上，頁20。

67 田弘茂認為國民黨雖然依循列寧的架構但不能算是列寧式的政黨，因為它的意識形態仍是孫文學說式的。見Hung-mao Tien, *The Great Transition: Political and Social Change in the Republic of China* (Stanford, Calif.: Hoover Institution Press, 1989), p. 1. 還有，鄭敦仁認為國民黨是個「假性列寧式的政黨(quasi-Leninist party)」，而James A. Robinson, "The KMT as a Leninist Regime: Prolegomenon to Devolutionary Leadership Through Institutions," *The Political Chronicle: The Journal of the Florida Political Science Association 3*, no.1 (1991) : 1～8有此看法。另一個將國民黨視為「假性列寧式政黨」的說法，請參見Constance Squires

Meaney, "Liberalization, Democratization, and the Role of the KMT," 鄭敦仁及Stephan Haggard編, *Political Change in Taiwan* (Boulder, Colo.: Lynne Rienner, 1992), p. 95。

68 Robinson, "The KMT as a Leninist Regime," p. 3, 提綱挈領地説明列寧式政黨組織中持久不變的特性將國民黨領入了80年代。

69 張其昀,《國民黨的新生》(臺北：中央文物供應社, 1953), 頁60。國民黨改造的意圖很明顯地刊載在黨内刊物上, 見《改造》, 第47/48期 (1952年8月1日), 頁1。又見Alfred de Grazia, trans., *Roberto Michels' First Lectures in Political Sociology* (New York: Harper Torchbooks, 1965), p. 139.

70 Lennard D. Gerson, comp., *Lenin and the Twentieth Century: A Bertram D. Wolfe Retrospective* (Stanford, Calif.: Hoover Institution Press, 1985), p. 125.

71 Quoted in V. I. Lenin, *State and Revolution* (New York: International Publishers, 1932), p. 79.

72 Ken Jowitt, *New World Disorder: The Leninist Extinction* (Berkeley: University of California Press, 1992), p. 1.

73 Selznick, *Leadership in Administration,* pp. 102～112.

74 要明確分辨一個威權主義或極權主義統治下的政體是「強硬」的還是「溫和」的並不那麼容易。政治學者同意在「溫和」的政策下可以容許選舉, 有限度的新聞及言論自由存在 (如墨西哥的情形), 見Richard R. Fagen and William S. Tuchy, *Political Privilige in a Mexican City* (Stanford, Calif.: Stanford University Press, 1972).

75 40年代初期, 中國共產黨和50年代初期的國民黨一樣, 也有區黨部這樣的組織存在。1950年後, 由於黨員激增和官僚氣息嚴重, 共產黨已失去了「區黨部」的性質。要了解中國共產黨如何將中國改變成為社會主義集權的社會, 可參閱Roderick MacFarquhar and John K. Fairbank, eds., *The*

Cambridge History of China. Vol, 14: The People's Republic, Part 1: The Emergence of Revolutionary China, 1949~1965 (Cambridge: Cambridge University Press, 1987), pp. 51~258.

76 胡睦臣、魏希文,《中國國民黨與臺灣》(n.p. 民間知識半月刊社), 頁57。

77 Dahrendorf對「人生的機遇」的定義是: 社會連接之作用與選擇的機會 (functions of [social] ligatures and options [choices])。見Ralph Dahrendorf, *Life Changes: Approaches to Social and Political Theory* (Chicago: University of Chicago Press, 1979)。

78 見《中國國民黨與臺灣》, 頁65~92。

79 同上, 頁63。

80 同上, 頁100。

81 〈可貴的蓬勃氣象〉,《臺灣黨務》, 第45期 (1952年11月16日), 頁34。

82 方乃寬,〈桃園推行社會改造運動的實況〉,《臺灣黨務》, 第47期 (1952年12月16日), 頁34。

83 唐是權,〈中市舉辦三民主義講習會經過〉,《臺灣黨務》, 第55期 (1953年4月16日), 頁37。屏東縣亦有類似活動, 見《臺灣黨務》, 第60期 (1953年7月1日), 頁57。

84 宜蘭縣小組活動, 見《臺灣黨務》, 第58期 (1953年6月1日), 頁58, 及第63期 (1953年8月16日), 頁54。

85 同上。

86 同上。

87 侯雋人,〈介紹一個優良小組〉,《臺灣黨務》, 第45期 (1952年11月16日), 頁27。

88 〈工作動態〉,《臺灣黨務》, 第44期 (1952年11月1日), 頁42。

89 《臺灣黨務》, 第98期 (1955年2月1日), 頁24。從臺灣省第三屆縣市議員選舉的成績來看, 國民黨小組組織的動員是非常成功的。除臺中市一地稍遜外, 中央政府所在地的臺北市, 國民黨候選人的當選人已佔總名額的百分

之八十以上。

90 Lai Tse-han *et al., A Tragic Beginning,* pp. 183~191.

第三章

1 《中央日報》, 1952年10月11日, 頁1。中央改造委員會在1952年5月29日召
   開的347次會議上, 提議黨方在10月10~20日召開七全大會。數週後, 在359
   次會議上通過上項決議並選出175名黨代表與會。見宋春和、于文藻編,《中
   國國民黨臺灣四十年史》(長春: 吉林文史出版社, 1990), 頁25。蔣介石
   訓詞可參閱鍾政元編,《七全大會重要文獻》(n. p.: 1953年4月), 頁2。

2 江炳倫、吳文程,〈國民黨政治角色的演變〉, 張京育編,《中華民國民主化
   過程制度與影響》(臺北: 國立政治大學國際關係研究中心, 1992), 頁130。
   1983年, 國民黨黨員已多達二百餘萬人, 佔臺灣人口總數的11.37%。臺灣
   本省籍的黨員約佔黨員總數的70%。

3 柯德厚,〈論政黨政治〉,《臺灣黨務》, 第25期 (1952年11月16日), 頁7。

4 Sidney H. Chang and Ramon H. Myers, eds., *The Storm Clouds Clear
   over China: The Memoir of Ch'en Li-fu, 1900~1993* (Stanford, Calif.:
   Hoover Institution Press, 1994), p. 102.

5 同上, 頁105~106。

6 謬全吉編著,《中國制憲史資料彙編》(臺北: 國史館, 1989), 頁545。

7 錢端升, *The Government and Politics of China, 1912~1949* (Stanford,
   Calif.: Stanford University Press, 1970), pp. 375~81.

8 第一屆國民大會代表選舉情形請參閱董翔飛編,《中華民國選舉概況》上篇
   (臺北: 中央選舉委員會, 1984), 頁52~89。

9 謬全吉編著,《中國制憲史資料彙編: 憲法篇》(臺北: 國史館, 1991), 頁
   641。

10 同上, 頁642。

11 郎裕憲、陳文俊編,《中華民國選舉史》, 頁259。

12 《聯合報》，1954年1月30日，頁1。

13 郎裕憲、陳文俊編，《中華民國選舉史》，頁260。

14 同上。

15 同上，頁262～267。

16 1954年2月19日到3月25日會期中，第一屆國民大會代表選出蔣介石與陳誠為正副總統。蔣介石並兼任國民黨主席。1960年國代選出蔣陳連任；1966年3月，選舉蔣為總統，副總統為嚴家淦；1972年蔣嚴連任；1975年蔣介石逝世，嚴家淦繼任總統，蔣經國被選為國民黨主席；1978年，蔣經國獲選為總統，本省籍的謝東閔當選為副總統，蔣經國兼任國民黨主席；最後，在1984年，國民大會選出蔣經國連任總統，李登輝成了副總統，蔣仍擔任國民黨主席一職。從1949年到1987年1月蔣經國去世為止，蔣氏父子無疑是臺灣政黨雙方的強勢領袖。

17 丘宏達, "Constitutional Development and Reform in the Republic of China on Taiwan (With Documents)," *Occasional Papers/Reprint Series in Contemporary Asian Studies* (Law School, University of Maryland), 1993: 2 (no. 115), p. 16。

18 《聯合報》，1969年12月21日，頁2。

19 謬全吉編著，《中國制憲史資料彙編：憲法篇》，頁645～646，經過四次修正，動員戡亂時期臨時條款共有11條。

20 賴祖義，〈中央民意代表集體買土地〉，《八十年代》，第1卷，第6期（1979年11月），頁66。

21 同上，頁66～67。

22 翁平訪，〈黨外國大代表談國民大會，看看他們怎麼說〉，《關懷》，第7期（1982年7月5日），頁13。

23 同上。

24 蓬萊客，〈老國大，立委快翹光了——飯桶凋零最新統計〉，《鐘鼓鑼》周刊，第30期（1984年12月28日），頁24～27。

25 翁平訪（見註22），頁15。

26 有關此項法案，請參閱彭明敏著，"Political Offences in Taiwan: Laws and Problems," *China Quarterly*, no. 45 (July-September 1971): 471～493。在戒嚴法的執行下，1947年憲法所保障的個人權利已被剝削，政府可以對任何被視為企圖顛覆政府，擾亂治安或妨礙國家安全的老百姓採取法律制裁。

27 顏志榮，《光復後臺籍民選精英政治反對之研究》（國立政治大學三民主義研究所博士論文，1993年6月），頁49。另外許多逮捕、審判、監禁、處死的例子請參閱伊原吉之助著，《臺灣の政治改革年表‧覺書(1943～1987)》及表3。

28 同上。

29 同上。

30 資料來自訪談新聞局官員及中央社。田弘茂教授提到Douglass Mendel估計在1949至1955年間，有九萬異議份子被逮捕，至少一半以上被處死。見 "Taiwan in Transition: Prospects for Socio-Political Change," *China Quarterly*, no. 64 (December 1975): 629. Mendel的估計可能偏高。在所謂「白色恐怖」中失蹤或處死的人數至今仍無人能夠說出正確數目。

31 雷震先生的生平請參閱陳在君編，〈雷震先生年譜簡編〉，《八十年代》，第9期（1981年3月），頁89～93。

32 張忠棟，《胡適、雷震、殷海光──自由主義人物畫像》（臺北：自立晚報社文化出版部，1990），頁76。

33 同上，頁77。

34 同上，頁78～79。

35 傅正編，《雷震全集》，第14卷(臺北：桂冠圖書股份有限公司，1989)，頁14。

36 同上。

37 同上，頁63。

38 同上，頁66。

39 同上，頁60。

40 同上，頁14及頁88。

41 同上，第15卷，頁83。

42 同上。

43 同上，第16卷，頁231。

44 同上，第14卷，頁108。

45 同上。

46 同上，頁71。

47 顏志榮，同註27，頁50。

48 《美麗島》，第1卷，第2期（1979年9月25日），頁66。對當局一再濫權查禁書刊，一些黨外雜誌聯合提出抗議。在第1卷，第3期中（1979年10月），頁7，黨外政論提出沒有改革就沒有前途的說法，質問第一屆民意代表的合法性。頁9，費希平嚴屬就限制組黨是否違憲，向行政院提出質詢。

49 《美麗島事件始末》，（臺北：民眾日報社，1980），頁6～7。

50 詳情請參閱臺灣人權協會編輯之《高雄事件專輯》(Leucadia, California: 臺灣人權協會，1980)，頁16～29。

51 報導高雄事件的數位記者所陳述的事實頗有出入。參閱黃德福、黃紀、陳忠慶著〈美麗島事件眞相追踪記〉，《綜合月刊》，第134期（1980年1月），頁52～60。文中說明姚國建、邱勝雄在事件中並沒有受多大的傷，二人被保出後可能自己再打成傷。

52 John Kaplan, *The Court-Martial of the Kaohsiung Defendants* (Berkeley: Institute of East Asian Studies, University of California, 1981), p. 17. 又見《綜合月刊》，第134期，頁54，及趙曉生著，《美麗島暴動實錄》（臺北：黃河雜誌社，1980)，頁60。

53 《聯合報》，1980年12月12日，頁3。

54 同上。

55 見《高雄事件專輯》。

56 John Kaplan, *The Court-Martial of the Kaohsiung Defendants*, p. 18.

57 見〈美麗島事件追踪記〉,《綜合月刊》, 第134期, 頁59。

58 新聞局長宋楚瑜的評論。見漢聲著,〈拆穿美麗島陰謀〉,《幼獅月刊》, 第51卷, 第2期 (1980年2月), 頁55。

59 同上, 頁54。

60 見《中華民國選舉史》, 頁523～524。

61 同上, 頁528～529。新的選舉法規定候選人資格, 並對競選期間候選人的行為加以限制約束。

62 同上, 頁521。

63 同上, 頁537。

64 同上, 頁540。1950年至1980年地方選舉結果請參閱《中華民國選舉概況下篇》。

65 〈寫在本屆地方選舉之前〉,《自由中國》, 第16卷, 第7期 (1957年4月1日), 頁221。

66 同上。國民黨以外的候選人桃園鎮長許新枝第一次當選後被控當選無效, 第二次競選又告勝利, 但又奉令徵召入伍。

67 見陶百川著,《臺灣還能更好嗎?》(臺北: 經世書局, 1980), 頁26～27。

68 Arthur J. Lerman, "National Elite and Local Politician in Taiwan," *American Political Science Review* 71, no. 4 (December 1977): 1406～1422. Lerman很正確地預測國家菁英份子不會「只靠本身的背景和知識去決定人民的意願和需要」, 頁1421。

69 Arthur J. Lerman, *Taiwan's Politics: The Provincial Assemblyman's World* (Washington, D.C.: University Press of America, 1978), pp. 53～57.

70 趙俊吾,〈透視下屆地方選舉: 多項變革短期內決定〉,《瞭望周刊》, 創刊號 (1967年3月18日), 頁24。

71 改進候選人素質，請參閱《瞭望周刊》，第3期 (1967年4月1日)，頁24。有
關地方派系在政黨競爭中的重要性，請參閱黃德福著："Local Factions,
Party Competition, and Political Democratization in Taiwan,"《國立政
治大學學報》，第61期(1990年6月)，頁723～745。黃德福認為地方派系透
過威權體制內特殊的恩寵，壟斷了地方政治與經濟特權。結果國民黨與地
方派系相互依持的關係，阻礙了政黨競爭的制度化。見趙俊吾，《瞭望周
刊》，第32期 (1967年10月21日)，頁25～26；第33期 (1967年10月28日)，
頁25～26及第39期 (1967年12月9日)，頁21～22。

72 彭麗美，〈臺灣選舉制度的特色與缺失〉，《掃蕩周刊》，第93期 (1981年11
月11日)，頁23及30。

73 李筱峯，《臺灣民主運動40年》(臺北：自立晚報社文化出版部，1991)，頁
122。

74 同上，頁124。

75 John F. Copper, with George P. Chen, *Taiwan's Elections: Political
Development and Democratization in the Republic of China* (Baltimore,
Md.: Occasional Papers/Reprint Series in Contemporary Asian
Studies 1984 no. 5:56. 1957至1989年間，國民黨籍當選比例最低，約72%。
縣市長當選人也如此，約80%。統計數字可參閱James A. Robinson, "The
KMT as a Leninist Regime," *Political Chronicle* 3, no. 1(1991): 1～8。

76 根據訪問國民黨高層人士所得資料。

77 《聯合報》，1978年12月17日，頁3。

78 根據Copper and Chen, *Taiwan's Elections*, pp. 66～72,一書之資料。該書
認為1980年的選舉是具有突破性的。理論家認為該次選舉令一種「威權式
的技術官僚體系(authorian-technocrat system)」進展成為一種「民主式
的發展(democratic-development)體系」，頁72。

79 根據Thomas A. Metzger, "The Chinese Reconciliation of Moral-
Sacred Values with Modern Pluralism: Political Discourse in the

ROC, 1949~1989," in Myers, ed., *Two Societies in Opposition*, pp. 3~56.

80 根據與墨子刻先生的討論及其著作。

81 田弘茂,〈威權政黨國家的轉型──臺灣的發展經驗〉,張京育編,《中華民國民主化過程制度與影響》,頁70。

臺灣的新聞審查

	1980	1981	1982	1983	1984	1985	1986
行動數	16	19	27	33	211	275	302
沒　收	9	13	23	26	176	260	295
停　刊	7	6	4	7	35	15	7

資料來源: 臺灣人權國際委員會,《臺灣公報》, 29期,
民國76年3月28日, 頁20。

82 黃華,〈減刑人談國是〉,《臺灣政論》, 第2期 (1975年9月), 頁43。

83 同上。

84 黃華,〈減刑人的信心〉,《臺灣政論》, 第3期 (1975年10月), 頁39~40。

85 同上。

86 黃華,〈相忍爲國之道〉,《臺灣政論》, 第4期 (1975年11月), 頁13。

87 〈我們決心爲言論自由奮鬥到底〉,《美麗島》, 第1卷, 第2期, 頁66。

88 費希平,〈限制組黨是否違憲向行政院提出質詢〉,《美麗島》, 第1卷, 第3期, 頁9。

89 同上。

90 見Daniel K. Berman, *Words like Colored Glass*, pp. 196~197. 但略有更動。

91 洪三雄,《烽火杜鵑城──70年代臺大學生運動》(自立晚報社文化出版部, 1993), 頁94~95。

92 鄧丕雲,《八〇年代臺灣學生運動史》(臺北: 前衛出版社, 1993), 頁3~5。

93 資料來源見James C. Hsiung, *et al.* (eds.), *Contemporary Republic of China: The Taiwan Experience, 1950~1980* (New York: Praeger, 1981)。

第四章

1 1972年，康寧祥自稱「無黨無派」以別於其他的候選人。1975年郭雨新競選立法委員時，自稱爲「黨外人士」，自此以後，黨外人士成爲所有批評國民黨，責難其民主進程過分緩慢的反對派的統稱。見王曉波著《臺灣的前途──從民主到統一》（臺北：四季出版公司，1981）。又見方儀工〈現階段的黨外〉，《關懷》，第28期（1984年3月5日），頁38。

2 王拓，《黨外的聲音》（臺北：長橋出版社，1978），頁13。王拓，臺灣本省人，出生於貧困的漁村八斗子，畢業於政大研究所，名作家。這本書是訪問黨外人士的集子。

3 同上，頁32。

4 同上。

5 同上，頁36。

6 同上，頁37。

7 同上，頁94。

8 同上，頁100。

9 同上，頁106。

10 同上，頁107。

11 同上。

12 同上。

13 同上，頁108。

14 同上，頁157。

15 同上，頁162。

16 同上，頁163。

17 同上，頁165。

18 同上，頁167。

19 同上。

20 同上，頁186。

21 同上，頁187。

22 同上，頁244。

23 同上，頁245。

24 同上，頁246。

25 同上，頁276。

26 同上，頁277。

27 這個問題提出於〈國民黨必需回答的一百個問題〉，《八十年代》，第88期
　　（1985年10月26～31日），頁52。

28 宋繼臺，〈從緊急權的法理談臺灣戒嚴體制〉，《暖流》，第114期（1986年5
　　月19日），頁9。

29 同上，頁10。

30 見社論〈請行政院痛下針砭挽救社會危機〉，《新形象》，第13期（1983年1
　　月），頁8。

31 同上。

32 陳仰浩，〈禁！禁！禁！〉，《暖流》，第19期（1984年1月20日），頁5。又見
　　陳北狄，〈禁書大觀〉，《八十年代》，第1卷，第6期（1979年11月），頁28～37。
　　例舉出50餘種被政府查禁的期刊。

33 余業華，〈目無憲法的禁書政策〉，《八十年代》，第1卷，第6期（1979年11
　　月），頁26。

34 陳仰浩，見註32，頁5。

35 江春男，〈社論〉，《亞洲人》，第17期（1982年10月），頁1。江指出內政部
　　長林洋港在立法院的公開聲明，表示政府嚴禁再設新黨，「因為任何組織新
　　黨的行為，都是製造分裂，不顧國家民族利益」。有些官員說因為國民黨復

國使命尚未完成，有些說現在已是三黨的政黨政治……等，都是國民黨反
對組新黨的藉口。

36 鄭謙和，〈鴨子外交，凱子外交〉，《八十年代》，第79期(1985年8月17～23
日)，頁36～37。

37 蔣良任，〈政壇上的萬年青〉，《八十年代》，第87期(1985年10月19～25日)，
頁23。

38 同上，頁24。

39 社論〈國民黨的大陸政策〉，《亞洲人》，第22期 (1983年3月)，頁1。

40 訪問一位87歲的老者，比較他在晚清時期，日據時期和國民黨統治時期的
生活。他說80年代臺灣「最自由了，但是對的也不對，不對的也對，好亂
哦!」見張德銘，〈從速建立社會的法治秩序〉，《亞洲人》，第23期 (1983年
4月1日)，頁26～29。

41 呂念，〈好戲開鑼〉，《亞洲人》，第23期 (1983年4月1日)，頁18。

42 同上。呂說那些老立委的質詢，只有一句評論：「不知生於何年何世。」

43 吳豐山，《我能為國家做些什麼?》(臺北：遠景出版社，1978)，頁36。

44 康寧祥，〈保憲，護憲，行憲〉，《亞洲人》，第23期(1983年4月1日)，頁33。

45 同上。

46 黃煌雄，〈黨外再出發〉，《八十年代》，第16期 (1981年11月)，頁14。「這
些年來，黨外努力的焦點，即為爭取選舉時的平等」，頁15。

47 張德銘，〈制衡與政黨政治〉，《八十年代》，第16期 (1981年11月)，頁16。

48 同上。

49 劉志傑，〈選舉的觀察與沉思〉，《八十年代》，第8期 (1981年2月)，頁6。
國民黨雖然花了鉅款請選民吃飯送禮，最後仍然遭到失敗。

50 黃越欽，〈建立正常的選舉制度〉，《八十年代》，第8期(1981年2月)，頁11。

51 司馬文武，〈黨外隨想錄〉，《暖流》，第10期 (1983年4月)，頁14。

52 林澤，〈臺灣選民投票行為初探〉，《暖流》，第13期 (1983年7月)，頁36。

53 此類看法可參看上註，頁38～39。據《民眾日報》的一項分析指出，黨外

擁有35%以上的群眾票。見李地泉,〈全力開拓高雄市的黨外票源〉,《暖流》,
第13期 (1983年7月), 頁30。一般說來, 黨外對選民的估計過分樂觀。

54 高武雄,〈臥虎藏龍打狗港〉,《暖流》, 第10期 (1983年4月), 頁46。

55 同上, 頁47。

56 同上。

57 同上, 頁48。

58 高武雄,〈好酒沉甕底〉,《暖流》, 第11期 (1983年5月), 頁55。

59 同上, 頁57~58。

60 同上。

61 同上, 頁58~59。

62 立法院公報, 第70卷, 第24期 (1981年3月24日), 頁4~7。簽名10人中的
    6位名單是: 費希平、康寧祥、黃煌雄、許榮淑、黃天福、張德銘。

63 同上, 頁4。

64 《立法院公報》, 第70卷, 第23期 (1981年3月21日), 頁5。

65 同上。

66 《立法院公報》, 第71卷, 第22期 (1982年3月17日), 頁5。

67 同上, 頁6。

68 同上。

69 同上, 頁30。

70 〈八十年代民主政治座談會〉,《八十年代》, 第9期(1981年3月), 頁4~50。

71 同上, 頁13。

72 同上, 頁38。

73 同上, 頁39。

74 同上。

75 同上, 頁48。

76 見the annex of Robert Bellah *et al.*, *Habits of the Heart* (Berkeley:
    University of California Press, 1985).

77 John Dunn, *Rethinking Modern Political Theory: Essays, 1979～83*
   (Cambridge: Cambridge University Press, 1985), p. 8.感謝墨子刻先生
   建議我們採用John Dunn這些「廣告」的形式。第四種是我們自加的。

78 《中央日報》，1980年2月16日，頁1。再次感謝墨子刻先生對我們的幫助。

79 Dr. Sun Yat-sen, *The Three Principles of the People: San Min Chu I,
   with Two Supplementary Chapters by President Chiang Kai-shek* (Taipei:
   Government Information Office, 1990), p. 326.

80 《中央日報》（國際版），1979年5月7日，頁3。

81 《中央日報》，1979年4月21日，頁1。

82 南民，〈黨外進入前政黨時期〉，《九十年代》，第197期(1986年6月)，頁48。

83 同上。

84 同上，頁49。

85 對於中國政治文化的看法來自墨子刻先生未出版的文章，"Political
   Repression and Political Culture in Contemporary Taiwan: The Kaoh-
   siung Incident of December 10, 1979."

86 Thomas A. Metzger, *Escape from Predicament.*

87 《中央日報》（國際版），1979年12月30日，頁1。

88 〈社論〉，《自由中國》，第12卷，第2期，(1955年1月16日)，頁59。

89 見《中央日報》，1980年2月11日，頁2；包斯文，〈政論雜誌的新形勢〉，《時
   報周刊》，第113期 (1980年1月27日)，頁7；左孤墨，〈評美麗島的暴力民
   主〉，《時報周刊》，第111期 (1980年1月13日)，頁7；軒轅歲，〈黨外人士
   與高雄事件〉，《明報月刊》，第170期 (1980年2月)，頁23～35；彭懷恩，
   〈美麗島高雄事件對我國民主發展的影響〉，《時報周刊》，第108期 (1979
   年12月23日)，頁7；夏宗漢，〈高雄事件平議〉，《明報月刊》第170期(1980
   年2月)，頁37～45。

90 《聯合報》，1977年11月22日，頁7。

91 同上。

92 〈夜訪許信良談民主與法治〉,《綜合月刊》, 第110期 (1978年1月), 頁27。
   許說:「國民黨雖在此次選舉中小挫, 但他們的施政是相當不錯的。」

93 同上, 頁29。許信良認為國民黨二十幾年來在促進中國走向民主政治上是
   有貢獻的。因為國民黨不斷推行地方自治, 二十幾年來, 培養出選民的政
   治意識, 對民主政治發展貢獻很大。

94 〈社論〉,《聯合報》, 1977年11月20日, 頁3。

95 《聯合報》, 1977年11月22日, 頁2。

96 〈社論〉,《聯合報》, 1977年11月22日, 頁2。

97 同上。

98 同上。

99 John F. Copper, "Taiwan's Recent Election: Progress towards a Demo-
   cratic System," *Asian Survey* 21:10 (October 1981), p. 1034.

100 《聯合報》, 1980年12月7日, 頁2。

101 同上。楊繼續說: 執政黨的自制與自律也是一大進步。選舉氣氛也比從前
    好, 迷信行為減少, 也沒有大規模的賄選事情發生。

102 同上。

103 同上。外國學者一致認為此次選舉說明了政府容忍政治反對, 以及革新臺灣
    政治情勢的意願相當強烈。見Richard L. Engstrom and Chu Chi-hung,
    "The Impact of the 1980 Supplementary Election on Nationalist China's
    Legislative Yuan," *Asian Survey* 24:4 (April 1984), pp. 447~458. See
    also John Copper, note 48.

104 《聯合報》, 1980年12月8日, 頁3。

105 同上。

106 《聯合報》, 1980年12月9日, 頁2。

107 同上。

第五章

1 出席第十次中國國民黨全國代表大會（1969年3月29日）的代表約六百人。
   1969年12月的統計，國民黨黨員數爲919,327人，共有86,772小組，6,756區
   黨部。見《中央改造委員會編黨務報告：中國國民黨第十次全國代表會》
   (n.p.: n.d.,最高機密)，頁5。

2 見《時代周刊》（亞洲版），1993年8月23日，頁20～22。再次謝謝鄭敦仁先
   生供給1994年國民黨資產報告。國民黨黨產價值的最新估計在20億到200
   億之間。按照Julian Baum的估計，國民黨投資的公司在100個以上，前十
   名的公司1993年的收入大約有一億美元。見Julian Baum, "The Money
   Machine," *Far Eastern Economic Review* 157, no. 32 (August 11, 1994):
   62～64.

3 Hung-mao T'ien, ed., *The Great Transition: Political and Social Change
   in the Republic of China,* p. 76.其中有國民黨1970年間的組織及功能圖
   表。

4 一些西方學者形容國民黨的政策和領導是「發展取向的權威式制度
   (development-oriented authoritarian system)」。見Jürgen Domes,
   "Political Differentiation in Taiwan: Group Formation within the Rul-
   ing Party and the Opposition Circles, 1979～1980," *Asian Survey* 21:10
   (October 1981), p. 1011.這個名詞的意思是權力集中在少數的菁英份子
   手中；使用權力的目的在於發展而非維護既得利益者的利益；不同的菁
   英份子代表政治體系中不同的階層；而大多數政治反對派都可以被其接
   納。

5 這些發展資料見Ramon H. Myers, "The Economic Transformation of
   the Republic of China on Taiwan," *China Quarterly*, no. 99 (Septem-
   ber 1984), pp. 500～528.

6 蔣經國早年的生活依據：Howard L. Boorman and Richard C. Howard,

eds., *Biographical Dictionary of Republican China,* vol. 1 (New York: Columbia University Press, 1967), pp. 306~312;彭偉文編,〈蔣總統經國先生大事簡表〉,《遠見》,1987年12月1日,頁26~27;江南著,《蔣經國傳》(洛杉磯: 論壇報, 1984), 頁15。

7 見胡佛研究所檔案處藏,《陳潔如回憶錄》(臺北: 傳記文學社, 1991) 上冊,頁100。蔣介石帶陳潔如回奉化縣拜見了他的元配毛福梅。毛福梅説「蔣經國是個好孩子, 他很敏感, 只是怕他父親之至」。

8 同上, 頁101。

9 同上, 頁103。

10 王昇,《我所瞭解的蔣總統經國先生》(臺北: 黎明文化事業公司, 1981), 頁4。

11 陳立夫、俞國華、孫運璿等人強調蔣經國堅決奉行孫文學説 (1990年訪問孫運璿與俞國華, 1992年訪問陳立夫)。在訪問張祖貽時他表示蔣經國在臺灣推行民主是受到孫中山先生的影響。蔣經國的策略是運用戒嚴法來防犯共產黨的滲透破壞, 只有如此才能改善臺灣的社會經濟情形。他的想法是等臺灣社會經濟全上軌道後, 再來解除戒嚴法。對蔣經國而言, 三民主義代表了自由, 民主與均富的國家。

12 蔣經國,〈我們是人民的公僕〉,《蔣經國先生全集》(臺北: 新聞局, 1991) 第1冊,頁95。其他談到三民主義的章節包括: 第12冊,頁186, 335~337, 372, 416~420, 521, 538~542, 545~546及581~583。

13 見常琳,〈江西贛南時期的蔣專員〉,《蔣經國的蜕變》(臺北: 檔案叢刊編輯委員會, 1985), 頁12~24。

14 蔣經國在收復東北所扮演的角色, 見Donald Gillin and Ramon H. Myers, eds., *Last Chance in Manchuria: The Diary of Chang Kia-ngau* (Stanford: Hoover Institution Press, 1989)。

15 吳國楨手稿, 黃卓群口述, 劉永昌整理,《吳國楨傳》(臺北: 自由時報, 1995), 頁447~448。

16 同上，頁453。

17 同上，頁458。吳國楨也認為蔣介石父子應為1950年初期的白色恐怖負責。「大陸丟了，剩下臺灣，為求自保的歇斯底里心情下，對付敵人，不能心軟，寧可錯殺三千，不可誤放一人。」頁448。

18 Edwin A. Winckler, "Elite Political Struggle, 1945～1985," in Edwin A. Winckler and Susan Greenhalgh, ds., *Contending Approaches to the Political Economy of Taiwan* (Armonk, N.Y.: M. E. Sharpe, 1988), p. 158.

19 訪問張祖貽之紀錄。

20 伊原吉之助，《臺灣の政治改革年表・覺書》(奈良：帝塚山大學教養學部，1992)，頁221～222。

21 《蔣經國全集》，第14冊，頁243。

22 同上，第14冊，頁615。

23 同上，第15冊，頁63。

24 同上，第10冊，頁444。1975年12月28日，蔣經國說：「我們國家的近程目標在防衛臺、澎、金、馬建設基地，遠程目標是在光復大陸建立統一的三民主義的中華民國。」(第10冊，頁540)

25 同上，第10冊，頁453。

26 同上，第10冊，頁547。

27 同上。

28 同上，第10冊，頁558。

29 同上，第11冊，頁622。

30 同上，第13冊，頁45。

31 同上，第14冊，頁258。

32 同上。

33 同上，頁259。

34 同上，第15冊，頁135。

35 例子可見: 同上, 第12冊, 頁370～372, 416～420, 527～542。

36 同上, 第15冊, 頁127。

37 同上, 第20冊, 頁44～45。我們強調蔣經國的民主概念與儒家相同。

38 宋自立,《國策、國是、國運》(臺北: 光華出版公司, 1979), 頁13。

39 在王昇的形容之下, 蔣經國已將近神化。

40 江南,《蔣經國傳》; 劉雍熙,《蔣經國在臺三十年》(香港: 大聯印刷公司, 1985)。

41 我們的意見根據對一些官員的訪問。

42 劉雍熙, 頁238。

43 同上, 頁243。

44 同上, 頁240。

45 同上。

46 同上, 頁240。

47 同上, 頁246。

48 同上, 頁247。

49 同上, 頁253。

50 訪問政府官員之紀錄。

51 根據訪問魏小蒙女士之紀錄。

52 根據1992年訪問前行政院院長李煥之紀錄。

53 見Parris Chang, "Taiwan in 1983: Setting the Stage for Power Transition," *Asian Survey* 24:1 (January 1984), pp. 122～123.政府在1993年選舉中只是查禁雜誌, 並未對反對派的政治人物採取任何行動。

54 1992年訪問孫運璿之紀錄。

55 十大建設內容請參見《國策、國是、國運》, 頁41。建設計劃包括: 南北高速公路, 核能發電、中正國際機場、中國鋼鐵公司、中國造船公司、石油化學工業、臺中港、鐵路電氣化、北迴鐵路、蘇澳港。

56 許立,〈蔣家治下崛起的技術官僚〉,《民主政治》, 總號第33號 (1984年11

月21日), 頁27。

57 同上, 頁28。

58 張博家, 〈從總統大選到國民黨權力轉換〉, 《關懷》雜誌, 第26期 (1984年1月5日), 頁34。亦可參見Maria Hsia-Chang, "Political Succession in the Republic of China on Taiwan," *Asian Survey* 24:4 (April 1984), pp. 423~446.該作者研究了所有可能的副總統候選人認爲和蔣經國搭檔, 以及成爲他的繼承人的最佳人選是孫運璿。

59 張博家, 同上, 頁35。

60 李如水, 〈李登輝有組閣機會嗎?〉, 《政治家》, 第9期 (1984年4月10日), 頁9。

61 顏尹謨, 〈李登輝與臺灣未來〉, 《政治家》, 第2期 (1984年2月21日), 頁21臺灣籍的副總統謝東閔據説極希望成爲蔣經國的競選伙伴。

62 楊艾俐, 《孫運璿傳》(臺北: 天下雜誌, 1989), 頁260。

63 同上, 頁261。

64 〈孫運璿病倒近況〉, 《政治家》, 第3期 (1984年2月28日), 頁6。

65 司馬文武, 〈誰敢接蔣經國的班?〉, 《八十年代叢刊》(1984年2月22日), 頁7。

66 訪談黨國元老。

67 《蔣經國在臺三十年》, 頁250。作者説蔣經國以十分權威而穩重的語調説: 「我提名李登輝同志, 你們認爲如何?」

68 見鄒林, 〈誰該承黨禁之後〉, 《秋海棠》, 第43期 (1986年6月1日), 頁35。

69 林安臺, 〈蔣經國能突破民主瓶頸嗎?〉, 《縱橫周刊》, 總110號, (1986年10月25日), 頁14。

70 同上, 頁15。

71 同上, 頁13。

72 根據1986年訪問副總統李登輝之紀錄。

73 同上。

74 據我們所知，沒有一個國民黨最高領導者公開提出任何政治改革的方案，
　　似乎他們一致認爲現狀是令人滿意的。我們訪問黨國元老時他們曾表示，
　　對蔣經國1986年3月在常會上提出改革方案前他們對此一無所知。但是李
　　煥說1970年代，蔣經國就對他提過國民黨應該有如1950到1952年之間的改
　　造。

75 這類事件可參考《臺灣の政治改革年表》，頁284。

76 Yun-han Chu, *Crafting Democracy in Taiwan* (Taipei: Institute for
　　National Policy Research, 1992),1980及1983年地區及職業團體得票率請
　　參看頁55，立法院席次分配參見頁57。1980及1983年，國民黨分別贏取了
　　56及61席。黨外在兩次選舉中均分別得了6席。爲了準備1983年12月的選
　　舉，兩百名黨外候選人於1983年10月23日聚會，全部同意「臺灣之前途由
　　臺灣全體住民共同決定」。見《臺灣の政治改革年表》，頁274。

77 關於黨外候選人落選的討論，可參見趙常，〈一九八三選戰回顧〉，《前進廣
　　場》，第18期 (1983年12月10日)，頁7～11。亦見同期社論〈展開選後重建
　　工作〉，頁4～5。文中表示黨外領導人內部不和加上國民黨巨大的組織威力
　　是此次黨外失敗的主因。

78 見《臺灣の政治改革年表》，頁285。臺灣改革逐日的活動，均參考該書。

79 李筱峯，《臺灣民主運動40年》(臺北：自立晚報社文化出版部，1987)，頁
　　201。

80 同上，頁204。

81 錄自〈五月一日組黨〉，《民主時代》周刊，第118期 (1986年5月5日)，頁
　　5。

82《臺灣の政治改革年表》，頁295。

83 曾心儀，〈黨外要參選也要組黨〉，《民主天地》周刊，第18期 (1985年7月
　　1日)，頁32。

84 許以文，〈立即成立民主黨〉，《民主天地》周刊，第18期 (1985年7月1日)，
　　頁31。參見同期社論〈有熱血，有膽氣就組黨〉，頁1，作者鄭南榕提到在

獄中垂死的施明德要求黨外立即組黨。

85 陶百川,《創意造勢, 突破逆境》(臺北: 遠景出版事業公司, 1982), 頁77。

86 同上, 頁287。

87 同上, 頁288。

88 陶百川,《政治玉連環》(臺北: 杯水車薪基金會, 1986), 頁18。

89 感謝墨子刻教授的啓迪。

90 根據訪談國民黨元老之紀錄。

91 1978至1989年間, 魏鏞任職行政院研究發展考核委員時, 曾進行多次對政
   府功能的公共意見調查。除了污染及社會服務項目外, 政府其他部門的政
   策均得到65%到80%之間的肯定。該調查報告之結果登載於魏鏞《現階段臺
   灣選舉文化的特點與發展》上, 該文是魏博士在由《中國時報》1992年7月
   7～9日於臺北舉辦之會議上提出之論文。

92 根據訪問國民黨元老之紀錄。

93 陶百川,《危言危行邦有道》(臺北: 杯水車薪基金會, 1989), 頁14。

94 見《聯合報》, 1986年3月28日, 頁2。

95 同上。

96 同上, 見胡佛之意見。

97 《臺灣の政治改革年表》, 頁294～295。

98 主要根據Karl Fields, "The Anatomy of a Financial Scandal: The Rise
   and Fall of the Cathay Business Group" (paper delivered at the Cen-
   ter for Chinese Studies Spring Regional Seminar, Berkeley, April 27,
   1991)。

99 同上, 頁22。

100 見James C. Hsiung, "Taiwan in 1985: Searching for Solutions," *Asian
   Survey* 26:1 (January 1986), pp. 93～101, 敍述審判涉嫌江南謀殺案, 煤
   礦災害案及核電三廠火災之政府官員經過。

101 國民黨第十二屆三中全會於1986年3月29日開幕, 950餘位執政黨碩彦以三

天時間檢討黨務與國是並改選中央常務委員。見《聯合報》, 1986年3月29
日, 頁1。這次會議揭開臺灣政治改革的序幕。學者咸認爲臺灣在1986年當
時並不明瞭蔣經國的決定所代表的重大意義。蔣經國先提出改革, 10月時
對黨外人士的行動亦不採取任何處置。見John F. Copper, "Taiwan in
1986: Back on Top Again," *Asian Survey* 27:1 (January 1987), pp. 81~
91.

102 《聯合報》, 1986年3月30日, 頁1。

103 《臺灣の政治改革年表》, 頁313。

104 見《中央日報》(國際版), 1986年11月9日, 頁1。對馬樹禮的訪問。

105 除馬樹禮外, 嚴家淦召集一個十二人小組, 成員包括謝東閔, 李登輝, 谷正
綱(不久即去世), 俞國華, 倪文亞, 袁守謙, 沈昌煥, 李煥, 邱創煥與吳
伯雄。5月12日即展開工作。

106 我們認爲臺灣民主的突破主要應歸功於蔣經國決心解除其「制約式政治核
心」。我們的證據基於下列各點:㈠在1980到1984年間, 蔣經國已經看到他
一定得採取擴大民主的政治行動;㈡早在1970年代, 蔣經國即明白民主之
可貴, 他希望能完成父親的理想以及國民黨以三民主義統一中國的使命;
㈢1980到1986年之間, 臺灣在國際上已形孤立, 國民黨的政治權力受到一
小部份反對派的威脅, 大陸對臺灣的壓力增加, 美國對臺灣的政治改革不
斷催促, 國民黨內開明份子呼籲政治改革, 蔣經國年紀已大而且病體衰弱,
何況, 其他社會組織亦開始全部民主化;㈣蔣經國認爲沒有任何政體能與
民主相提並論;㈤蔣經國知道如何去進行民主改革的步驟。在1984到1986
年間, 臺灣的大局已逐漸走下坡, 他的身體情況還可以容許他有所作爲,
他仍然大權在握, 仍有機會一展鴻圖。再者, 他已經選好了一位繼承人,
如他不幸去世, 他的繼承人可以繼續完成臺灣全盤民主的大業。對於這數
點議論, 請參考G. H. Von Wright's intentionalist explanation of
historical events, 見Rex Martin, "G. H. Von Wright on Explanation
and Understanding: An Appraisal," *History and Theory*, vol. 19, no. 2

(1990), pp. 207~208。

第六章

1 1986年9月28日，費希平與其他數名政治人物共同成立「民主進步黨」。1989
年，費希平因對黨內的領導方式不滿而脫離了民進黨。

2 《聯合報》，1986年3月15日，頁1。

3 資料來源：Council for Economic Planning and Development, *Taiwan
Statistical Data Book, 1995.*

4 〈五月一日組黨〉，《民主時代》周刊，第118期（1986年5月5日），頁4~5。

5 同上，〈組黨之後就回臺灣〉，頁7。

6 社論〈建立新黨——大家一起來〉，《八十年代》，第119期(1986年5月12日)，
頁2~3。

7 〈蔣經國說：從前我對黨外只有怨〉，《八十年代》，第122期(1986年6月2日)，
頁4。

8 同上，頁5。

9 李筱峯，《臺灣民主運動40年》，頁225。

10 同上，頁227。

11 同上，頁228。

12 同上，頁231。

13 《自立晚報》，1986年8月10日，頁2。

14 李筱峯，頁233。

15 《中國時報》，1986年9月29日，頁2。

16 李筱峯，頁238。

17 同上，頁240。

18 《中國時報》，1986年9月29日，頁2。

19 《聯合報》，1986年10月7日，頁2。我們不確定此一單獨的調查足以代表民
意。從前的調查顯示公眾的漠不關心。

20 《臺灣日報》，1986年10月12日，頁2。

21 《中央日報》，1986年10月1日，頁2。

22 《中央日報》，1993年12月2日，頁1。

23 同上。

24 同上。

25 《自立晚報》，1986年11月16日，頁2。

26 《中國時報》，1988年4月16～20日，頁2。

27 《自立晚報》，1988年4月16日，頁1。

28 《中國時報》，1988年4月17日，頁2。

29 見《民進黨》，1988年春天出版之小冊子：民進黨，頁27。

30 同上，頁13～14。

31 同上，頁15～27。

32 由國民黨中常委組成的十二人小組，下設共分爲兩組的六個委員會：第一
   組的工作是草擬新的國家安全法以及政黨的組織法；第二組主持地方政
   府的改革計劃，替換所有在大陸選出的民意代表，增加社會的穩定與國民
   黨內部的革新。

33 訪談前國民黨重要人士。

34 《聯合報》，1986年10月3日，頁1。

35 李筱峯，頁242。

36 《聯合報》，1986年10月19日，頁1。

37 同上，1986年12月11日，頁1。

38 戒嚴法的歷史和對臺灣的影響，可參閱《中國時報》，1986年10月21日，頁
   2。亦可見《新新聞》周刊，第9期（1987年5月11～17日），頁4～5。

39 《聯合報》，1986年10月24日，頁1。1987年2月，行政院俞國華院長希望立
   法院通過新的國家安全法，並草擬政黨組織規章。亦可見《聯合報》，1987
   年2月25日，頁1。

40 《聯合報》，1986年11月29日，頁1。

41 同上，1986年12月24日，頁1。

42 同上，1987年3月12日，頁2。

43 李筱峯，頁248。

44 同上。

45 同上，頁249。

46 同上，頁250。

47 《聯合報》，1986年11月7日，頁2。

48 同上，1986年11月15日，頁1；及11月21日，頁1。

49 同上，1986年11月21日，頁3。

50 同上，1986年11月23日，頁3。

51 同上。

52 同上。

53 同上，1986年12月4日，頁3。

54 同上，1986年12月5日，頁3。

55 同上，1986年12月7日，頁2。

56 同上。

57 參見本書第三章，表五。

58 Yun-han Chu, *Crafting Democracy in Taiwan* (Taipei: Institute for National Policy Research, 1992), p. 61.

59 戎撫天，〈掌握民意動向，提升競爭層次〉，《聯合報》，1986年12月7日，頁1。

60 同上。

61 同上。

62 《聯合報》，1987年3月13日，頁2。

63 同上，1987年3月17日，頁2。

64 對此次社會運動，見Hsin-huang Michael Hsiao, "The Changing State-Society Relation in the ROC, Economic Change, the Transformation

of the Class Structure, and the Rise of Social Movements," in *Two Societies in Opposition*, pp. 127～140。

65 同註58, 頁104。請注意參加此次1987年示威遊行的人數增多不少。例如: 1986年內五次示威的人數約五千; 1987年七千多; 1988年超過一萬二。見該書頁105。這類大型示威遊行的訴求對象是中央政府。

66 〈社論〉,《聯合報》, 1987年3月31日, 頁2。

67 蔣良任,〈緊急暫停四一九〉,《新新聞》周刊, 第6期(1987年4月20～26日), 頁10。

68 林平寧,〈五二四我們再相見〉,《新新聞》周刊, 第6期, 頁18。

69 同上, 頁20。

70 胡元輝,《聯合報》, 1987年5月16日, 頁2。

71 同上。

72 陳清喜,《聯合報》, 1987年5月16日, 頁2。

73 根據《自立晚報》, 1987年5月20日, 頁2; 及〈十字路上十二小時〉,《新新聞》周刊, 第11期 (1987年5月25～31日), 頁18～58。這是自二二八事件之後臺灣最大的遊行示威, 而且又是和平進行, 意義重大。

74 《聯合報》, 1987年5月21日, 頁2。

75 同上。

76 同上。

77 同上。

78 Chu, Yun-han, 頁104～105。

79 《中央日報》, 1987年6月6日, 頁2。

80 《聯合報》, 1987年6月7日, 頁2。

81 《中央日報》, 1987年6月9日, 頁1。

82 《聯合報》, 1987年6月11日, 頁2。

83 荊知仁,《聯合報》, 1987年6月14日, 頁2。

84 《聯合報》, 1987年6月13日, 頁2。

85 《自立晚報》，1987年6月13日，頁2。

86 同上。

87 〈看完街頭連續劇以後〉，《新新聞》周刊，第3期（1987年6月15～21日），頁4～5。

88 《聯合報》，1981年6月14日，頁1。

89 《中國時報》，1987年6月16日，頁1。

90 《聯合報》，1987年6月23日，頁1。

91 《中央日報》，1987年6月24日，頁1。

92 同上，1987年6月25日，頁1。

93 《自立晚報》，1987年7月8日，頁2。

94 《中央日報》，1987年7月15日，頁1。

第七章

1 社論〈反省是爲走更長遠的路：一九八七的回顧〉，《新新聞》周刊，第42期（1987年12月28日～1988年1月3日），頁7。

2 同上。

3 蔣良任，〈蔣總統留下的遺產〉，《新新聞》周刊，第45期（1988年1月18～24日），頁20。

4 同上。

5 同上。

6 同上。

7 《聯合報》，1986年10月28日，頁1。

8 同上，1986年10月29日，頁1。内政部次長鄭水枝表示，人民團體組織新法規將包括政黨登記方式，活動範圍，政治團體形成條件及活動的方式規範。

9 同上，1987年11月6日，頁1。

10 王力行，《無愧》（臺北：天下文化出版社，1994），頁40。

11 同上，頁41。

12 訪問馬英九。

13 王力行，頁42。

14 廖福順，〈朱高正的眼淚〉，《新新聞》周刊，第45期（1988年1月18～24日），
   頁52。

15 花逸文，郭宏治，〈當我聽到這個消息時〉，《新新聞》周刊，第45期（1988
   年1月18～24日），頁18。

16 同上。

17 同上。

18 同上。

19 這是作者宜國蒼提出的問題，〈臺北的下一步〉，《新新聞》周刊，第45期
   （1988年1月18～24日），頁70。

20 許漢，《李登輝的七十年》（臺北：開今文化事業有限公司，1993），頁
   25～26。李登輝是李金龍的次子。長子李登欽，被日軍徵調到菲律賓，下
   落不明。三子李炳南是某貿易公司的總經理。

21 同上，頁37。

22 李達，《李登輝傳》（香港：廣角鏡出版社，1988），頁44。

23 同上，頁45。

24 許漢，頁76。

25 李達，頁49～50。

26 政論家如許漢等（見《李登輝的七十年》，頁83）認為，蔣經國提拔李登輝
   的原因包括他認為李從未參加過地方選舉，沒有派系恩怨，又沒有兒子，
   可以全心為國。並可以利用與北部長老教會的關係來制衡南部長老教會的
   反政府力量。既可以回應「臺灣人出頭天」的呼聲，又可以向美國方面證
   明，外省人和本省人政治權益一律平等。

27 周玉蔻，《李登輝的一千天》（臺北：麥田出版社，1993），頁31。

28 司馬文武，〈李登輝的一百天〉，《新新聞》周刊，第58期（1988年4月18～24
   日），頁21。

29 同上，頁21～22。

30 南方朔，〈李登輝第一年的成績單〉，《新新聞》周刊，第96期（1989年1月9～15日），頁22。

31 花逸文，〈明年，你會投他一票嗎?〉，《新新聞》周刊，第96期（1989年1月9～15日），頁31。

32 陳敏鳳、韋洪武、廖福順，〈你怎樣看這一位臺灣人元首?〉，《新新聞》周刊，第96期（1989年1月9～15日），頁35。

33 詳情請參閱《自立早報》，1988年1月2日，頁2。

34 〈這場雞與兔子的遊戲玩了好久好久〉，《新新聞》周刊，第120期（1989年6月26～7月4日），頁58。

35 花逸文，〈線是新的，黨是舊的〉，《新新聞》周刊，第129期（1989年8月28日～9月3日），頁42。

36 同上。

37 「動員戡亂時期公職人員選舉罷免法」於1980年5月14日完成全部立法程序後由總統公布。此後經過三次修正，最後一次修正於1991年8月2日。

38 "Activists Steal Limelight from Taiwan Politicians," *The Straits Times*, November 20, 1989, p. 6.

39 臺灣自由的現狀及選舉熱潮促使某些流放在國外的異議份子的回歸。見 "Police Confident of Nabbing Kuo," *China Post*, November 24, 1989, p.15. 11月29日，警方在臺北長安西路北門教會附近逮捕了一名號稱是海外「世界福爾摩薩協會WFA」秘書長的男子羅蓋世(Columbus Leo)，另外兩名解遞出境的是「海外臺灣獨立聯盟」的Robert Tsai及WFA主席Shane Lee，他們潛入臺灣，因為使用他人護照非法入境。見 "Dissident Leo Arrested on Way to Campaign Rally," *China Post*, November 30, 1989, p.12.

40 有人甚至發表了內容包括123條款的「假定臺灣共和國」的憲法。見《自立早報》，1989年11月16日，頁9～10。國外的報紙對此禁忌的打破亦有報導。

見Andrew Quinn, "Call for Independence Breaks Taiwan Taboo," *Korean Herald*, November 10, 1989, p. 8.

41《聯合報》，1989年11月22日，頁3～4。

42 同上，頁4。

43 同上，宋楚瑜反對臺獨說：支持臺獨理論是從「象牙塔中弄出的怪調」，會將「臺灣變成另一個貝魯特」，見《聯合報》，1989年11月22日，頁3。連民進黨高層人士對臺獨主張亦意見分歧。謝長廷主張立新憲，建新國，陳水扁認爲即使建立新國家亦不等於臺灣的獨立自主。林文郎相信獨立的臺灣會造成經濟的衰退及釀成大禍；林正杰反對改動國號。見同日《聯合報》。

44 Julian Baum and James A. Robinson, "Party Primaries in Taiwan: Footnote or Text in Democratization," *Asian Affairs* 20:2 (summer 1993), pp. 88～98. 談到國民黨的成立，我們認爲從1894年興中會的成立算起。

45 每一縣市都有勢力壯大的家族和幫會，操縱政治權力和分配，並相互關說，彼此施惠。這些家族和幫會也選擇自己喜愛的候選人。如果地方上的政治人士不重視這些家族的影響，那簡直是自取滅亡。請見〈黨意可違，宗親之意不可違〉，《時報周刊》，第601期（1989年9月3～9日），頁194～195。

46 國民黨初選，九十萬以上的黨員前往1,250個投票所投票。投票率爲46%。美國初選的投票率爲30%。資料顯示國民黨籍登記的候選人爲670人，被黨提名的有212人。見Wu Wen-cheng and Chen I-hsin, "Constructive Controversies," *Free China Review* 39, no. 12 (December 1989): 41.

47〈選舉熱身戰問題重重〉，《亞洲周刊》，1989年7月2日，頁12。

48 楊泰順，〈初選：國民黨走對棋，民進黨押錯寶?〉，《中國時報》，1989年7月26日，頁2。

49〈選舉熱身戰問題重重〉，《亞洲周刊》，1989年7月2日，頁12。

50〈民進黨全力奪權〉，《亞洲周刊》，1989年11月12日，頁9。

51 見《亞洲周刊》，1989年7月2日，頁12。

52 見《亞洲周刊》，1989年11月12日，頁9。

53 同上。頁8。亦見曹郁芬，〈風雲起，山河動〉，《遠見》雜誌，11月號(1989年10月15日)，頁22。

54 同上，頁8～9。

55 同上，頁8。

56 同上。

57 曹郁芬，頁22。

58 同上，頁23。

59 傅忠雄抨擊范振宗只為「房事」打拚（國大任內求田問舍案）。見《中國時報》，1989年11月23日，頁2。

60 同上。

61 《自立早報》，1989年11月3日，頁3。

62 《中國時報》，1989年11月19日，頁4。

63 《自立早報》，1989年11月5日，頁3。

64 《自立早報》，1989年11月18日，頁2。另一群號稱政治立場「中立」的知識份子，對尤清表示支持，並認為所有民進黨縣市長候選人均較國民黨推出的候選人素質優良。這批自稱為「澄社」的知識份子對國民黨候選人一個也不支持。甚至受一般人歡迎的趙少康，亦被該社評估在第28位，比以脫衣而艷名昭彰的許曉丹還差。見 "Self-Styled 'Neutral' Professors Give Edge to Opposition Candidates," *China News*, November 28, 1989, p. 12.

65 Gabriel Fok, "Electioneering Begins," *Free China Journal* 6, no. 89 (November 20, 1989): 1. 見〈趙少康的故事〉，《趙少康通訊雜誌》，第11期。至少有105位候選人登廣告為自己宣傳，花了臺幣五千萬以上。無黨無派的王玲林花的宣傳費最多，至少有580萬元臺幣。

66 《自立早報》，1989年11月20日，頁3。

67 《聯合報》，1989年11月1日，頁2。

68 同上。

69 同上。老闆參選的人有：張平沼、徐明德、王令麟、黃其光、吳益利等。

70 《聯合報》，1989年11月23日，頁5。民進黨手中亦有國民黨籍立法委員候選人散發的傳單，其中答應贈送投其票者禮物。

71 同上，1989年11月6日，頁3。

72 同上，1989年11月7日，頁1。

73 同上，1989年11月6日，頁3。

74 《民生報》廣告，1989年12月1日，頁32。

75 同上。

76 見特別報導〈吳敦義：辦一次乾淨，平安的選舉；朱高正：第一大黨是金牛黨〉，《遠見》，1989年10月15日，頁40。

77 此次辯論詳情請參閱〈吳敦義：國民黨過由功生；朱高正：只是沒把臺灣拖垮〉，同上，頁45。

78 同上，頁46。

79 同上，頁50。見特別報導〈吳敦義：對國民黨伸出溫暖的手；朱高正：閉著眼睛投民進黨〉，《遠見》，1989年10月15日，頁50。

80 同上，頁44。

81 同上，頁45。

82 同上，頁50。

83 〈說不完女人事，看不盡選舉秀〉，《新新聞》週刊，第142期（1989年11月27日），頁20。

84 曹郁芬，頁23〜27。民意調查了2,544位年齡超過二十歲，居住在臺北、宜蘭、彰化、南投、高雄、屏東及臺中的選民。調查詳情見頁34。

85 同上，頁27。同一調查顯示61%選民尚未決定投誰的票；15%已決定，13%選民承認完全不知道會投誰的票。頁33。

86 郭宏治，〈民進黨一定要看的數字〉，《新新聞》週刊，第117期（1989年6月5〜11日），頁14。

87 《聯合晚報》，1989年11月22日，頁5。如彰化縣，有13人競選立法委員，由於選民冷淡的態度十分明顯，只有6名候選人決定舉辦政見發表會。

88 同上。

89 同上。

90 《中時晚報》，1989年12月2日，頁4。

91 《中國時報》，1989年12月1日，頁3。

92 《聯合報》，1989年12月2日，頁2。

93 Ho Ying, "Over 12 Million Eligible in Tomorrow's Big Vote," *China News*, December 1, 1989, p. 12.

94 Ho Ying and Lin Hua, "Heavy Security in Place for Election Today," *China News*, December 2, 1989, p. 12.

95 《中國時報》，1989年12月3日，頁1。

96 "Demonstrations Surround Tainan Government Building," *China Post*, December 4, 1989, p. 11. 桃園、南投、新竹及臺中等縣市亦有小規模的暴動事件。

97 《聯合報》，1989年12月7日，頁3。第71投票站開出來的841張票，投給李雅樵的有776票，李宗藩只得35票，蔡四結14票，16張廢票，和驗票結果一致，可見並無錯誤。

98 〈三項公職選舉揭曉〉，《中國時報》，1989年12月3日，頁1。

99 《世界日報》，1989年12月4日，頁1。

100 《中央日報》，1989年12月4日，頁6。

101 大陸一位學者也做了同樣的評估。「此次選舉民進黨超前發展，國民黨遭到空前的挫敗」，見Foreign Broadcast Information Service, *Daily Report: China*, December 26, 1989, p. 52。

102 《中國時報》，1989年12月6日，頁2。

103 《聯合報》，1989年12月8日，頁2。

104 〈李登輝主席將發表談話〉，《中國時報》，1989年12月6日，頁2。

105 〈社論〉,《聯合報》, 1989年12月7日, 頁2。

106 〈寒香〉,《聯合報》, 1989年12月9日, 頁25。

107 《自立早報》, 1989年12月5日, 頁2。

108 《中國時報》, 1989年12月6日, 頁4。

109 Shelley Rigger, "The Risk of Reform: Factional Conflict in Taiwan's 1989 Local Elections," *American Journal of Chinese Studies* no. 2(October 1994), pp. 144～147, for the case of Li Hsi-k'un.

110 很多選民告訴作者, 第一次投票給民進黨的原因是爲了制衡國民黨。

111 《聯合報》,1989年12月7日,頁4。1990年地方議會選舉, 國民黨贏了77%席次；縣市長選舉國民黨贏了91%。民進黨失敗的主因是候選人輔選失敗。

第八章

1 Hung-mao Tien, ed., *The Great Transition: Political and Social Change in the Republic of China* (Stanford, Calif.: Hoover Institution Press, 1989), p. 113.

2 《聯合報》, 1990年2月18日, 頁1。

3 林蔭庭, 〈內鬥中的一枚活棋：李煥〉,《遠見》雜誌, 第44期（1990年1月15日）, 頁26～28。

4 王杏慶, 〈李登輝提名李元簇, 國民黨內鬥已登場〉,《新新聞》周刊, 1990年2月12～18日, 頁11。

5 《自立早報》, 1990年2月15日, 頁1。

6 《聯合報》, 1990年2月11日, 頁3。

7 《聯合報》, 1990年2月12日, 頁3。

8 同上。

9 同上。

10 《聯合報》, 1990年2月12日, 頁3。贊成不記名投票者包括：郝柏村、李煥、林洋港及孫運璿。贊成用起立方式的有宋楚瑜、高育仁、邱創煥及吳伯雄。

11 訪問李登輝總統。

12《自立早報》, 1990年2月12日, 頁1。

13《自立早報》, 1990年2月11日, 頁1。

14 同上。

15《聯合報》, 1990年2月13日, 頁2。

16《聯合報》, 1990年3月1日, 頁1。

17 同上。

18《自立早報》, 1990年3月1日, 頁2。

19《自立早報》, 1990年3月3日, 頁1。

20 資料來源:《聯合報》, 1990年2月20日, 頁1及頁3; 2月19日, 頁3;《自立
   早報》, 1990年2月20日, 頁1。

21《聯合報》, 1990年2月20日, 頁3。

22《聯合報》, 1990年3月3日, 頁1。

23 同上。國民大會支持林蔣聯合的人亦支持郝柏村、李煥等。李煥沒被提名
   爲副總統候選人心有不平, 對李登輝修憲和大陸政策的主張也十分擔心。

24《聯合報》, 1990年3月4日, 頁1。

25《中國時報》, 1990年3月4日, 頁1。

26《聯合晚報》, 1990年3月4日, 頁1。

27《聯合晚報》, 1990年3月5日, 頁1。

28《自立早報》, 1990年3月6日, 頁1。

29 同上。

30《聯合晚報》, 1990年3月7日, 頁1。

31《自立早報》, 1990年3月8日, 頁3。主要政治人物的評論。

32 同上。

33《中國時報》, 1990年3月8日, 頁1。

34《中國時報》, 1990年3月9日, 頁1。

35 有人警告林洋港不得背叛臺灣人成爲外省人權力結構的走卒, 並且給「第

一個臺灣人的機會」。見Chang Mau-kuei, "Toward an Understanding of the Sheng-chi wen-t'i in Taiwan: Focusing on Changes after Political Liberalization," in *Ethnicity in Taiwan: Social, Historical, and Cultural Perspectives*, ed.　Chen Chung-min, Chuang Ying-chang, and Huang Shu-min (Taipei: Institute of Ethnology, Academia Sinica, 1994), p. 101.

36 《聯合報》, 1990年3月9日, 頁1。

37 《聯合報》, 1990年3月9日, 頁1。行政院長李煥指示, 一定要慰留王建煊, 他說王建煊是一個人才。

38 中國人對「困境」的看法, 請參看Thomas A. Metzger, *Escape from Predicament*, chapter 3。

39 《中國時報》, 1990年3月10日, 頁1。隔了不少時日消息才透露, 原來蔡鴻文親自去拜訪林洋港, 表示臺灣的企業界人士都希望林洋港不要競選。

40 《自立晚報》, 1990年3月10日, 頁1。同日, 臺北股市上升440點, 可見投資人認爲臺灣的政治局勢十分穩定。

41 《聯合晚報》, 1990年3月10日, 頁1。又見《聯合報》, 1990年3月11日, 頁1。兩人連袂宣佈不再競選。蔣孝武對蔣緯國的申斥亦是原因之一。見《中國時報》, 1990年3月10日, 頁3, 章孝嚴對蔣緯國的競選亦有批評。

42 《聯合報》, 1990年3月13日, 頁1。

43 《聯合報》, 1990年3月14日, 頁1。

44 《中國時報》, 1990年3月13日, 頁1。

45 同上。

46 《中國時報》,1990年3月15日,頁1。不過,其他報紙報導的時間是兩小時, 委員休息考慮的時間亦長一些。

47 同上。

48 《中央日報》(國際版), 1990年3月16日, 頁1。

49 即使國民黨的黨報亦認爲該委員會行爲是在擴展國民大會的權力而加以

申斥。見《中央日報》(國際版)，1990年3月15日，頁1。某些在臺灣選出的委員亦因爲意圖延長兩年任期而遭到猛烈的批評。

50 《自立早報》，1990年3月14日，頁1。

51 "President Lee Called to End Political 'Farce'," *China Post*, March 16, 1990, p. 16.

52 "Military Police Drag Away Fourteen DPP Deputies," *China Post*, March 17, 1990, p. 12.

53 《中國時報》，1990年3月17日，頁1。

54 《中國時報》，1990年3月17日，頁5。

55 《中國時報》，1990年3月18日，頁1。

56 《中國時報》，1990年3月16日，頁1。

57 "Retirement of Aging Reps Second-Most Urgent Issue," *China Post*, March 29, 1990, p. 12.《中國時報》在16日晚間做的民意調查，受訪的834成人中80%認爲國民大會全無作用，對該委員會的四點建議十分憤怒。只有13%的受訪者認爲國民大會代表民意。見《中央日報》(國際版)，1990年3月18日，頁1。

58 《聯合報》，1990年3月18日，頁1。

59 《自立早報》，1990年3月19日，頁1。

60 《聯合報》，1990年3月19日，頁1。召開這樣一個會議的動機來自李登輝。下一章會談到許多知識份子及其他政黨的人士，對召開此次會議的目的相當懷疑，認爲是藉此使國民黨與李登輝本人獲利。

61 《聯合報》，1990年3月19日，頁1。《中央日報》(國際版)，1990年3月18日，頁1。

62 《自立晚報》，1990年3月19日，頁1。

63 《自立早報》，1990年3月21日，頁1。

64 《聯合報》，1990年3月22日，頁1。

65 《聯合晚報》，1990年3月22日，頁1。

66 同上。

第九章

1 〈國是會議籌備會民意調查諮議〉(1990年6月26日)，頁2。丘宏達教授在
　眾議院亞洲及太平洋事務委員會作證時 (1990年10月11日) 引用此一參致
　資料。

2 按照《聯合報》，1990年3月24日，頁2,「國是會議」中的「國是」，並非一
　般人誤解的「國事」。「國事」是國家的事務，而「國是」則是國家事務的
　價值判斷。

3 《聯合報》，1990年4月2日，頁3。

4 同上，1990年3月28日，頁1。25名被邀請者名單見該報1990年4月4日，頁
　3。

5 同上，1990年4月2日，頁1。

6 同上，1990年3月29日，頁3。

7 同上，1990年4月14日，頁1。

8 同上，1990年5月13日，頁1。

9 同上，1990年5月9日，頁1。

10 同上，1990年5月10日，頁3。

11 《中國時報》，1990年5月15日，頁1。

12 《自立早報》，1990年6月23日，頁2。

13 《聯合晚報》，1990年4月29日，頁3。

14 《聯合報》，1990年6月24日，頁2。

15 《中國時報》，1990年6月25日，頁1。

16 這些目標刊載於《聯合報》，1990年4月6日，頁2。亦見《中國時報》，1990
　年5月21日，頁3，田弘茂教授之大作。田教授亦希望廢除臨時條款並結束
　戡亂時期的名號。

17 陳芳明，〈國家改造應有臺灣史的視野〉，《新文化》，第16期(1990年5月)，

頁64～68。

18 張明貴,《聯合晚報》, 1990年3月30日, 頁2。另見該作者之大作, 載於《自立早報》, 1990年3月31日, 頁3。

19 楊泰順,〈如何開一個成功的國是會議〉,《中國論壇》, 第350期 (1990年4月5日), 頁29。

20 〈國是會議與憲政改革〉,《中國論壇》, 第350期, 頁14。

21 陳文彥,《自立晚報》, 1990年5月27日, 頁5。

22 陳哲明,〈第一階段苦練忍功, 第二階段唯我獨尊〉,《新新聞》周刊, 第173期 (1990年7月2～8日), 頁12。

23 同上, 頁13。

24 童清峰、陳東豪,〈對不起, 我退出, 國是宴, 怎收場?〉,《新新聞》周刊, 第173期, 頁16。

25 同上, 頁17。

26 廖福順,〈狐退狸隨爲了那樁?〉,《新新聞》周刊, 第173期, 頁20～24。

27 童清峰,〈知識份子且能被人收編!〉,《新新聞》周刊, 第173期, 頁26。

28 同上, 頁27。

29 《自立晚報》, 1990年3月24日, 頁1。3月26日, 民進黨主席黃信介說蔣彥士並未和他聯絡。又見《聯合晚報》, 1990年3月26日, 頁3。

30 《聯合晚報》, 1990年3月26日, 頁3。

31 《中國時報》, 1990年3月30日, 頁2。

32 《聯合報》, 1990年4月2日, 頁3。

33 同上。

34 《中國時報》, 1990年4月3日, 頁2。

35 同上。

36 同上。

37 同上, 1990年4月3日, 頁3。

38 《聯合報》, 1990年4月5日, 頁3。

39《自立晚報》，1990年4月9日，頁2。

40《中國時報》，1990年4月10日，頁1。

41 同上，1990年5月14日，頁2。

42《自立晚報》，1990年5月14日，頁5。

43《聯合報》，1990年5月15日，頁3。

44《自立早報》，1990年6月21日，頁2。

45《中國時報》，1990年4月1日，頁2。

46 同上，1990年6月16日，頁2。

47《自立晚報》，1990年6月18日，頁2。

48《聯合報》，1990年6月25日。此項調查由國民黨非主流派人士主持，其目
   的在證明「國是會議」的效果並不大。

49《中國時報》，1990年6月19日，頁1。

50《聯合晚報》，1990年6月7日，頁1。

51 陳文龍，〈我們對國是會議的看法與期望〉，《統領》，第58期(1990年5月)，
   頁8。陳文龍是該雜誌之總主筆。

52《聯合報》，1990年6月14日，頁3。

53 同上，1990年5月14日，頁2。

54 同上，1990年4月23日，頁3。

55 同上，1990年6月18日，頁2。

56 同上。

57《自立早報》，1990年6月18日，頁2。

58 同上。

59《中國時報》，1990年6月15日，頁2。

60 同上，1990年6月25日，頁3。

61《聯合報》，1990年6月26日，頁2。

62《中國時報》，1990年6月15日，頁1。

63《聯合報》，1990年6月16日，頁2。又見翁文靜，〈臺灣的政治人物需要降

低音階〉,《新新聞》周刊, 第172期 (1990年6月25日～7月1日), 頁54～55
之訪問彭明敏專文。北美事務協調會代表丁懋時曾以電話向彭明敏傳達官
方邀請他返國參加國是會議的誠意。

64 《自立晚報》, 1990年6月28日, 頁2。

65 《聯合晚報》, 1990年6月28日, 頁1。又見《中國時報》, 1990年6月28日,
頁1。

66 《中國時報》, 1990年6月28日, 頁1。

67 《聯合報》, 1990年6月28日, 頁1。確知不出席者有八人:胡佛、李鴻禧、
楊國樞、彭明敏、陳唐山、朱雲漢、王世憲、宣以文。

68 《自立晚報》, 1990年6月28日, 頁1。這是國民黨與民進黨歷史性的首次正
式就臺灣民主化進行溝通, 表達彼此的歧見。

69 《聯合晚報》, 1990年6月28日, 頁1。

70 《自立早報》, 1990年6月29日, 頁1。

71 同上, 頁3。黃信介出面勸說呂秀蓮不要退出, 但是她認為不但國民黨無誠
意, 主辦單位及部份媒體歧視女性, 使她毅然宣佈退出。

72 《中國時報》, 1990年6月29日, 頁5。

73 同上。

74 《聯合報》, 1990年6月30日, 頁2。

75 張俊宏,《聯合報》, 1990年6月30日, 頁2。

76 同上。

77 《自立晚報》, 1990年6月29日, 頁2。

78 同上, 1990年6月30日, 頁2。

79 同上。宋楚瑜相信臺灣政治已經進入政黨政治的新階段。政黨間要達到正
常公平競爭的目標尚有一段路程。李登輝很尊敬民進黨的意見, 希望彼此
有某種共識, 但卻需要雙方共同努力。

80 《自立早報》, 1990年6月30日, 頁2。國民黨有許多開明派人士在國是會議
中十分活躍, 亦是造成多數議題能夠達成共識的原因。

81 《中國時報》，1990年6月29日，頁4。又見翁文靜，〈國民黨七嘴八舌，改
革派合縱連橫〉，《新新聞》周刊，第173期，頁35～37。同期，頁38～39，
吳怡靜在〈高舉聯盟大旗，進擊圓山戰場〉一文中，談到國是會議「改革
派」形成的過程與策略。

82 《自立早報》，1990年6月30日，頁2。又見《中國時報》，1990年7月1日，頁
10。詳情見《自立早報》，1990年7月2日，頁3。

83 《中國時報》，1990年6月30日，頁2。

84 《自立早報》，1990年6月30日，頁1。

85 《中國時報》，1990年7月1日，頁3。

86 《聯合報》，1990年7月1日，頁1。

87 同上，頁2。

88 同上。

89 《自立晚報》，1990年6月30日，頁5。

90 《中國時報》，1990年7月2日，頁4。

91 同上。

92 同上。

93 《聯合報》，1990年7月3日，頁1。

94 同上。

95 《中國時報》，1990年7月3日，頁2。

96 同上。

97 同上，頁3。

98 《自立晚報》，1990年7月3日，頁5。

99 《聯合報》，1990年7月3日，頁2。

100 同上，頁1。

101 〈社論〉，《中國時報》，1990年7月3日，頁3。

102 黃信介，《聯合報》，1990年7月3日，頁3。

103 同上。

104 《中國時報》，1990年7月3日，頁2。

105 同上。

106 《中國時報》，1990年7月4日，頁2。

107 同上，頁5。

108 同上。

109 同上。

110 同上。

111 同上。

112 同上，頁3。

113 同上。

114 同上，1990年7月5日，頁1。

115 同上。

116 同上。

117 《自立晚報》，1990年7月4日，頁6。

118 《聯合報》，1990年7月6日，頁2。國是會議結束後，民進黨該如何發展? 張俊
　　宏表示民進黨將力促當局在半年至一年內成立「制憲委員會」，完成修憲工
　　程。見《聯合晚報》，1990年7月5日，頁3。

119 《自立晚報》，1990年7月9日，頁1。

120 《聯合報》，1990年7月10日，頁2。

121 同上。1990年11月2日，許信良對國是會議的成果十分失望，他表示民進黨
　　將於次年上半年召開一個類似的全國大會，他說將邀請150名人士出席，是
　　一次真正代表民意的會議。見Grace Tsai, "DPP To Set Up Its Own
　　National Affairs Conference," *China News*, November 2, 1990, p. 3. 召
　　開此會的計劃從未實現。

122 《中國時報》，1990年7月5日，頁5。

123 同上，頁3。

124 南方朔，〈這個陰影愈來愈大：省籍情緒被國是會議重新挑起〉，《新新聞》

周刊，第173期，頁40〜45。

125 侯立朝，〈國是會議製造臺灣政治的新危機〉，《中華雜誌》，第325期，(1990年8月)，頁10〜14。

126 司馬文武，〈國是會議好像沒有開過一樣〉，《新新聞》周刊，第183期(1990年9月10〜16日)，頁15。

127 胡秋原，〈國是會議是什麼？要做什麼?〉，《中華雜誌》，第325期，頁15。

128 《中國時報》，1990年7月7日，頁3。

129 《自立早報》，1990年7月5日，頁5。

130 《中國時報》，1990年7月6日，頁1。

131 同上。

132 同上。

133 《自立早報》，1990年7月6日，頁1。

134 同上。

135 《聯合晚報》，1990年7月6日，頁3。

136 《自立早報》，1990年7月7日，頁3。

137 同上。

138 同上。

139 作者訪談前政府高層官員。

第十章

1 《中央日報》，1992年2月18日，頁3。

2 《中國時報》，1988年2月27日，頁2。

3 同上。

4 《聯合報》，1989年2月4日，頁2。

5 同上，1989年3月2日，頁2。

6 《自立早報》，1989年7月3日，頁2。

7 《聯合報》，1989年7月6日，頁4。

8 參見《聯合報》，1989年7月21日，頁4。

9 〈社論〉，《聯合報》，1989年8月10日。

10 同上，1989年8月29日，頁4。又見《自立早報》，1990年4月3日，頁2之圖表。不同的黨團對資深民代退休方式的意見。

11 《首都早報》，1990年4月3日，頁2。

12 《自由時報》，1990年4月4日，頁2。

13 《自立晚報》，1990年4月5日，頁2。又見《聯合報》，1990年4月5日，頁2。

14 《聯合報》，1990年5月31日，頁4。

15 《中央日報》，1990年6月23日，頁3。及《中國時報》，1990年6月22日，頁2。

16 《聯合報》，1990年7月17日，頁4。

17 在臺北訪問何宜武談話。1991年12月24日。

18 見《工商時報》，1991年1月9日，頁2；及〈社論〉，《聯合報》，1991年3月30日，頁2。

19 《聯合報》，1991年3月30日，頁2。

20 《聯合報》，1991年2月27日，頁1。

21 同上，1991年1月19日，頁7。1991年大會的預算是兩億五千萬臺幣。1990年第八次會議花了政府一億三千萬臺幣。媒體一再提出大量金錢的耗費以加深民眾對國民大會的反感。

22 同上，1991年3月29日，頁2。

23 根據〈政治殿堂淪為精武場〉，《時報周刊》，第321期(1991年4月20～26日)，頁8～11。

24 《聯合報》，1991年4月23日，頁1。

25 碧玲，〈溝通有障礙；衝突難止息〉，《時報周刊》，第321期 (1991年4月20～26日)，頁12。

26 座談會的作用在於讓知識份子及學者專家估評政治事件，檢視菁英份子在政治行為上的表現，並且提出各種對政治活動的見解。從70年代開始，媒

體即利用此種方式動員菁英份子，獲取民意並交換情報信息。見《中國時報》，1991年2月3日，頁9。

27 《中國時報》，1990年12月5日，頁4。

28 同上，1991年5月17日，頁2。趙少康認爲憲法100及101條之內容，隨著社會環境變遷及民主政治發展，已不適合時代需要。

29 同上。法界出身的立委黃主文堅持只修改100及101條，其他刑法條款不宜再動。

30 《聯合報》，1991年5月21日，頁2。

31 同上，1991年5月22日，頁2。

32 同上。

33 《中國時報》，1991年9月3日，頁4。

34 同上。又見《中華日報》，1991年9月24日，頁2。

35 1991年9月中旬，國民黨在民進黨的壓力下，勉強同意修改憲法100條。見《中央日報》，1991年9月17日，頁2。

36 見《自由時報》，1991年9月23日，頁4。

37 《中國時報》，1991年9月28日，頁4。

38 《聯合報》，1991年10月2日，頁3。

39 《中央日報》，1992年3月1日，頁1。

40 同上，1992年5月16日，頁1。

41 《中國時報》，1992年5月19日，頁3。

42 張俊雄，《臺灣時報》，1992年5月25日，頁3。

43 1947年憲法第174條規定修改憲法要國民大會代表四分之三以上的人同意，並至少有三分之二以上代表出席。大部份代表對此有不同意見，有的人甚至因此而加入了政治反對派的陣容。事實上，控制了75%席次的國民黨代表，有足夠的力量修改1947年制定的憲法。

44 *Free China Journal* 8, no. 77. (November 4, 1991); p. 2.

45 〈各就各位，預備〉，《時報周刊》(美洲版)，第346期(1991年10月12～18日)，

頁6。

46 〈衝烽的號角響了〉，《新新聞》周刊，第248期（1991年12月9～15日），頁20～21。又見〈國代選舉，國民黨一片光明〉，《九十年代》，第259期(1991年8月)，頁31～33。

47 〈國民黨黨務將做重大革新〉，《時報周刊》，第322期（1991年5月4～10日），頁29。大陸工作會的許多工作均撥到國防部情報局，海外工作委員會的工作歸併到僑務委員會。

48 〈各就各位，預備〉（註45），頁7。小組成員包括副秘書長鄭心雄、徐立德；各工作會主任陳金讓、祝基瀅、尹士豪、李鍾桂、鍾榮吉、省黨部主委王述親、臺北市黨部主委簡漢生及高雄市黨部主委黃鏡峰等人。

49 《中國時報》，1991年9月19日，頁3。宋楚瑜去請教的黨內大老有李煥、謝東閔及邱創煥；代表中生代的是宋時選、潘振球、關中及陳履安。以及代表年輕而職位較低的有簡漢生、黃敬芬及王樹清。

50 同註48。此七人審查小組由副總統李元簇擔任召集人，成員包括行政院長郝柏村、蔣彥士、林洋港、宋楚瑜、吳伯雄及連戰。

51 《中國時報》，1991年10月3日，頁2。

52 同上，1991年9月19日，頁2。

53 許陽明編，《人民制憲會議實錄》（臺北：民主進步黨中央黨部，1991），頁12。

54 《中央日報》，1991年8月23日，頁2。此事件促使內政部公共事務司副司長陳孟鄰公開表示：如果司法行政部決定民進黨此舉違法，政府只好下令將民進黨解體。

55 〈各就各位，預備〉（註45），頁7。

56 樊嘉傑，〈臺獨之弦由緊繃而鬆弛〉，《時報周刊》，第347期（1991年10月19～25日），頁18～24。

57 同上，頁20。

58 〈當選落選皆笑臉〉，《時報周刊》，第347期（1991年10月19～25日），頁23。

59《中時晚報》，1991年12月18日，頁2。又見《中國時報》，1991年9月23日，
　　頁2。民進黨主席許信良相信他們至少可贏取30％選票。新潮流派的吳乃仁
　　對20％到30％之間的得票率已感滿意，而且亦認爲較爲實際。

60《時報周刊》，第346期，（1991年10月12～18日），頁9。

61《聯合報》，1991年10月3日，頁3。名爲「勞動黨」的第四黨亦提名了候選
　　人。「工黨」雖提名卻無意加入年底的選舉。

62《中央日報》，1991年11月23日，頁1。225名區域性席次，國民黨提名192人，
　　民進黨提名105人；八十個非區域性席次國民黨提名七十五人，民進黨四
　　十五人；二十名海外席次國民黨提名二十人，民進黨等十人。見《中國時
　　報》，1991年11月15日，頁4。

63《新新聞》周刊稱此次選舉是「近年來最簡單又最複雜」的選舉。兩黨的前
　　途均有賴此次選舉的結果。見〈衝烽的號角響了〉（註46）。

64《中國時報》，1991年11月18日，頁4。

65 同上，1991年9月20日，頁4。

66 同上，1991年11月29日，頁2。

67 同上，1991年12月3日，頁4。

68 同上，1991年11月14日，頁4。

69 同上。

70〈被提名學者都是修憲小組成員〉，《新新聞》周刊，第244期（1991年11月
　　17日），頁25。

71〈一貫道兩百萬道情也還不到一個名額〉，《新新聞》周刊，第244期（1991
　　年11月11～17日），頁24～28。

72《中國時報》，1991年11月14日，頁4。

73《聯合報》，1991年9月22日，頁4。

74〈書生參選爲何而戰〉，《遠見》，第63期（1991年8月15日），頁55。

75《聯合報》，1991年11月25日，頁4。

76《中華社會民主黨基本綱領》（臺北：中國社會民主黨，1991），頁5。

77 《中國時報》，1991年12月4日，頁2。

78 同上。

79 《聯合報》，1991年12月13日，頁2。

80 同上，1991年12月12日，頁3。

81 《中國時報》，1991年11月11日，頁4。

82 同上，1991年12月18日，頁2。

83 《中時晚報》，1991年12月20日，頁2。

84 同上，1991年12月19日，頁2。

85 同上，1991年12月20日，頁2。

86 《中國時報》，1991年12月20日，頁6。

87 《中時晚報》，1991年12月20日，頁9。一位民進黨候選人擺了100桌酒席宴請選民，但他的對手卻擺下360桌的流水席。

88 《聯合報》，1991年12月15日，頁4。

89 《中國時報》，1991年12月19日，頁4。

90 《聯合報》，1991年12月13日，頁4。

91 《中國時報》，1991年11月20日，頁4。

92 《聯合報》，1991年12月15日，頁4。

93 同上。

94 "134 Election Cases Reported," *China News*, December 18, 1991, p.3.

95 "Candidates Violate Rules," *China News*, December 18, 1991, p. 3.

96 《中國時報》，1991年12月21日，頁4。

97 同上。

98 同上，頁1。

99 《聯合報》，1991年12月22日，頁1。以下討論資料均依此。

100 陳守國，〈臺灣選民否決了臺獨訴求〉，《時報周刊》，創刊號(1992年1月5～11日)，頁46。

101 依據《聯合報》，1991年12月22日，頁3。林濁水以二萬零四百八十七票落選。

102 《中時晚報》，1991年12月22日，頁6。

103 《自立早報》，1991年12月23日，頁3。

104 訪問民進黨外交事務主任楊美幸。她指責由於國民黨「買票」才致使民進黨
　　落敗。

105 《民眾日報》，1991年12月23日，頁4。

106 作者在選舉後，訪問康寧祥之談話。

107 《自立早報》，1991年12月24日，頁2。

108 同上。

109 《中國時報》，1991年12月23日，頁3。

110 Nicholas D. Kristof, "A Dictatorship That Grew Up," *New York Times
　　Magazine*, February 16, 1992, section 6, p. 20. 又見"Ruling Party Wins
　　Big Victory in Taiwan Vote," *San Francisco Sunday Examiner and
　　Chronicle*, December 22, 1991, p. 3.

111 《中國時報》，1992年1月3日，頁2。

112 陳守國，《中國時報》，1992年1月3日，頁2。

113 《聯合報》，1992年1月6日，頁3。

114 同上，1992年5月5日，頁2。

115 田弘茂，《中國時報》，1992年1月21日，頁2。

116 《中國時報》，1992年1月2日，頁2。

117 同上，1992年1月22日，頁2。

118 同上，1991年1月12日，頁2。

第十一章

1 《中國時報》，1992年3月6日，頁1。

2 同上，1992年3月7日，頁2。

3 同上。蔣彥士為李登輝辯護，說李登輝要求大家多聽外界的意見，並廣納
　　民意後再決定方案內容。李登輝對憲改完全沒有個人的私心，是一位完全

以中華民族觀點出發的領袖。談到李登輝和郝柏村之間的關係，蔣彥士說他們兩人定期溝通，沒有問題，兩人都很坦率誠懇，都知道「吃小虧佔大便宜」的合作道理。

4 同上。

5 《聯合晚報》，1992年3月7日，頁3。

6 《中國時報》，1992年3月7日，頁2。

7 同上，1992年3月8日，頁2。

8 同上，1992年3月9日，頁4。

9 同上，1992年3月8日，頁2。

10 同上。

11 同上。

12 同上，1992年3月17日，頁6。

13 《聯合報》，1992年3月26日，頁1。

14 1992年夏天訪問國民黨元老之談話。

15 《中國時報》，1992年3月10日，頁1。

16 同上，1992年3月10日，頁2。

17 同上。

18 同上。國民黨對正副總統直選的議題一直以低調處理。

19 同上。

20 《中國時報》，1992年3月11日，頁3。

21 〈社論〉，《聯合報》，1992年3月14日，頁2。

22 《中國時報》，1992年3月13日，頁2。

23 同上。又見1992年3月16日，頁3。

24 《自立早報》，1992年3月14日，頁2。

25 《聯合晚報》，1992年3月14日，頁13。

26 《自立早報》，1992年3月15日，頁2。

27 《聯合報》，1992年3月15日，頁3。又見《自立早報》，1992年3月15日，頁

3。

28 黨員如郁慕明等一直主張採取無記名投票方式，他希望在三中全會上一次
徹底解決選舉的方式問題（1992年7月訪問談話）。反對用投票式選舉的人
認爲這種方式會加深黨內派系的分裂。他們希望黨內能夠取得共識，達成
協議。《自立早報》1992年3月16日上說，李煥於1992年3月15日說，中國就
是中華民國，要保持五權憲法並將此體制帶回大陸去施行。李煥認爲海外
中國人不應參與直選投票，直選會減低國民大會的職權。從前支持李登輝
的邱創煥等人亦歸向反對直選的李煥諸人。見《自立晚報》，1992年3月16
日，頁2。

29 《中國時報》，1992年3月17日，頁4。蔣彥士認爲李登輝與主張直選的人並
沒有輸陣；眞正重要的事是國民黨內普遍瀰漫著的自由言論的氣象。

30 《中國時報》，1992年3月26日，頁1。

31 《聯合報》，1992年3月26日，頁1。

32 1991年年底全島巡視時，李登輝發現臺灣大多數人主張正副總統由公民直
選產生。政府主持的民意調查亦顯示北臺灣主張間接選舉的只佔40％，南
臺灣的比例更低，只有20％的人贊同間接選舉。李登輝希望在黨內公開討
論此一議論以教育黨內贊成間接選舉之保守派人士。李登輝相信，在三十
一名中常委中大約有二十人會贊成直選。在三中全會上，李登輝並沒有採
取肯定的立場，只決定以三年時間來靜觀情勢的發展。選爲國大代表的外
省籍富商王應傑同意李登輝的主張，他們了解保守的國民黨元老會將直選
解釋爲邁向臺獨的一大步。將直選再延長三年等於多給他們接受此一觀念
的時間（訪問王應傑之談話）。

33 《中國時報》，1992年3月26日，頁2。

34 《聯合報》，1992年3月23日，頁2。接受調查的1,879人之中，約六成的人不
能決定投什麼人的票。但有31.3％的人支持李登輝，4.5％支持林洋港，1.5％
支持邱創煥，0.4％支持許信良，0.3％支持黃信介。如果李登輝不出來競選，
支持林洋港的人增加到30％，支持郝柏村的有20％。42％表示會投國民黨

的票，30.4%投其他黨派的票。

35 《聯合報》，1992年1月2日，頁2。

36 同上，1992年1月13日，頁2。

37 《中國時報》，1992年2月16日，頁2。

38 同上，1992年3月3日，頁2。

39 居住在美國的國大代表張富美對國民黨改變立場支持直選感到意外（1992年6月訪問張女士談話）。

40 《聯合報》，1992年3月13日，頁3。

41 同上。

42 同上，〈社論〉。但在執政黨國大黨團書記長謝隆盛負責傳達三中全會之決定時，卻表示國大應先完成修憲，然後才能談到其他問題。見《中國時報》，1992年3月23日，頁2。

43 《自立早報》，1992年3月18日，頁2。

44 民進黨國大黨團幹事長蔡式淵表示，由於反對執政以強勢心態，拒絕讓出一席國大副秘書長職位，又拒絕協商修訂「議事規則」，民進黨將不惜利用各種手段，持續杯葛議事進行。

45 訪問王應傑時，他說民進黨不認同中華民國，國民黨爲什麼還要讓他們進入國民大會？謝隆盛表示國民黨原來準備將一席國大副秘書長的職位讓給民進黨，但是由於民進黨口口聲聲要搞臺獨，不認同中華民國，使得國民黨大爲惱火。見《中國時報》，1992年3月24日，頁2。在前一次的國民大會上（1991年春）民進黨籍國大代表張俊宏表示對國大副秘書長一職有興趣，但遭到國民黨的抵制。

46 民進黨代表因國民黨拒絕將某些掌控國民大會活動的權力讓給民進黨而感到十分憤怒不滿（訪問張富美談話，1992年6月）。

47 《中國時報》，1992年3月21日，頁2。開幕典禮及李登輝致詞。國民大會逐日會議情形，請見廖福順、林瑩秋，〈哀憲法，嘆政局〉，《新新聞》周刊，第273期（1992年5月31日～6月6日），頁20～27。

48 1992年7月訪問謝隆盛。

49 《中國時報》，1992年3月25日，頁2。

50 《自立早報》，1992年3月27日，頁2。

51 同上。見廖文；及《聯合報》，1992年3月27日，頁2。

52 《中國時報》，1992年3月29日，頁2。

53 同上，1992年3月30日，頁4。

54 同上。

55 同上。

56 《自立早報》，1992年4月14日，頁2。王應傑是新任的國民黨籍代表。

57 《聯合報》，1992年4月15日，頁2。

58 同上。

59 同上。

60 同上，1992年4月28日，頁2。

61 同上。

62 同上，1992年4月29日，頁2。

63 《自立早報》，1992年4月29日，頁3。

64 同上。謝隆盛甚至說立法委員乾脆將愛滋病留給自己算了。許多代表稱立
   法委員為「國賊」，或「國家的亂源」。

65 1992年7月訪問謝隆盛談話。

66 《中國時報》，1992年3月19日，頁2。

67 同上，1992年5月16日，頁2。

68 同上。

69 同上。

70 《自立早報》，1992年5月19日，頁3。

71 《中國時報》，1992年5月20日，頁2。一位國民黨代表親自對李登輝總統說
   如果「國大准許立委延任，好比自己的老婆被人強姦，還要向人道謝，簡
   直豈有此理！」另一位議長派的國代亦向黨工放言「如果立委任期延為四

年，我的頭割給你！」

72《自立早報》，1992年5月22日，頁3。

73 同上，1992年5月19日，頁3。

74《中國時報》，1992年3月19日，頁2。

75《聯合報》，1992年3月27日，頁3。

76 同上，1992年4月5日，頁2。

77〈民進黨四一九走上窮途末路〉，《獨家報導》，第195期（1992年4月22～28日）頁25。

78《自立早報》，1992年4月20日，頁2。

79 同上，1992年4月21日，頁2。

80 同上。

81 同上，1992年4月23日，頁2。

82 同上。

83〈忠孝西路十字路口上那面破舊的綠旗幟〉，《新新聞》周刊，第268期（1992年4月26日～5月2日），頁16。

84《自立早報》，1992年4月30日，頁2。

85 同上，某些民進黨代表斥責謝隆盛只想奪權，毫無自尊心而又不要臉。

86 見〈社論〉，《聯合報》，1992年4月28日，頁2。著者對國民黨政治革新的緩慢與對大陸過份讓步，導致國民黨內部難於達到共識。他希望兩黨應合作協商改革事宜。他認為中華民國不會有空間容許第三大黨生存。

87《聯合報》，1992年4月19日，頁2。

88 見《中國時報》，1992年4月22日，頁4，楊憲村之社論。楊認為民進黨一直忽略了人民對國民黨治理臺灣的信任感遠超過他們對民進黨的信任。再者，民進黨不了解人民真正需要的是什麼，是他們在選舉中失敗的根本原因。

89 同上，4月23日，頁2。

90 張作錦，〈分析民主進步黨的進步與民主〉，《遠見》，第71期（1992年5月），

頁56。

91 《中國時報》,1992年4月1日,頁2。國民大會每日的花費約是五百萬臺幣,
   如果會期七十天,就要花三億五千萬臺幣。見《中國時報》,1992年5月30
   日,頁2。

92 見《第二次國民大會臨時會修憲提案》(臺北:國大秘書處,1992年4月),
   頁1~366;及《第二次國民大會臨時會一般提案:附原修憲提案改爲一般
   提案26件》。所有提案均經過三讀通過。

93 見《中央日報》(國際版)1992年5月29日,頁1。

94 4月20日,只有186位代表出席大會,法定人數爲268人。主席因此宣佈休會。
   見《自立早報》,1992年4月21日,頁4。民進黨及其他非國民黨代表沒有出
   席,僅有少數國民黨籍代表出席。

95 《聯合報》,1992年5月15日,頁1。

96 同上,1992年5月3日,頁2。

97 同上,1992年5月5日,頁2。

98 《中國時報》,1992年5月26日,頁2,及5月27日,頁1。又見《聯合晚報》,
   1992年5月27日,頁1。執政黨準備研究長設「議長」一職的可行性。

99 《中國時報》,1992年5月29日,頁2。

100 同上。

101 同上。

102 《聯合報》,1992年5月3日,頁2。

103 田弘茂,《中國時報》,1992年5月29日,頁2。

104 同上。

105 楊泰順,《聯合報》,1992年3月16日,頁2。

106 周陽山,《聯合報》,1992年3月14日,頁4。

107 《中國時報》,1992年3月5日,頁4。

108 司馬文武,〈八條繩索把李登輝的聲望拖到谷底〉,《新新聞》周刊,第273期
   (1992年5月23日~6月6日),頁28~29。

109 學者國是座談,〈修憲乎? 毀憲乎?〉,《國是評論》, 第1~2期(1992年7月, 8月)。

110《自立早報》, 1992年5月28日, 頁3。

111 同上。「百萬人譴責國大運動」很快就煙消雲散了。

第十二章

1 Bernard Bailyn, comp., *The Debate on the Constitution* (New York: The Library of America, 1993), parts 1~2.

2 荆知仁,《憲法論衡》(臺北: 東大圖書公司, 1991), 頁574。

3 許陽明編,《民主大憲章實錄》(臺北: 民主進步黨中央黨部, 1991), 頁286, 306及310。

4 荆知仁,《憲法論衡》, 頁575。

5 Susan Yu, "Opposition Party Tactics Slow First Day of National Assembly," *Free China Review,* vol. 11, no. 17. (May6, 1994), p. 1.

6 Susan Yu, "Assemblymen Weigh Changes in Constitution," *Free China Journal,* vol. 11, no. 18 (May 13, 1994), p. 7.

7《聯合報》, 1994年7月29日, 頁1。

8 Susan Yu, "Constitutional Session Stalled," *Free China Journal,* vol. 11, no. 26 (July 8, 1994), p. 2.

9 Susan Yu, "Constitutional Reforms Pass, Including Direct Presidential Vote," *Free China Journal,* vol. 11, no. 30 (August 5, 1994), p. 1.

10 王力行,《無愧》(臺北: 天下文化出版社, 1994), 頁64。

11 "Most Taiwan People Are Satisfied with the Performance of Premier Hau Pei-tsun's Cabinet, But They Are Worried about Taiwan's Economic Climate," Taipei CNA, November 23, 1992, in *JPRS Report: China,* December 22, 1992, pp. 66~67.

12 王力行,《無愧》, 頁287。

13 廖福順,〈李元簇扮內場策士, 宋心濂演外場鬥士〉,《新新聞》周刊, 第203
期 (1991年1月28~2月3日), 頁14~15。

14 王力行,《無愧》, 頁288。又見《李登輝一九九三》(臺北:周玉蔻, 1994),
頁24。

15 王力行,《無愧》, 頁214。

16 陳裕鑫,〈王建煊扯斷了李郝關係那根緊繃的弦?〉,《新新聞》周刊, 第292
期 (1992年10月10~16日), 頁26~28。

17 王力行,《無愧》, 頁288。又見柳建生,〈臺灣軍方, 李郝共治?〉,《九十年
代》, 第1期 (1991年1月1日), 頁54~55。

18 黃光芹,〈郝柏村主動要求與李登輝鬧室秘談〉,《新新聞》周刊, 第293期
(1992年10月17~23日), 頁27。

19 陳杉榮,〈葉菊蘭指郝柏村密開軍事會議〉,《自立晚報》, 1993年1月29日,
頁1。民進黨籍立委葉菊蘭指出郝柏村於農曆正月初一在士林官邸召集十
餘位將領, 召開「軍事會議」, 介入政爭。她亦指出郝柏村擺明拒絕總辭的
態度是仗恃軍方保守派以槍桿子撐腰。

20 在朱高正寫給李登輝先生的一封公開信上說,「天下至廣, 非一人所能獨
治」, 用以勸戒李登輝。見《世界日報》, 1993年1月21日, A5廣告。

21 周玉蔻,《李登輝一九九三》(臺北:周玉蔻, 1994), 頁41。

22 同上, 頁61。政府褒揚郝柏村的政績。見 *Daily Report: China,* February 8,
1993, pp. 70~71.

23 周玉蔻,《李登輝一九九三》, 頁135。

24 同上, 頁136。

25 同上。

26《新新聞》周刊, 第380期 (1994年6月19~25日), 頁25。前院長照片下的
標題。

27 連戰, See Lien Chan, "The ROC's Rule in a Multilateral World Order,"
Free China Journal 11, no. 27 (July 15, 1994): 7.

28《聯合報》，1986年11月14日，頁1。

29 江雪晴，〈主席焦急，黨工迷惘〉，《新新聞》周刊，第9期(1987年5月11～17日)，頁26。

30 同上。

31 陳裕鑫，〈如果國民黨不希望被人做成標本〉，《新新聞》周刊，第216期(1991年4月29日～5月5日)，頁43。

32《中央日報》，1989年12月7日，頁1。

33〈『鬮版』著重組織動員，『宋版』偏向行政管理〉，《新新聞》周刊，第216期 (1991年4月29日～5月5日)，頁44～45。

34 倪炎元，〈國民黨黨務將作重大革新〉，《時報周刊》，第322期 (1991年5月4～10日)，頁29。

35 陳裕鑫，〈老兄你給我十萬，我也不會給你利益〉，《新新聞》周刊，第216期，頁47。徐立德為國民黨副秘書長兼財委會主委。

36 同上。

37 見 the excellent discussion of DPP and KMT factionalism by Tun-jen Cheng and Yung-ming Hsu, "Issue Structure, the DPP's Factionalism, and Party Realignment," in Hung-mao Tien, ed., *Taiwan's Electoral Politics and Democratic Transition* (Armonk, N.Y.: M. E. Sharpe, 1996), pp. 151～152.

38 劉大和，〈金權政治的根源〉，《自立晚報》，1992年9月24日，頁14。

39 吳乃德，〈滑稽的李登輝和郝柏村〉，《自立晚報》，1992年10月27日，頁2。

40 紀延陵，〈國民黨到現在還戒不掉戒嚴的毒癮〉，《新新聞》周刊，第283期 (1992年8月9～15日)，頁36。

41 同上，頁37。

42 司馬文武，〈國民黨自掘墳墓，民進黨等待上臺〉，《新新聞》周刊，第325期 (1993年5月30～6月5日)，頁11。

43 狄英、楊愛俐，〈自省的臺灣〉，《天下雜誌》，第145期 (1993年6月)，頁

20～25。

44 《中國時報》，1993年7月30日，頁2。

45 邱銘輝，〈我們等於是梁山泊，寨子都豎起來了──訪趙少康談新黨成立的動機與過程〉，《新新聞》周刊，第336期(1993年8月15～21日)，頁57～59。

46 同上。

47 《中國時報》，1993年7月30日，頁2。

48 同上，1993年8月11日，頁3。

49 《聯合報》，1993年8月11日，頁1。

50 同上，1993年7月23日，頁2。

51 同上。中國人的樂觀主義，讓他們感到只要國家領袖有德又有能，一切問題都可以迎刃而解。

52 同上，1993年5月18日，頁2。7月21日，中常委由180人增加到210人。候補中常委為105人。見《中國時報》，1993年7月21日，頁2。代表增加後投票人數達1,773人。

53 同上。

54 《中國時報》，1993年8月18日，頁2。贊成此提案者表示，許多黨代表希望在制衡黨主席的權力上有某種安排，並且藉此緩解非主流派的不滿以免其脫離黨籍。

55 同上。

56 《聯合報》，1993年8月19日，頁2。郝柏村與林洋港被視為是反李登輝的非主流派大將。

57 《自立晚報》，1993年8月18日，頁1。

58 見《新新聞》周刊，第455期（1995年11月19～25日），頁45。

59 同上。

60 1996年3月25日訪談著名報人。

61 《中央日報》，1994年4月23日，頁1。

62 近年來許多反對派政治人物紛紛書寫回憶錄。有關施明德坐牢二十五年的

回憶請見李昂著,《施明德前傳》(臺北: 前衛出版社, 1993); 李敖著,《李敖自傳與回憶》(臺北: 全能出版社, 1987); 呂秀蓮著,《重審美麗島》(臺北: 自立晚報社, 1991)。

63 根據廖達琪博士一篇未出版之論文: "An Authoritarian Regime: A Legislator's Role in Promoting Democracy—An Examination of the Extra-Institutional Strategies of Taiwanese Legislators," 又見曹以會,〈除了打架, 難道沒有第二條路?〉,《新新聞》周刊, 第201期 (1991年1月14~20日), 頁32, 35~40。

64 邱銘輝,〈夫子們舉起獨立學派的大旗〉,《新新聞》周刊, 第197期 (1990年12月17~23日), 頁62~63。

65 《世界日報》, 1994年5月2日, 頁1。

66 陳東豪,〈為了主席寶座, 他們都搶著做黑臉〉,《新新聞》周刊, 第241期 (1991年10月20~27日), 頁40。

67 同上, 頁41。

68 伊原吉之助,《臺灣の政治改革年表・覺書(郝柏村時代)》(奈良: 帝塚山大學教養學部, 1991), 頁293。

69 同上。

70 《聯合報》, 1991年10月14日, 頁2。

71 陳建勳,〈蓋大樓先打樁腳, 黨主席出馬策反〉,《新新聞》周刊, 第333期 (1993年7月25~31日), 頁48~50。

72 同上。

73 Joseph Bosco, "Faction versus Ideology: Mobilization Strategies in Taiwan's Elections," *Free China Quarterly* no. 137 (March 1994): 50~62.

74 《中國時報》, 1996年8月18日, 頁4。

75 此段根據江易平、李祖舜著,《逆水而行: 新黨故事》(臺北: 商周文化事業股份有限公司, 1994), 頁28~29, 47, 58~59, 61~63, 81, 76~86,

125。

76 初步安排趙少康選基隆市長，郁慕明選桃園縣長，李慶華選臺中市長，周
   荃選臺南市長，關中選高雄縣長，陳癸淼選澎湖縣，李勝峰選臺北縣。

77 立法院和縣市長選舉的大勢，請參考田弘茂編，*Taiwan's Electoral Politics
   and Democratic Transition*, pp. 16～17。For the 1995～1996 elections
   see Table 14.

78 《聯合報》，1996年3月18日，頁1。

79 同上。

80 Susan Yu, "KMT Goes to the Polls Confident of Victory But Ready
   for a Fight," *Free China Journal*, December 11, 1992, p. 7.

81 呂欷容，〈兩黨人員都轉好，兩箱鐵票都變少〉，《新新聞》周刊，第289期
   （1992年9月20～26日），頁48～50。

82 邱銘輝，楊昇儒，〈億萬富翁的政務官〉，《新新聞》周刊，第345期（1993
   年10月17～23日），頁41～42。

83 丁偉國，〈臺灣半壁江山如果由藍轉綠〉，《財訊》，第135期（1993年10月23
   日），頁160～163。

84 Susan Yu, "Revisions to ROC Election Law Studied," *Free China Jour-
   nal*, July 2, 1993, p.1.

85 Susan Yu, "KMT Share of Positions Drops Slowly over Years," *Free
   China Journal*, November 19, 1993, p. 8.

86 Susan Yu, "KMT Captures 15 of 23 Posts in Three-Way Election,"
   Free China Journal, December 3, 1993, p. 1.

87 James A. Robinson, "KMT Retains Majority of Local Offices," *Free
   China Journal*, February 4, 1994, p. 7.

88 Julian Baum, "Spring Cleaning: Old-Style Politicians Hit by Corrup-
   tion Indictments," *Far Eastern Economic Review*, April 28, 1994, p.18.
   有關國民黨與總統府，行政院，司法院等機構合作，在2、3月間從事全島

各地1994年1月選舉賄賂貪污案件之細節，請參考《自立晚報》，1994年3月16日，頁2。

89 《自立晚報》，1994年3月19日，頁2。

90 同上，1994年6月27日，頁3。

91 同上，1994年6月22日，頁3。

92 同上，1994年6月23日，頁1。

93 陳建勳，〈立法院內外爆發核子大戰〉，《新新聞》週刊，第381期（1994年6月26～7月2日），頁24～25。

94 《自立晚報》，1994年7月1日，頁3。

95 《聯合報》，1994年7月13日，頁1。

96 陳儀深編，《邁向民主獨立之路》（臺北：前衛出版社，1993），頁416。

97 姜殿銘編，《九十年代之臺灣》（北京：中國友誼出版公司，1993），頁127～134。

98 《國家統一綱領與大陸政策》（臺北：國立編譯館，1993），頁3。

99 司馬遼太郎，〈臺灣往何處去〉，《朝日周刊》，1994年5月6～13日，頁44。

100 同上，頁49。

101 《人民日報》，1994年6月17日，頁5。

102 《中國時報》，1995年7月6日，頁2。

103 David W. Chen, "Taiwan's President Tiptoes around Politics at Cornell," *New York Times,* June 10, 1995, p. 4.

第十三章

1 有關臺灣社會經濟改革的成就和國民黨的統治如何「臺灣化」，以及臺灣因政治改革而走向民主化的過程，請參考田弘茂博士著，"The Transformation of an Authoritarian Party-State: Taiwan's Developmental Experience," *Issues & Studies* 25, no. 7 (July 1989), pp. 105～133, 及 *The Great Transition: Political and Social Change in the Republic of China*

(Stanford, Calif.: Hoover Institution Press, 1989)。另外有種說法強調臺灣的民主化是經由選舉競爭產生的學習成果。見Teh-fu Huang, "Electoral Competition and Democratic Transition in the Republic of China," *Issues & Studies* 27, no. 10 (October 1991), pp. 97～123; Fu Hu, "The Electoral Mechanism and Political Change in Taiwan," in Steve Tsang, ed., *In the Shadow of China: Political Developments in Taiwan since 1949* (London: Hurst and Co., 1993), pp. 134～168. 另外還有一種說法認為臺灣這種由上而下的民主程序，代表權威統治對於社會的放鬆。見Edwin A. Winckler, "Institutionalization and Participation on Taiwan: From Hard to Soft Authoritarianism?" *China Quarterly* 99 (September 1984), pp. 481～499. 這個理論也用在戴鴻超所著, "The Kuomintang and Modernization in Taiwan," in Samuel P. Huntington and Clement H. Moore, eds., *Authoritarian Politics in Modern Society: The Dynamics of Established One-Party Systems* (New York: Basic Books, 1970), pp. 406～435. 以上各書均沒有論及另外一種完全相反的，由下而上的民主程序。有關這種方式的分析請參見鄭敦仁著, "Democratizing the Quasi-Leninist Regime in Taiwan," *World Affairs* 41 (July 1989), pp. 471～499; C. L. Chiou, *Democratizing Oriental Despotism: China from 4 May 1919 to 4 June 1989 and Taiwan from 28 February 1947 to 28 June 1990* (London: St. Martin's Press, 1995); Ching-chan Hwang, "An Entrepreneurial Analysis of Opposition Movements," *Occasional Papers/Reprints Series in Contemporary Asian Studies* 1995:6 (no. 131), chapter 5.

2 我們強調政治反對派企圖組織新的政黨極可能促使國民黨逮捕大批異議份子，甚至採取不惜以武力鎮壓的行動。但是國民黨並沒有如此做，主要因為蔣經國對黨內保守份子的勸阻，以及他對新政黨勢必成立的肯定。蔣經國有這種想法，因為他對臺灣的民主化有理想，有遠見，而且對理想的

實現早就胸有成竹。其他討論蔣經國為什麼要推展政治改革的研究請見
Andrew J. Nathan and Helena V. S. Ho, "Chiang Ching-kuo's Decision
for Political Reform," in Shao-chuan Leng, ed., *Chiang Ching-kuo's
Leadership in the Development of the Republic of China on Taiwan* (New
York: University Press of America, 1993)。另外一種對臺灣民主突破的
解釋是說，由於國民黨內部面臨着對領導人的信心危機，一個外在的強勢
反對勢力，逼使國民黨不得不採取快速的步調。日本學者若林正丈說：由
於下列的原因，臺灣加速了民主化的決定：較大幅度的自由在社會各方面
造成深遠的影響；體系外的社會團體希望得到更多的政治權力；由於蔣
經國健康情形惡化，政治繼承使黨外看到政治權力取代的機會；國民黨內
部的保守份子對反對派不分青紅皂白的「反對」，遭到民衆的厭棄。見若林
正丈著，《臺灣：分裂國家と民主化》（東京：東京大學出版會，1992），頁
212～213。

3 「政治理念」與「民主的實施」中間的關係，類似馬克·韋白借用Goethe的
話以選擇性的密切關係(elective affinity)來連接「理念(Ideas)」與「實利
(interests)」。我們用「選擇性的密切關係」而不用類似「反映(reflection)」，
「回應(correspondence)」或「表達(expression)」等字眼，因為在正常合
理的情形下，某人「選擇」某種理念，一定因為那個理念和他有「密切的
關係」，也就是說對某人而言，能夠產生一種「巧合」或「合而為一」的感
受。見H. H. Gerth and C. Wright Mill, *From Max Weber: Essays in
Sociology* (New York: Oxford University Press, 1958), p. 63. 我們感謝
墨子刻教授提供此一概念。

4 Lucian W. Pye認為中國知識份子對政治權威的信任和對他們的態度，在
1949年國民黨退守臺灣後就有所改變。見Lucian W. Pye, with Mary W.
Pye, *Asian Power and Politics: The Cultural Dimension of Authority*
(Cambridge: Harvard University Press, 1985), pp. 228～36. 對臺灣地
方選舉的評估，請見同一作者所著，"Taiwan's Development and Its

Implications for Beijing and Washington," *Asian Survey* 26, no. 6 (June 1986), pp. 611~29。作者認爲從選舉中可以說達到了眞正民主的目的。我們的研究不但證明了該作者看法，從他的作品中，我們也可看出不同信念的表達，加上各類政治性廣告的流傳，使得知識份子對民主的實現，有了不同的信念和價值觀。

5 田弘茂、黃德福、胡佛、朱雲漢等學者用新的方法對臺灣的選舉做了許多深入的研究。又見John F. Copper, *Taiwan's 1991 and 1992 Non-Supplemental Elections: Reaching a Higher State of Democracy* (New York: University Press of America, 1994); John F. Copper, *A Quiet Revolution: Political Development in the Republic of China* (Washington, D. C.: Ethics and Public Policy Center, 1988); Hung-mao Tien, ed., *Taiwan's Electoral Politics and Democratic Transition: Riding the Third Wave* (New York: M. E. Sharpe, 1996). 近來研究臺灣選民的年齡，教育程度，籍貫等因素對選舉投票造成的影響，可參考Liu I-chou, "Generational Divergence in Party Image among Taiwan Electorate," *Issues & Studies* 31, no.2 (February 1995), pp. 87~114; Chen-shen Yen, "San-dong bu guoban and Political Stability in Taiwan: The Relevancy of Electoral System and Subethnic Cleavage," *Issues & Studies* 31, no. 11 (November 1995), pp. 1~15.

6 除了Harvey J. Feldman, ed., *Constitutional Reform and the Future of the Republic of China* (New York: M. E. Sharpe), 很少人用英文寫1947年制定的憲法對臺灣民主演進的影響。有關此題目的中文著作極多。

7 Dankwart A. Rustow, "Transition to Democracy: Toward a Dynamic Model," *Comparative Politics* 2, no. 3 (April 1970), p. 351. 感謝Larry Diamond博士將此重要著作介紹給我們閱讀。

8 取自*Constitutional Reform and the Future of the Republic of China*, p. 156.

9 鄭敦仁, "Democratizing the Quasi-Leninist Regime in Taiwan," pp. 471～479.

10 Rustow, "Transition to Democracy," p. 352.

11 Larry Diamond, Juan J. Linz, and Seymour Martin Lipset, *Politics in Developing Countries: Comparing Experiences with Democracy* (Boulder, Colo.: Lynne Rienner Publishers, 1995), p. 8.

12 這三個主要條件包括：經由定期自由公平的選舉以爭取在政府中擔任的職位與權力；在選擇領袖及制定政策時容許社會各階層的人士全面參與，所有具備公民權利的個人或團體均不得遺漏；在法律的保障下，人民在表達意願，陳述看法和爭取政治權力時有高水準的平等民權。見Diamond, Linz, and Lipset, *Politics in Developing Countries*, pp. 6～7; Robert A. Dahl, *A Preface to Democratic Theory* (Chicago: University of Chicago Press, 1956), chap. 3; Robert A. Dahl, *Polyarchy: Participation and Opposition* (New Haven: Yale University Press, 1971), p. 2; Robert A. Dahl, *Democracy and Its Critics* (New Haven: Yale University Press, 1989); and Larry Diamond, "The Globalization of Democracy," in *Global Transformation and the Third Wave,* ed. Robert O. Slater, Barry M. Schutz, and Steven R. Dorr (Boulder, Colo.: Lynne Rienner, 1993), p. 39.

13 Rustow, "Transistion to Democracy," p. 358.

14 最近，有些政治科學家認爲1992年立法院選舉是臺灣民主化關鍵性的轉捩點，因爲它是「民主過渡時期衝突的移位(conflict displacement in democratic transition)」。見Tse-min Lin, Yun-han Chu, and Melvin J. Hinich, "Conflict Displacement and Regime Transition in Taiwan: A Spatial Analysis," *World Politics* 48, no. 4 (July 1996): 453～481. 我們認爲臺灣民主過渡時期中，「衝突的移位」發生於1991年第一屆國大代表全面退職，民進黨決定參與修憲之時。臺灣政治制度的改變落實了中央級民

意機構的改選，而「衝突的移位」也成爲不爭的事實。1992年12月立法院
的改選，打開了臺灣政壇上多政黨共同問政的局面。

15 Alexis de Tocqueville, *Democracy in America* (New York: Vintage
Books, 1956), 1:184.

16 臺灣即使在最近的未來不再有政治上重要的變化，或者整體性的政治菁英
再次的聚合，只要新興的一代政治人物及其政黨仍然能夠按照民主的原則
去解決紛爭，維護個人自由，保存人民的自主權，臺灣的民主一定會逐漸
變得更爲鞏固(consolidation)。這個理論請參見Samuel P. Huntington,
"Democracy for the Long Haul," Juan J. Linz and Alfred Stepan,
"Toward Consolidated Democracies," and Guillermo O'Donnell, "Illu-
sions about Consolidation," all in *Journal of Democracy* 7, no. 2 (April
1996): 3~51. 按照Larry Diamond的説法，「鞏固的民主」包含了：言論
自由，保護人民的自主權以保障個人的自由等。見Larry Diamond, "Is the
Third Wave Over?" *Journal of Democracy* 7, no. 3 (July 1996): 20~37.
臺灣各政黨能夠和諧地營造政治共識最好的實例之一就是1996年12月，由
總統府召開的「國家發展會議」。在那次討論會上，政治人物和知識菁英份
子暢所欲言，對各種不同的政治議題，毫無保留地表達自己的看法。

參考資料

中文報紙

《工商時報》、《聯合晚報》、《聯合報》、《民生報》、《民眾日報》、《世界日報》、《首都早報》、《臺灣日報》、《臺灣時報》、《中國時報》、《中華日報》、《中時晚報》、《中央日報》、《自立晚報》、《自立早報》、《自由時報》。

中文雜誌期刊

《八十年代》、《改造》、《關懷》、《國立政治大學公報》、《國是評論》、《九十年代》、《瞭望周刊》、《美麗島》、《明報月刊》、《民主天地》周刊、《暖流》、《秋海棠》、《掃蕩周刊》、《時報周刊》、《臺灣黨務》、《臺灣政論》、《統領》、《新新聞》周刊、《新文化》、《新形象》、《亞洲周刊》、《亞洲人》、《幼獅月刊》、《遠見》、《政治家》、《中國論壇》、《卓越》、《綜合月刊》、《縱橫周刊》。

（以上書目爲主要資料來源，其餘請參考每章之註釋）

人物訪談

日期	受訪者	訪談內容
1990年	李登輝總統	臺灣時局；修憲；1990年正副總統選舉。
	李元簇副總統 總統府資政陳立夫 先生	國民黨由大陸撤退臺灣；1951年國民黨的改 造；蔣經國；臺灣1988～1990年現代化經 過。
	前行政院長孫運璿 及俞國華	蔣經國；臺灣民主進程；黨外；民進黨。
	國策顧問蔣廉儒	臺灣政局及國民黨。
	民進黨立委康寧祥	康寧祥本人在民進黨內的角色；他發行的刊 物《八十年代》；民進黨。
1990～ 1991、1992	前行政院長李煥	1951年國民黨的改造；解除戒嚴法；蔣經國 的政治生涯；臺灣民主化；蔣經國公私生 活。
	總統府副秘書長張 祖貽，國民黨文工 會主任祝基瀅	1986，1991國民黨黨務改革。
	陸委會馬英九，國 安會蔣緯國，總統 顧問邱創煥、馬樹 禮	兩岸統一；國民黨非主流派動向；臺獨活 動；蔣經國；李登輝；郝柏村；選總統方 式；戒嚴法；1986年國民黨黨內改革。
	作家柏楊，聯合報 主筆張作錦，蓋洛 普民意調查丁廷 宇，主委郁慕明	對國民黨及社會變遷的看法；新聞自由；解 除報禁；李登輝及其政策；國民黨；民進 黨；李登輝大陸政策；修憲。

	民進黨主席許信良、秘書長張俊宏、國大代表張富美	民進黨1991年選舉；國民黨；民進黨。
	臺北市黨部主委簡漢生	國民黨。
	社民黨主席朱高正	立法院；國民黨；民進黨。
	政大校長張京育	國民黨早期對新聞媒體的控制。
	總統府焦仁和	蔣經國；1986國民黨改革；民主。
	新聞局長邵玉銘	新聞局與新聞界。
	國大秘書長何宜武國大代表王應傑國大黨團主席謝隆盛	國民大會，資深代表退職，總統直選。
	《新新聞》主筆王杏慶（南方朔）	國民大會，修憲。
	經濟計劃發展委員會郭婉容主委	李登輝；郝柏村；一般社會發展情形；國民黨及政府政策。
1993年	楊黃美幸、梁肅戎、黃信介	1993年選舉；國民黨；李登輝。
	新聞局長胡志強行政院顧問廖正豪	高雄事件；民進黨；對國民黨的看法；郝柏村與連戰。
	行政院長連戰南方朔（王杏慶）	大陸政策；政治與憲法改革。

三民大專用書書目——國父遺教

三民大專用書書目——政治・外交

三民大專用書書目——法律

書名	著者	任職機構
中華民國憲法與立國精神	胡佛、沈清松、石之瑜、周陽山 著	臺灣大學、政治大學、臺灣大學、臺灣大學
中國憲法新論	薩孟武 著	前臺灣大學
中國憲法論	傅肅良 著	前中興大學
中華民國憲法論	管歐 著	國策顧問
中華民國憲法概要	曾繁康 著	前臺灣大學
中華民國憲法	林騰鷂 著	東海大學
中華民國憲法	陳志華 編著	中興大學
大法官會議解釋彙編	編輯部 編	
中華民國憲法逐條釋義(一)～(四)	林紀東 著	前臺灣大學
比較憲法	鄒文海 著	前政治大學
比較憲法	曾繁康 著	前臺灣大學
美國憲法與憲政	荊知仁 著	政治大學
國家賠償法	劉春堂 著	行政院
民法總整理	曾榮振 著	內政部
民法概要	鄭玉波 著	前臺灣大學
民法概要	劉宗榮 著	臺灣大學
民法概要	何孝元 著 李志鵬 修訂	前大法官
民法概要	董世芳 著	實踐大學
民法概要	朱鈺洋 著	屏東商專
民法	郭振恭 著	東海大學
民法總則	鄭玉波 著	前臺灣大學
民法總則	何孝元 著 李志鵬 修訂	前大法官
判解民法總則	劉春堂 著	行政院
民法債編總論	戴修瓚 著	
民法債編總論	鄭玉波 著	前臺灣大學
民法債編總論	何孝元 著	
民法債編各論	戴修瓚 著	
判解民法債篇通則	劉春堂 著	行政院
民法物權	鄭玉波 著	前臺灣大學